中國学術思想 研究輯刊

初 編

林 慶 彰 主編

第 3 冊

孔穎達《周易正義》研究

龔 鵬 程 著

花木蘭文化出版社

國家圖書館出版品預行編目資料

孔穎達《周易正義》研究／龔鵬程 著 ― 初版 ― 台北縣永和市：
花木蘭文化出版社，2008〔民 97〕
序 4+ 目 4+206 面；19×26 公分
（中國學術思想研究輯刊 初編：第 3 冊）
ISBN：978-986-6657-75-7（精裝）
1. 易經　2. 研究考訂
121.17　　　　　　　　　　　　　　　　97015982

中國學術思想研究輯刊
初 編 第三 冊　　　　　　　　ISBN：978-986-6657-75-7

孔穎達《周易正義》研究

作　者　龔鵬程
主　編　林慶彰
總 編 輯　杜潔祥
出　版　花木蘭文化出版社
發 行 所　花木蘭文化出版社
發 行 人　高小娟
聯 絡 地 址　台北縣永和市中正路五九五號七樓之三
　　　　　電話：02-2923-1455 ／傳眞：02-2923-1452
網　址　http://www.huamulan.tw 信箱 sut81518@ms59.hinet.net
印　刷　普羅文化出版廣告事業
封 面 設 計　劉開工作室
初　版　2008 年 9 月
定　價　初編 28 冊（精裝）新台幣 46,000 元

孔穎達《周易正義》研究

龔鵬程　著

作者簡介

龔鵬程，祖籍江西省吉安，一九五六年生於台北市，國立台灣師範大學國文研究所博士。歷任淡江、中正大學等校教職，創辦國際佛學研究中心、中華道教學院、南華大學、佛光大學、國文天地月刊、歐亞大學等。著作宏富，於人文及社會學科咸有造述，專著八十餘種。

提　　要

　　本書凡五章，第一章就漢魏南北朝學風與《易》學的發展，看孔穎達《周易正義》的學術淵源。第二章論唐初編纂《五經正義》的學術原因與政治作用。第三章談《五經正義》中《周易正義》的編撰狀況，除詳細說明其體裁與內容外，也討論它採用王弼注的原因，分析它與王弼注的關係。對它吸收南北朝各家注解的情形，和本身的義例也均有所闡明。第四章論《周易正義》的象數學。一般僅知此書依王弼注作疏，不知它對漢儒象數之學仍多採擇，本章即說明此點。第五章討論《周易正義》的義理結構，分別講明其本體論、宇宙論、人性論、治化論各部分。尤其著重點出它與宋明理學和佛學的關係。故本書不只是對《周易正義》的研究，更欲以分析此書為線索，通貫地解釋漢魏南北朝以迄宋明的學術思想史，為思想史研究打開一個新視野。

目次

序　言

　　蓋聞聖哲之道，式備垂典；宏闡之烈，唯傳在人。唐自太宗即位，布濩聲教，陶甄治化，以儒學多門，章句繁雜，詔孔穎達與諸儒共撰五經義訓百八十卷，名曰《正義》。考前儒之異說，符聖人之幽旨，精義霞開，琰辭飇起，不特能屹然羽翼商周、驪駕漢魏，抑且爲數百年科令之程準，自有經學以來，未有若斯之大且久者。

　　夫義疏之名，昉於晉世，其體則成於南朝。晉代經義、佛典疏鈔，實肇其嚆始；而兩漢章句，則其遠源也。孔疏銓釋體要，融鑑古今，原原本本，開廣俊學之見，而通其障隔，既集漢晉以來經說義疏之大成，復開宋明儒學之先聲。焜耀萬禩，豈無由哉！就中尤以《易疏》十四卷爲其義理之總綱；且他經皆明指據何舊疏爲本，獨《易》無之，蓋其特創之學，非襲舊本。《漢志》曰：「五經爲五常之道，相須而備，而《易》爲之原」，孔疏精神氣力，多萃於此，非他經疏文足比。考亭所稱《禮》疏最善《書》《易》爲下者，別有指撝，匪可案據。今博稽典故，細繹旨歸，踪迹古義，創爲一編，顏曰：「孔穎達周易正義研究」。所謂得其本株，則其餘可以指按而知之者也。

　　顧此書自趙宋以來，學者甚少究心，目爲官學，記誦而已。知《正義》之不可廢者，前有考亭、後則陳蘭甫等，然其考述尙疏，未極精髓。今既鈎索質驗，研覈詳明，則其歷史價值與意義，蓋可略言之矣：

　　一曰可以考當時之意識也：新舊《唐書》云孔穎達嘗擧《易》：「蒙以養正」及玄默、無爲諸語對唐太宗問，知其書揚厲風軌、麾張道素，雖意在存古，而亦所以鑑今。《易疏》十四卷，蓋與當時之政教情勢密邇相關。此開卷可驗，匪可妄言，尋其從迹，略有三耑：曰大一統也、儒道合也、參佛義也。

夫唐繼隋王，混一寰宇，勝殘去殺之化成，憲章稽古之烈盛，有一統之邦國，即有一統之意識，稍加鼓吹，遂爲唐初文化之基本情態矣。《正義》爲統一經訓而作、爲統一制舉而作，融會南北、包并古今，論者詫爲奇製。然唐人考辨字體者，莫精於顏元孫《干祿字書》；審別字義者，莫備於顏師古《匡謬正俗》。書名干祿，情在制舉；籍曰正俗，志求統一，義與孔疏貳耶？陸法言《切韻》考定南北是非、古今通塞，而當時亦用以課士。循是以推，其例夥頤，緣據孔疏，可以考當時之意識一也。

　　《周官》以九兩繫邦國，四曰儒以道得民，古者儒與道固不分也。兩漢儒生多兼道德，史遷論述六家恉要，以道爲首；而自作《史記》，乃欲以繼孔子。其後如揚雄、王充、馬融、張衡等等，波流不絕，寖以滋大。講論道術、錯綜名理，拘教者以異門致釁、達觀者以同出覽玄，正始以降，老莊與易，遂爲談辭之淵藪、義理之總龜矣。雖或南北學風不無異同，然其歸嚮則未少殊，故北地虜主，頗事道教，而王弼《易》注亦間行於青、齊也。風氣漸積，來非一日，隋陸德明撰《經典釋文》，已以老莊與五經竝秩，孔穎達踵之，不獨《易》取弼注，諸經釋義，亦多援據老莊以詮典謨，蓋當時解經之法如此。加以李唐新立，名尊域大，必隆自出之祀；德統乾元，故詳本祖之典，託名聃胤，敷示無爲，貞觀十一年正月詔曰：「朕之本系，出自柱下，鼎祚克昌，既憑上德之慶；天下大定，亦賴無爲之功。宜有解張，闡茲玄化。」此與穎達所云玄默無爲者，上下交化，而一世以儒道合爲其基本意識矣。魏徵、孔穎達所修《隋書‧經籍志》，特立道經一類，尤爲它史所無。儒林博士，兼通老莊，如陳希烈、韓思復、張知謇、陸德明等，皆其華選。《新唐書》卷一九八稱陸德明善言玄理，唐高祖曾召博士與浮屠、道士各講經，而德明隨方立義、遍析其要。以國學之博士，達三教之奧窔，其於佛陀西來密意，必深知之，此所謂參合佛義也。

　　蓋講論初起，即辯三教異同；李唐肇興，遂有論難諸法之制。自高祖武德七年以來，胥於國子學釋奠後，遣道士、沙門與博士相雜駁詰，論三家之良否，開後生之耳目。此攻彼禦，相劘相切，宗旨固宜墨守，別派亦須兼通，故其論難攻伐之際，即屬交參融合之機。孔穎達黨道拒佛，見唐西門寺僧所撰《集古今佛道論衡》卷丙，《周易正義‧序》亦云：「若論住內住外之空，就能就所之說，斯乃義涉於釋氏，非爲教於孔門。」昌言排撻，壘幟嚴明。然亦有涵匯於有意無意之間者，踪迹具在，要不可掩。

　　準茲三事，覘彼唐風，其爲一統合之混雜文化，殆可斷言，初不僅僅於胡漢混血而已。

　　《正義》者，即此混合文化之表徵也，故其書不惟具標準化與統一化之特色暨作用，抑且貫穿玄宗、融鏡內典，集漢魏兩晉南北朝經學之大成，而爲當日文化意識之綜合表現焉。

　　二曰可以觀學術之流別也：昔者毛西河目無古今，謂自漢以來，足稱大儒者七人：孔安國、劉向、鄭康成、王肅、杜預、孔穎達與賈公彥也。夫以二千餘年之久，而僅得七人，可謂難矣。蓋學問之塗，千歧萬軌，約其大旨，四部盡之。而四部之中又以經學爲廣大閎深，歷世名儒，第專其一。若鄭玄、孔穎達者，諸經竝釋，六籍兼該，義或未精，博斯稱極，求之往古，殆不數覯。以其未精，故可以恣後學之補遺；以其博洽，故可以考學術之流變；比合前緒，鑄此新裁，爲承先啓後之樞紐焉。孔《疏》包羅萬象，自不免枝節橫生，然學者之所重，宜在此而不在彼。大抵漢學自西京而下，多與讖緯災異相雜，而研練名理、究勘老莊者寓之。魏晉則有何晏、王弼等，承流接響，以老莊玄義連貫儒道，旁沛一時。重以象教東來，涵會滋大，經學哲學，於斯稱盛。一致百慮，則胡越同情；得意忘言，而符契自合。就彼正覺，達其淨觀，駸駸有度越兩漢之勢矣。隋唐繼之，氣象尤爲偉潤，以《易》言之，《正義》抽漢儒之幽緒、補王弼之逸象，理氣心性之談、道器有無之辨，剖析至賾。其書以莊生氣化自然宇宙觀爲主，旁采漢晉以來之言心性、理象，及政道、治道者，原其蹤迹，亦有三耑：曰發揮王義也、博采諸家也、開啓宋明也。夫發揮王義者守專門、博采諸家者務兼通，意若相反，其實相成。孔疏以王弼《易注》爲本，著於序例，人所共知，無庸贅述。弼《易》若無穎達爲之澡瀹疏通，其義必晦，此孔疏之價值一也。

　　顧經學自六朝以後，有師法而無專門，孔《疏》何獨不然？言道兼器，與王弼之本無末有者異；觀象論易、極數以定象，與王弼掃象、忘象亦異；宇宙氣化，尤與王《注》之不言氣者殊，凡茲數類，皆其博采諸家所致，陽若合轍，其實異趣。論者拘於疏不破注之說，不將其歸諸舊疏，即以穎達爲輔嗣之佞臣，然乎否乎？學術爲天下之公器，豈宜拘泥蔓陋，自爲桎梏耶？曰疏不駁注、曲徇注文者，訛濫之本源，而述遠之巨蠹也。至於宋明儒學之興，言者紛紛，迄無寧論。以余考之，濂溪、橫渠諸子之學，實與孔《疏》相邇；邢昺《論語正義》採擷孔書尤多；考亭之學，即承此而遞興者也，原

書具在，不難覈按。考亭熟於義疏，又勸人精讀之，淵源蓋可考見。此所謂可以觀學術之流別。

或曰孔、賈奉勅作《正義》，而漢魏六朝老師宿儒專門之說廢；又或曰終唐之世無儒，唯佛教為大昌盛。其言皆有理據，然而非其全也。藝有因革，學有常變，唯知常而後能觀變，語變乃所以顯常，《易·恆》之〈象〉曰：「風雷恆，君子以立不易。」事殊日變，理一日常，處變之時，豈即失其常道耶？以《易》言之，原本卜筮，而孔子說以義理。自漢迄今，代各異學，人各異辭，類有千耑，義非一族。然其開物成務，推天道以及於人事者，曾未少殊，故《正義》曰：「易者變化之總名、改換之殊稱，變易者其氣也，不易者其位也，原始要終以為體質也。」推之於儒學及吾國文化之遞嬗，靡不皆然，若執道樞，可以應夫無窮矣。

今者，余既創為此稿，非所以悼傷古昔、發潛闡幽而已。往者逝矣，不特漢魏六朝經說隨風散逸為必至之應，即孔氏《正義》亦陳迹糟粕耳，何足惜哉？然善學者緣迹以得其所以迹，綜觀既往，取鑑將來，不僅僅為思想史之重建也。唐世與今，國勢之舒蹙固別，其為一外來文化與本土傳統文化沖激融匯之大時代則同，剝復之機，而亦貞下起元之會，吾儕宜自勉是。

夫尚考古昔，權論然否，譬濠梁之觀魚，正不妨莊、惠而異見。頃撰此文，前無所因，唯黃師錦鋐啟發之、教誨之，幸底於成。雖余譾陋，管窺筐舉，紕纇孔多，而師門之德，固不可一日忘也。

己未五月盧陵龔鵬程謹識於師大國文研究所

第一章　漢魏南北朝學風與《易》學之發展

　　唐自太宗即位，以儒學多門，章句繁雜，詔孔穎達與諸儒撰定《五經義疏》（《舊唐書‧儒學傳》）。統合南北、該備前儒，其功甚溥。今欲考論其書，宜詳漢魏南北朝以來思潮學術，條其綿襹，校其異同。就文化生長之形勢（Configuration of Calture Growih），說其撰造之始末。

　　魏晉學術，條理繁雜，夙稱難治。世之論者多家，說各不同。核其大要，略有數說：

　　或曰社會動亂，玄風斯扇，上者藉以逃名，下者因以養生，浸假而與佛道合，此一說也（如劉大杰《魏晉思想論》，頁17）。或曰經學煩碎，兼以魏武好尚刑名，儒教因而大衰，一激而變，遂慕通脫，虛無放佚之論作焉。〔註1〕或曰曹魏重名教而形名之學興，漸與當時研《易》賾玄之風相合。故自然名教之辨、體用本末之分，最所關注。〔註2〕或者以爲魏晉玄思，乃兩漢經學之解放、

〔註1〕 如顧炎武《日知錄》卷十七、王夫之《宋論》卷一皆是。今按：《晉書‧傅玄傳》，玄舉清遠疏曰：「近者魏武好法術而天下貴刑名；魏文慕通脫而天下賤守節。其後綱維不攝，而虛無放誕之論盈於朝野，使天下無復清議，而亡秦之後，復發於外矣。」王船山本之，亦以秦魏駢論，《宋論》卷一：「漢之末造，士相標榜，騖擊異己，以與上爭權，而漢以熸。曹孟德惡其競，而任崔琰毛玠督責吏治以重抑之。孟德死，司馬氏不勝群情，務爲寬縱，而裴王之流，倡任誕以大反曹氏之所爲，而中夏淪沒。繇是觀之，激之也甚，則怨結而禍深；抑之也未甚，則乍伏而終起。」姑不論司馬氏未爲寬縱，即就史論，此說亦非探本之議。顧炎武曰：「孟德既有冀州、崇獎跅弛之士⋯⋯於是權詐迭進，姦逆萌生⋯⋯至正始之際而一二浮誕之徒，騁其智識，蔑周孔之書，習老莊之教，風俗又爲之一變。」與傅玄說相似而微殊。

〔註2〕 陳寅恪曰：「清談之興起，由於東漢末世黨錮諸名士遭政治暴力之摧壓，一變

－1－

儒學之反動。〔註3〕或又曰東京中葉以後，因士族與外戚宦官鬪，而生群體之自覺；因厭名教儀法之拘，而有人性之覺醒；且因世亂時危，事無可爲，故轉爲自我之追尋，而成自我之覺醒。〔註4〕若斯之儔，皆論魏晉玄學之所以興起者也。至於南北學術之變遷異同，亦有數說，然大抵據孔穎達《周易正義・序》所論，以爲南玄北樸，北方仍衍漢儒之緒，江左則屬魏晉之遺，說經多雜糅老莊，孔孟殆成虛位。凡此眾說，雖皆鑽屬得失，攟摭萬端；而迷頭誤影，宜同擯棄。因考舊聞，略述其情如次：

壹、自然與名教

按：名士之稱，倡於東漢，如〈竇武傳〉云武在位多辟名士是也。符融李膺之「振袂清談」，亦在桓帝延熹九年以前，早於正始八十年。〔註5〕章太炎曰：「俗士皆云六朝之俗，子爾殊於東都。其言難有類似。魏晉者，俗本之漢，陂陀從迹以至，非能驟潰。」（《文錄》卷一）是漸靡而然，非能遽改，世之學者，未嘗知也。〔註6〕今考《後漢書・郭泰傳》曰：「林宗行學至成皋

其指實之人物品題，而爲抽象玄理之討論。……老莊自然與周孔名教相同之說一點，蓋此爲當時清談主旨所在。」（〈陶淵明之思想與清談之關係〉）義又詳其所著〈逍遙遊向郭義及支遁義探源〉。湯錫予本其說而略異，〈魏晉思想的發展〉云：「玄學的生成有兩個主要因素：（1）研究《周易》《太玄》等而發展出的一種天道觀。（2）是當時偏於人事政治方面的思想，爲現存劉邵《人物志》一類那所謂形名派的理論，併融合三國時流行的各家之學。上述二者才是玄學之所以成爲魏晉時代特有思想的根源，而自然與名教之辨以至體用本末的關係，以至最理想的聖人人格應該是如何的討論，都成爲最重要的問題。」（《魏晉玄學論稿》附錄）

〔註3〕 劉大杰《魏晉思想論》：「魏晉人的人生觀，正是儒家思潮的反動。……這種人生觀的特徵，我們可以名爲人性的覺醒，其原因是：（1）儒學失去了統治人心的力量。（2）道家哲學的影響。（3）天人感應說的破壞。（4）政治絕望與人命危險。（5）佛教道教的興起。」其說覺醒與錢、余二氏適相逆反。錢、余二氏以爲自我及群體自覺，所以領發新思潮；劉氏則以上述五種新思潮新趨向爲產生覺醒之原因；而又以佚蕩爲覺醒，說甚詖陋，最不足據。

〔註4〕 詳錢穆《國史大綱》、《國學概論》及余英時〈漢晉之際士之新自覺與新思潮〉（《新亞學報》四卷一期），逯耀東〈魏晉玄學與個人意識醒覺關係〉（《史原》第二期）。

〔註5〕 詳朱寶樑〈清談考〉（《幼獅學報》，四卷一、二期）。

〔註6〕 湯錫予曰：「魏晉教化，導源東漢。王弼爲玄宗之始，然其立義，實取漢代儒學、陰陽家精神，并雜以校練名理之學說。探求漢學蘊攝之原理，廓清其虛妄，而折衷於老氏。」（《魏晉玄學論稿》，頁25，「言意之辨」）。

屈伯彥精廬，乏食，衣不蓋形，而處約味道，不改其樂。初以有道君子徵，泰曰：『吾夜觀〈乾〉象，晝察人事，天之所廢，不可支也。』遂辭以疾。」其言有可供甎籀者四：

　　精廬之創，始於後漢，《後漢書・儒林傳論》注曰：「精廬，講讀之舍也。」世崇講論，談議乃興。此事下逮梁、陳，波衍彌烈。《齊書》謂張緒言精理奧，見宗一時，吐納風流，聽者俱忘飢疲。又云周顒音辭辨麗，詞韻如流；太學諸生，慕其風雅，爭事華辯。如此類者，史不絕書，《梁書》戚袞、周弘正、張譏、顧越、馬樞、岑之敬諸傳，俱可參考。蓋講論之詞，既已自成條貫，筆之於書，即爲講疏。魏晉南北朝以迄隋唐學風，與此關係最深，詳第二章貳節。即《五經正義》，亦此風氣下之產物也。《後漢書・儒林・戴憑傳》所稱：「正旦朝賀，百僚畢會，帝令群臣能說經者更相詰難。義有不通，輒奪其席，以易通者。」殆其遠源。《北堂書鈔》卷九十六談講十三亦引《東觀漢記》曰：「楊政，字子行。治《梁丘易》，與京兆祁聖元同好，俱名善說經書。京師號曰：說經硜硜楊子行、說經幡幡祁聖元。」（又見《御覽》卷六一五引）是講論之風，於茲已盛，且亦不限於經義。〈郭泰傳〉：「謝甄與陳留、邊讓，並善談論，俱有盛名。每共候林宗，未嘗不連日達夜。」又〈符融傳〉：「（李）膺夙性高簡，每見融，輒絕他賓客，聽其言論。融幅巾奮褒，談辭如雲。膺每奉首嘆息！」如此類者，直與魏晉清談名公不殊。蓋當時精廬講讀之風既盛，談辭以茲而邃，故李育必以《公羊傳》與賈逵相難，往返皆有理證，始得名爲通儒（《後漢書》卷一百〈儒林・李育傳〉）。而談辯間亦不僅以經義爲限也。斯猶魏晉之清談，不限於玄言，《世說新語・言語篇》：「諸名士共至洛水戲。還，樂令問王夷甫曰：『今日戲，樂乎？』王曰：『裴僕射善談名理，混混有雅致；張茂先論《史》、《漢》，靡靡可聽；我與王安豐說延陵、子房，亦超超玄著。』」（又見《御覽》三九○引）此數類皆清談論題，原不限爲玄言而已。且張華博物周洽，最爲時人所尊，則清談亦何嘗盡屬蹈虛？何劭〈王弼傳〉曰：「太原王濟好談，病老莊。嘗云見弼《易》注，所誤者多。」善談講者未必定屬玄言，足證清談爲一方式，其內容則流別甚多，不可一例相量。論清談及漢魏學術者，不自談論本身之考覈始，而專意於玄言與否，汩其先後，畸零無歸矣。此其一。

　　〈郭泰傳〉又謂林宗「處約味道，不改其樂」。茲二語，上符老聃之旨，下則顏淵之行也。調融孔老，此其嵩倪。然而此亦有說：

　　《後漢書·范升傳》曰：「升以《梁丘易》、《老子》教授後生。」則以經師而通柱下矣。據《後漢書》所載，同時猶有淳于恭，善說《老子》；朝歌向栩，恒讀《老子》；雒人翟酺，好《老子》；任城鄭均，好黃老書……。蓋東漢風氣如此，不獨范升、郭泰爲然。耿弇爲光武名將，其父說，王莽時學《老子》於安丘先生。耿少習父業，而不害其事功。陳寅恪云魏晉名士無時不在調合孔老、自然與名教。〔註7〕其實自東漢人言之，斯二者本相調融無礙者也。蓋漢以黃老興，初猶重黃，後則貴老。自淮南以迄揚雄、王充、仲長統、任隗、馮衍、樊瑞、王伋、張衡……等等，波流不絕。揚雄〈太玄賦〉曰：「觀太易之損益兮，覽老氏之倚伏。夫物有盛衰，況人事之所極！」以「玄」結合《老》、《易》，未嘗不限導魏晉學術之疆場也。桓譚《新論》曰：「伏羲之易，老氏謂之道，孔子謂之元，而揚雄謂之玄。」是亦以儒、道不異爲職事者。自茲以後，乃有賈逵、馬融、宋衷之學，使古文經包括天文與老學；以自然法論天，則有張衡、陸績渾天之學；以自然法論政，則有仲長統、王弼、嵇康諸說，老學與儒學遂以綜合之體貌出現（詳胡秋原《中國古代文化與中國知識份子》，頁518）。當斯時，時人以玄爲名者，如鄭玄、劉玄、劉玄德、夏侯玄、玄通先生、玄行先生、玄晏先生等等，史多有之，不尤可以觀風尚耶？光武雖以儒生舉業，然嘗言：「吾治天下，亦欲以柔道行之。」又，馬武上書請滅匈奴，光武告以《黃石公記》曰：「柔術勝剛，弱能勝強。」好尙黃老至此，太子猶以「陛下有禹湯之明，而失黃老養性之道」爲諫。漢帝家法及其風潮，可以槩見。茲與唐太宗以無爲清靜爲治，而群臣坐擁老、莊以供辯議者何殊？有興之在上者，如桓帝嘗祀老子，設華蓋之座，用鈞天之樂；有行之在下者，如章帝末年，班超定西域，和帝時歸國，而戒都護任尙云：「君性嚴急，水清無大魚，宜蕩佚簡易。」夫蕩佚簡易，魏晉名士之風姿耳，而《後漢書·符融傳》已稱李膺夙性高簡，則其風尙已然也。《漢書·敘傳》曰：「（班嗣）雖修儒業，然好老嚴之術。」足證老、莊之與周、孔，實相因而互足，學術本身，已有不得不至之勢。涵會相合，爲其思想本身之自主過程（autonomous process）。偶逢因緣，自然顯相，初不關意識之醒覺與否；亦與世亂與否無甚干係。今人牽合漢末晉初史事，倚爲談證，俱非理實。仲長統

〔註7〕陳氏〈〈陶淵明之思想與清談之關係〉〉一文，以爲「曹魏兩晉之際，名教與自然相同一問題，實爲當時士大夫出處大節所關」。此所謂自然與名教同，即調合孔、老。

力主《周官》之政，而〈樂志論〉乃云：「思老氏之玄虛，求至人之彷彿。與達者數子，論道講書。逍遙一世之上，睥睨天地之間，豈羨夫帝王之門哉！」又詩曰：「百慮何為？至要在我。寄愁天上，埋憂地下；叛散五經，滅棄風雅。」知滅散儒典不害其力主《周官》，則知魏晉之情矣。此其二。

郭泰曰：「吾夜觀〈乾〉象，晝察人事，天之所廢，不可支也。」魏晉南北朝間，研《易》之風最盛，其幾蓋啓於斯。且所謂觀象取《易》以符人事者，亦足以窺其趨嚮焉：蓋西京談《易》者，雜於機祥災異與夫星曆術數之間。費氏古文《易》學興，始以〈彖〉、〈象〉、〈繫辭〉十篇文言解說經文，馬、鄭傳其學，說以人事，然而未廢象也。掃象之談，啓於王弼，意若傳費，其實非是（詳後）。厥後南北歧互，至孔穎達而集其大成。說《易》取象，符以人事，復與東京相類（詳第四章壹節）。故郭林宗所謂觀〈乾〉象、察人事者，消息之幾也。

然郭氏所言，亦有所本：〈乾〉象人事諸語，為《左傳》晉叔汝寬語，見定公元年。又《國語・魯語》，簷彪傒曰：「天之所壞，不可支也。」是則語雖言《易》，義則取乎史。魏晉南北朝間，名士塵談，貌為高簡，祖尚玄虛，其實經史湛深，亦須作如是觀。《隋志》所載南北朝間經學著述，達九百五十部，七千二百九十卷（通計存佚）。其數不可謂之不夥，然《南史・何承天傳》又云《禮論》八百卷；〈徐勉傳〉亦云其受詔知撰《五禮》，凡一千一百七十六卷。則此間所有著述，猶不僅《隋志》所錄而已。於史，則《隋志》所記，凡八百七十二部，一萬六千五百五十八卷（張鵬一《隋志補》復增六十部）。通較古今，雖以遜清樸學之盛，經史二部，未能遠過，違論其他！史稱阮嗣宗為至慎（《世說・德行篇》，《魏志・李通傳》注引王隱《晉書》），而李秉〈家誡〉謂其得《易經》「括囊無咎，藉用白茅」之意；又，王安豐遭艱，裴頠弔之曰：「若使一慟果能傷人，濬沖必不免於滅性之譏。」（按：《孝經》：「毀不滅性，聖人之教也」，〈曲禮〉：「居喪之禮，毀瘠不形，視聽不衰；不勝喪，乃比於不慈不孝」）是皆深於《禮》《易》者。魏晉之學，根抵斯在；儻或據其表象，未測本真，則以鼠為璞矣。

彼時儒生競以談辯為貴，已如前述。夫談辯講論者，自敷義理及攻敵屈人而已。《梁書》卷二十五：「周捨博學多通，尤精義理。魏人包吳南歸，有儒學。尚書僕射江祐招包講。捨造座，累折包，辭理遒逸，由是名為口辯。」經師講學，人咸可入座與之辯論，相劘相切，其業愈精，魏晉南北朝間經學

日盛，豈無由哉？其談辯經義者，以《易》、《論語》、《孝經》爲多。玄、儒兼通之士，又多治《三禮》，而尤好言〈喪服〉。何晏難蔣濟〈萬機論〉，是其選例。《梁書》卷五十〈謝幾卿傳〉曰：「（謝幾卿）服闋，召補國子生。齊文惠太子自臨策試。謂祭酒王儉曰：『幾卿本長玄理，今可以經義訪之』。儉承旨發問，幾卿隨事辯對，辭無滯者。文惠大稱賞焉。」玄學名士，邃通經義，固不僅一幾卿爲然。世謂魏晉六朝玄學盛而經學衰，理多蹈虛，非能務實，豈其然乎？章太炎〈五朝學〉曰：「夫經莫窮乎禮樂，政莫要乎律令，技莫微乎算術，形莫急乎藥石，五朝諸名士皆綜之。其言循虛，其藝控實，故可貴也。凡爲玄學必要之以名、格之以分……，服有衰次，刑有加減。傳曰：『刑名從商，文名從禮』。故玄學常與禮律相扶。」斯言得之矣。玄談論議之風，既起於東漢經學淵茂之時，與經學相扶而長，又幾何而可與經學離耶？此其三。

〈郭泰傳〉又稱李元禮一見郭林宗而贊曰：「吾見士多矣，無如林宗者也。」夫李膺夙性高簡，好尚清談，皆在黨禍未作之前。劉義慶謂其「風格秀整，高自標置，欲以天下名教爲己任」（《世說・德行篇》）其言慕可考味：

蓋永初以後，世趨浮華，《後漢書・儒林傳》所謂：「遊學增盛，章句斯疏，而多以浮華相尚」者是已。有名士、有名族，群聚爭名以相高。其勢導於察舉與徵辟，浸假而成清議與清談（清議實即清談之一部份，非清議轉變爲清談）。逐名而談，騁名而論，或危行以沽名，或虛名而耀世，[註8]不至於浮華不止。故曹操欲殺太尉楊彪，貽書孔融曰：「孤爲人臣……殺浮華交會之徒，計有餘矣！」彪，固東漢名族也。曹明帝曰：「名如畫地作餅，不可啖！」

〔註8〕《後漢書・韋彪傳》稱郡國貢舉不以功次，養虛名者累進，故守職者益懈，而吏事陵遲。又，桓帝時漢中晉文經、梁國黃子艾，竝恃才智，臥託養疾，洛中士大夫，承聲坐門，猶不得見。三公辟召，輒以詢訪，隨其臧否以爲予奪。符融到太學，見李膺，曰：二子行業無聞，特宜察焉。膺然之。二人自是名論漸衰，賓徒稍省，旬日之間，慙歎逃去。其餘類此者不少，不煩縷計。風氣如此，志士譏之，徐幹《中論・譴道篇》曰：「博辯過人，未足貴也。」〈覈辯篇〉：「先王之法，析言破律，亂名改作者殺之。行僻而堅、言僞而辯、記醜而博、順非而澤者，亦殺之。其爲疑眾惑民而潰至道也。」又，仲長統《昌言》曰：「小人貴寵，君子困賤：清潔之士，徒自苦於茨棘之間」「或以廉舉，而以貪去」。凡此皆崇名教之弊，《後漢書・黨錮列傳》云：「桓靈之間，主荒政謬，國命委於閹寺，士子羞與爲伍。故匹夫抗憤，處士橫議，遂乃激揚名聲、品覈公卿，婞直之風於斯行矣。夫上好則下必甚，矯枉故直必過，其理然矣。」

是亦譏其浮且華耳。蓋漢自永初而後，縱弛極矣。外戚專權，宦豎竊柄，官方不肅，處士橫議，自朝廷宮禁學校之中，無一以國事爲念者。士好立名，凡爭名者必假飾於外，其才固未可用，其德亦不足稱，故當時通達治體者，如王符、仲長統、崔實等，咸欲以綜覈名實救之。〈荀彧傳〉注引《彧別傳》謂其取士不以一揆戲志才，郭嘉有負俗之譏、杜畿簡傲少文，皆以智策舉之。有負俗之譏無論矣，即簡傲少文亦不利於合徒黨、要聲譽，可見魏世君臣，取才皆不尚虛聲也。在蜀，則劉備、諸葛亮之庶事精練，物理其本，法嚴行峻，國以安治者，亦人所同知。斯則風尚如此，豈如亭林顧氏所譏「節義之防，光武明章數世爲之而未足；毀方敗常之俗，孟德一人變之而有餘」耶？自漢以來，督責之術，爲時所需，非彼一二人故爲嚴峻也，蓋深知好名之習不戢，則浮華之風不遏。惜乎正始以後，魏政不綱，督責之術不行，以致取才失所，先白望而後實事，浮競驅馳，互相推貢，言重者先顯，言輕者後敘，遂相波蕩，乃至陵遲。淵源相推，則東漢名士之咎也。范曄嘗論東漢名士曰：「漢世之所謂名士者，其風流可知矣。雖弛張趣舍，時有未純，於刻情修容，依倚道藝，以就其聲價，非所能通物方，弘時務也。……李固、朱穆等以爲處士純盜虛名，無益於用，故其所以然也。然而後進希之以成名，世土禮之以得眾。原其無用，亦所以爲用；則其有用，或歸於無用矣。」（《後漢書·方術列傳》）曹丕《典論》亦云：「桓、靈之際，閹寺專命於上，布衣橫議於下。位成乎私門，名定乎橫巷。由是戶異議、人殊論。論無常檢、事無定價，長愛惡、興朋黨。」（《意林》卷五引）慨乎其有餘恫矣！

繇是觀之，清玄之習，雖若與名教背反，而實自名教中來。且名教之倡太過，弊至於空而且僞。塡其空者責其實，救其僞者率於眞。前者督之自上，如魏武、諸葛之所爲；後者成之在我，如馬融、張衡之所倡。然而馬融、鄭玄、應劭等均嘗注解法令；仲長統〈樂志論〉標舉老莊，而《昌言》亦云：「天下之士有三可賤；慕名而不知實，一可賤也。」知此二途固一事而已，非有貳也。當時儒者之不入此二途者，則依循厥弊，弗能更張，相率於浮華玄虛之域。兩在相激，浮華以是愈盛。戴逵曰：「儒家尚譽，本以興賢也，既失其本，則有色取之行，懷情喪眞，以容貌相欺，以弊必至於末僞。道家去名者，欲以篤實也，苟失其本，又有越檢之行，情理俱虧，則仰咏兼忘，其弊必至於本薄。」可謂言之深切明著矣。重名教則必至於浮華虛廓，雖救其弊者，亦皆底於浮華，是誠所謂聖賢爲無可奈何者也。

以是言之，有東漢之名教，乃有其清談，清虛愈甚，而名教之說愈固。六朝主尚玄虛而門第森飭，禮數繁瑣，亦猶李膺爲清談名公，而以天下名教爲己任也。儻謂自然與名教相違，是何以解乎此？須知孔瞻以周孔名教通於老莊自然，〔註9〕非妄爲通之也，勢所不得不通。名教老莊相扶而長，光武好嗜老聃而表章名教，正可深長思也。何晏、王弼之徒，雖稱極玄言，而皆以爲老猶遜孔，豈故爲優劣哉？彼方自以爲能昌周孔之名教，豈知已成老莊之玄言乎？魏齊王芳時，何晏有奏云：「爲人君者，所與遊必擇正人；所觀覽必察正象，放鄭聲而弗聽，遠佞人而弗近。然後邪心不生而正道可弘也」、「可自今以後……詢謀政事，講論經義，爲萬世法」（《三國志・魏王芳傳》）。觀此，錢大昕《潛研堂文集》所謂何晏有大臣之風者爲不虛矣。李充〈學箴〉曰：

> 仁義彰而名利作，禮教之弊，宜在茲也。先王以道德之不可行，故以仁義化之；仁義之不篤，故以禮律檢之。檢之彌繁而僞亦愈廣。老莊是乃明無爲之益，塞爭欲之門；化之以絕聖棄智，鎮之以無名之樸。聖教救其末，老莊明其本。本末之塗殊，而爲教一也。

魏晉學術之實，不在標舉老莊，而在護持名教，即此可證。特如深公之內持法綱，外示沖玄耳。論者應知其所重，固在此而不在彼。此其四也。

總茲四義，當明二事，曰士族門第與清談是已。有士族、有清談，清談關乎學術，門第又何嘗不關學術耶？推士族之形成，當知東漢之名教。湯用彤《魏晉玄學論稿》以爲魏晉思想導因於自然名教之辨；而名士又與魏武爲讎，故多遭誅害。不知夫綜核名實，前有汝南之月旦，後則劉邵《人物志》，魏武所爲，未可盡非。名教盛則形名起，而形名亦所以救其弊（見前）。西京重賢良，東京重孝廉，魏武求賢三詔，〔註10〕蓋欲返於西京而已，孔融有以啓之。〔註11〕彼與名士，非相水火者，出於名教，思有以救其弊耳。至若自

〔註9〕 《晉書》卷四十九〈阮瞻傳〉：「司徒王戎問曰：『聖人貴名教，老莊明自然，其旨同異？』瞻曰：『將無同。』」（又見《世說・文學篇》）。無，語辭，意即老莊與周孔同也，魏晉人語緩之故。

〔註10〕 詳《魏志》卷一〈武帝記〉建安八年注引《魏書》所載庚申、十五年春、十九年十二月乙未令、及二十二年注引《魏書》八月令。

〔註11〕 《後漢書・孔融傳》：「路粹枉狀奏孔融曰：『融前與白衣彌衡跌蕩放言，云父之於子，當有何親？論其本意，實爲情欲發耳。子之於母，亦復奚爲？譬如寄物瓶中，出則離矣。』」其說本之王充《論衡・物勢篇》。史云枉奏，蓋無其事，然《藝文類聚》八十五引孔融爲北海相，有遭父喪，哭泣墓側，色無憔悴。文舉殺之。又有母病瘳，思食新筍，家無，乃盜鄰熟麥而進之。文舉

然名教之辨。湯氏以形名爲名教，本非達詁；牽合儒道、君臣以至道器、天人而爲說，尤悠謬不足據。陽儒陰道之說，既如前述之不可信；自然爲體、名教爲用，亦非魏晉之情。溯論古昔，可勿慎哉！

又按：魏晉學風與荆州一派關係甚深，今人類能知之。〔註12〕然劉表即荆州八袭之一，其所用劉先、司馬徽等，皆誦習老莊者。《後漢書・劉表傳》集解引《零陵先賢傳》曰：「（劉）先字始宗，博學強記，尤好黃老，明習漢家典故」可證。《太玄》一經，尤爲荆州實學，《魏志》卷十三〈王肅傳〉稱肅「從宋衷讀《太玄》」。衷即主持荆州教化者也。其餘如李譔、陸績、虞翻、張昭等，莫不傳習。〔註13〕是則由玄以通老孔，蓋一時風氣。老莊自然與周孔名教，因緣相生，此亦可知。

雖然，與名教迴合倚伏，相爲生衍者，又不僅老莊而已。如前所述形名任誕等等，皆其儔類，蓋緣繼而生者形名，再演而烈者任誕。〔註14〕顧其所謂形名，與周秦法家循名責實之旨近，而與名家之義遠。循其名以徵其實，徵其實故論其學。是以名士風流，不廢講誦，自何晏、王弼以下，雖侈於言談，皆有實學，而諸經注疏之盛，尤勝於兩漢。故曰蹈虛者其辭與其文，徵實者其學與其藝。自其涵併佛老而言，清玄固已；自其研漬六經而論，則不謂爲實學則不可。且玄風雖熾，樸學未燼，衍漢儒之緒，補詩禮之闕，則有簡文帝《毛詩十五國風義》、盧辯《大戴禮注》等；激揚馬鄭、紹述《易》象，則有沈重《禮記義疏》、梁武帝《周易大義》等；樸質存古，長於訓詁，則有

聞之，特賞。則其憑任直感，不貴形迹。與路粹所奏，迹異情同。魏武求才遺德，如孔融者，蓋有以啓之也。章太炎〈五朝學〉曰：「孔融剌青州，爲袁譚所攻，流矢雨集，猶驪几讀書，談笑自若。城陷而奔。阮簡爲開封令，有劫賊，外白甚急。簡方圍棋，長嘯曰：『局上有劫甚急！』斯蓋王導、謝安所從受法。」

〔註12〕詳王韶生〈荆州學派對三國學術之關係〉（《崇基學報》第四卷第一期）。

〔註13〕《三國・蜀志》卷十二〈李譔傳〉：「譔與尹默俱遊荆州，從司馬徽、宋忠等學，譔俱傳其業。……著《古文易》、……《太玄指歸》。」《吳志》卷十二〈虞翻傳〉注曰：「江東虞翻讀宋氏書，乃著明揚（雄）釋宋（忠）」，陸績〈述玄〉：「荆州劉表，遣梁國成奇備好江東。奇將《玄經》自隨，陸幅寫一通，精讀之。後奇復來，宋仲子以其《太玄解詁》付奇，寄與張昭。」

〔註14〕錢穆曰：「學者群集，不事編簡，則必因而尚談論（案：談論正由務事編簡而來；然其既行之後，士又廢學而恣口談也。）既尚談論，必牽連及於考究談吐之音節，又牽連而及於體貌之修飾。如李固，已見譏爲胡粉飾貌，搔首弄姿，盤旋俯仰，從容治步。爲後來曹植、何晏輩之先聲。」（《國史大綱》，頁133）

劉瓛《孝經說》、顏延之《論語說》等等。而音義之學，颮然特昌，尤為世人所重。此循名責實之效也。

　　至其所謂玄者，實兼老莊形名而言。老莊固可為玄，形名究論才質，覈議人物，推極其理，亦必底於玄。故《人物志·九徵第一》曰：「人物之本，出乎情性；情性之理，甚微而玄。」〔註15〕此無他，論極一事，必有其抽象之原理在；且形名出於自然，論形名無不止極於自然也。《魏志·鍾會傳》曰：會死後，於其家得書二十篇，名曰《道論》，而實為刑名家言。適可與此互參。

　　牟宗三氏以為魏初談者，僅辨才性，尚無玄論。故強分其理趣為才性與玄學二類。〔註16〕是竟以當時之所謂玄者，不括才性在內；不悟其駢起為一，非有後先，豈如牟氏所云魏晉一段僅有才性，尚無玄論哉？《魏志》卷十注引《何劭荀粲別傳》曰：「理之微者，非物象之所舉也。今稱立象以盡意，此非通於意外者也。繫辭焉以盡言，此非言乎繫表者也。斯則象外之意，繫表之言，固蘊而不出矣。」是玄言也，輔嗣《易》論之所從出也。事在太和初年，豈如牟氏所云魏晉一段尚無玄論乎？且牟氏以為「魏初一段談才性者名為談名理」。核諸《潛夫論》所稱：「有號則必稱於典，名理者必效於實」云云，亦非其情。蓋名理者，論名實者也。又，《世說新語·文學篇》：「支道林、殷淵源俱在相王許。相王謂二人：『可試一交言。而才性殆是淵源崤函之固，君其慎焉！』支初作，改轍遠之；數四交，不覺入其玄中。」則才性亦可名玄，與《人物志》不殊。〈賞譽篇〉注引〈衛玠別傳〉：「玠少有名理，善通莊老。」則名理、老莊不為區別可知。《荀粲別傳》曰：

　　　太和初，（粲）到京邑，與傅嘏談。嘏善名理，而粲尚玄遠，宗致雖同，倉猝間，或有格而不相得意。裴徽通彼我之懷，為二家釋。頃之，粲與嘏善。

名理玄言，宗致一趣，適相通貫，此其證焉。時人混稱曰玄，析別則有三名。而其肇機，全在東漢，如仲長統《昌言》之類是已。錢賓四《國史大綱》曰：「大抵三國以下人物風流，全已於東漢啓之」，信然。顧猶有說也：

〔註15〕　《人物志》歸結於「釋爭」，顏承繁〈人物志在人性學上之價值〉一文疑其申張老子義，與全書旨要無關，是不知《人物志》實由形名通乎老莊之作也。

〔註16〕　牟宗三《才性與玄理》，頁242：「魏初一段談才性者名為談名理。只是該一段歷史只有才性，尚無玄論。」

貳、漢學、玄學與經學之關係

　　魏晉學風習俗，多仍漢舊。政治，則權力有轉移，型態無改易，適為大一統政府之餘聲及士族政治滋興二線發展之交紐疊互期，故社會結構無多異也。由政治型態及社會結構興衍之學術文章，尤相肖似。劉申叔論漢魏六朝專家文曰：「名理初興，發源於洛下（按：劉氏以為清談始於明帝太和年間。《中古文學史講義》云：「蓋嘏、粲諸人辨論名理，均當明帝太和時，固較何、王為尤早也。」其說不甚確，清談至遲起於漢桓帝以前。）王、何、嵇、阮之徒，各以辯論清談成風；西晉承之，無由變易。宋齊踵繼，餘韻猶存，及齊、梁之際，宮體盛行，則又加以綺麗。沿流泝源，殆仍洛下玄風，逐漸演變，而非江南獨有此派文學也。……研究阮嗣宗當溯源於陳琳、阮瑀，推而上之，更可考及彌衡。又如張平子頗得宋玉之高華，在當時雖無影響，而能下啟建安作風。不考平子，無以知建安，猶不考琳、瑀無以知嗣宗耳。他如陸士衡〈辨亡〉、〈五等〉各長篇，實由漢代論運命論開之；潘安仁……實由王仲宣開之；任彥昇，實由傅季友開之。……今之談宮體者，但知推本簡文，而能溯及王融者鮮。斯何異於論清談者，但知王弼、何晏，而不能溯源於孔融、王粲也哉！」踵事而增華，循本以加厲，至其肇機，則靡不在於東漢。文章如此，學何不然？

　　且學術固由政治社會影響而成，轉能影響政治社會。二者相挾互變，然亦與漢代風氣不殊也。前者已如上述，後者則如漢、魏以逮齊、梁，學者仍用漢儒符命讖緯與五德終始之說。經義及於政事，黠者緣假飾偽，遂多篡敓。如《陳書》卷二〈高祖本紀〉下曰：

> 梁氏以圮剝薦臻，歷運有極，欽若天應，以命於霸先。……既而煙
> 雲表色，日月呈瑞，緯聚東井，龍見譙邦。除舊布新，既彰玄象。……
> 僉以百姓須主，萬機難曠，皇靈眷命，非可謙拒。

如茲之類者，尚有《南史·宋武帝紀》：「魯宗之為讖曰：魚登日，輔帝室。」《宋書·范曄傳》曰：孔熙先使婢隨法靜尼南上見胡遵世，付以牋書，陳說圖讖。其說徐湛之，則謂讖緯天文並有徵驗。又，〈顏竣傳〉：竣為世祖主簿，有沙門釋僧舍謂曰：「貧道粗見讖記，當有真人應符。名稱次第，屬在殿下。」又，《周書·陸騰傳》：「父旭，性雅澹，好《老》、《易》、緯候之學。」《魏書·燕鳳傳》：「明習陰陽讖緯。」是其傳習之廣，無間南北。《宋書·禮志》云東渡之初，戴邈奏請興學，有曰：「圖讖無復孑遺於世」，實不可信。因災異、

占驗、堪輿、圖讖諸術，斯時俱盛，如郭璞、管輅、孫惠、張顯、氾稱、陸機、范汪、徐邈等，史冊所載，彰彰可考。《世說新語‧術解篇》曰：「晉明帝解占塚宅，聞郭璞爲人葬，帝微服往看。」斯所謂上下從風者也。《齊書‧高帝紀》曰：「上姓名骨體，及期運曆數，茲遠應圖讖，數十百條，歷代所未有。」與西京天人相應、東京符瑞受命諸說較，殆有過之矣。

世但知魏晉學有新變，世有動亂，依而承之者不必論，衍而遂異者，其實亦未爲大異。通經致用之習，南北所同，尤與兩漢相類。今考《潛夫論》曰：「東漢學問之士，好語虛無之事，爭著雕麗之文」（〈務本篇〉），是其清言稜稜，論學之型態未改；士族門第，社會之結構匪殊，其不能大異也固然。今人目魏晉南北朝與兩漢爲讎，不曰革命，則云反動。所革者何？所反者誰？立言如此，寧不可譏？但知魏晉玄風甚，而不暇考其本末終始，師彼成心，得之一偏，是何異勺一瓢於千流耶？今考六代遺籍，其鼓盪玄風之製固多，墨守陳說者亦夥，駢行兼至。是魏晉之玄，謂爲特色則可，然而非其全也，其所重者亦不在此。故三玄之說，倡於魏晉，而六代遺篇，釋禮者爲獨多（《隋志》所載，論《易》者九十四部、八二九卷。而論《禮》則有二一一部、二一八六卷）。孔穎達《禮記正義‧序》所謂：「爰從晉宋，逮於周隋，其傳禮業者，江左尤盛」者是也。知漢學不隳於六朝，則孔穎達由南學通乎漢儒，始有可能。此余之所以三致意也。

又按：就思想拓展衍化時內在邏輯（inner logic）之辯證發展而言，其融會孔老，涵擧形名，亦屬勢之必然。孔老之合，揚雄已然，王充貴道，尤勝於揚，《論衡‧自然篇》曰：「從道不隨事，雖違儒家之說，合黃老之義也。」〔註17〕然魏晉之學，本之揚雄者多，合於《論衡》者少，荊州學風，是其明證。當是時，宇宙論繁興，渾天、蓋天、宣夜諸說既倡，王充據蓋天以駁渾儀（見《晉書‧天文志》。《論衡‧談天篇》：「天有形體」、「天體非風也」，則駁宣夜說者）；張衡則據渾天以撰《靈憲》（〈張衡傳〉云衡著《靈憲算罔論》，李賢註曰：「衡集無《算罔論》，蓋網羅天地而算之，故名焉」）。

蓋老莊天地陰陽道氣諸觀念，本涵有一自然宇宙觀。由此發展，結合古月令時候之學，即成漢儒之宇宙論。然宇宙論（cosmology）在先秦多與存有論（ontology）相合，即覼論宇宙之生成變化之頃，同時究探其存有之終極實

〔註17〕王充《論衡‧自記篇》云晚年嘗作養性之書十六篇。養性，《太平御覽》引作「養生」。

在目的（ultimate reality）。漢晉學者則側重於現實宇宙構造之形上學。要言之，先秦言宇宙之實理，漢晉之際則兼及宇宙之實體。〔註18〕緣體以求理，與周秦之言理而涵體者微殊。然玄學亦以是而興也。故余曰學術由樸入玄，由漢至魏，寔理勢之攸召，猶影響之相歸也。〔註19〕如魯勝〈正天論〉、虞聳〈窮天論〉、姚信昕〈天論〉、虞喜〈安天論〉、姜岌〈渾天論〉及劉喜〈天論〉等，俱可考見一代學風。浸假至於孔穎達，《周易正義·序》曰：「氣質形具而未相離，謂之渾沌者，易也。」遠本莊列、近取渾天（詳第五章參節），其中消息，未可忽也。今人考論六代學術，輒云遭逢世亂，不省學術自有其生命，豈徒爲因緣之假相哉？五代十國、宋元之際，何嘗不亂？魏晉亂而佛道興，隋唐治而佛道亦興。凡茲舛逆，復何說歟？若以世亂言之，則南治而北亂，何以玄學盛於江左？若以時衰爲說，則六代民風亦不遜東漢也，章太炎〈五朝學〉曰：「濟江而東，民有甘節，清劭中倫，無曩時中原媮薄之德，乃度越漢時也。言魏晉俗敝者，始干寶〈晉紀〉，葛洪又臚言之。觀洪〈漢過〉、〈刺驕〉二篇，漢俗又無以愈魏晉。王符作《潛夫論》，迹盛衰，譏漢俗最甚。……雖干寶論晉弗能過。……粵晉之東，下訖陳盡，五朝三百年，往惡日湔，而純美不忒，此爲江左有愈於漢。徒以江左劣弱，言治者必暴摧折之，不得其徵，即以清言爲狀。」知清言無關於世亂也。徒以名教初興，即與老莊合流，故談人論事之頃，宇宙本體之論竝作，觀《白虎通》等書可知。

陳寅恪云：「東漢末年黨錮諸名士遭政治暴力之摧壓，一變其指實之人治品題而爲抽象之討論」（〈陶淵明思想與清談之關係〉）。實則黨錮以前即有清談，如班嗣李膺者，皆其儔類；玄理抽象之談，亦不自黨錮之後始興。若云魏末晉初，清談僅及當時政治之實際問題，更非信論。何哉？究論學術，宜總其內因與外緣，二者相挾而俱變。諸家外在之考察慕繁，而內在之省視不

〔註18〕如張衡《靈憲》云：「崑崙東南，有赤縣之州，風雨有時，寒暑有節。苟非此土，南則多暑，北則多寒；東則多風，西則多陰。故聖王不處焉。中州含靈，外制八輔。八極之維，徑二億三萬二千三百里，南北則短減千里，東西則廣增千里。自地至天，半於八極，則地之深亦如之；通而度之，則是渾也。將覆其數，用重差鈎股，懸天之景，薄地之儀，皆移千里而差一寸得之。過此而往者，未之或知。未之或知者，宇宙之謂也。」此宇宙論顯然自驟衍九州說延伸而來，與當時數學之發展關係亦深，非驟衍之前所能有也。

〔註19〕自秦漢以逮魏晉，老莊黃老之學授受未絕。其中如楊厚、范升、馬融、虞翻，皆粹然儒者，而或修黃老教授，或爲老子訓註，嚴君平、周勰之倫，史稱其慕老聃之清靜，依老子嚴周之旨而著書。其餘如廖扶、李固、郎顗等皆然。

足，故爲斷論，蔑無可取。今考《南齊書》卷三十三〈王僧虔傳〉，則當日清談之旨要，可犕略而述之矣。僧虔誡子書曰：

> 往年有意於史，取《三國志》聚置牀頭。百日許，復徙業就玄，自當小差於史，猶未近彷彿。曼倩有云：「談何容易」！見諸玄，志爲之逸，腸爲之抽，專一書，轉誦數十家注，自少至老，手不釋卷，尚未敢輕言。汝開《老子》卷頭五尺許，未知輔嗣何所道？平叔何所說？馬、鄭何所異？《指例》何所明？而便盛於塵尾，自呼談士，此最險事。……且論注百氏，荆州八袠，又《才性四本》、《聲無哀樂》，皆言家口實，如客至之有設也。汝皆未經拂耳瞥目，豈有庖厨不修，而欲延大賓者哉？就如張衡思件造化、郭象言類懸河，不自勞苦，何由至此？

是則繞指之柔，中經百練；精能之至，迺合自然。方其騁玄馳辯之際，正實學精粹之時也。詳茲所論，其義殆包漢魏學術而言，歸納其說，略得數端：

（1）魏晉以來，《易》、《老》、《莊》三玄之注釋數十家。

（2）張衡代表之宇宙論，與郭象所代表之自然觀。

（3）王弼、何晏說之指歸何在？

（4）馬融、鄭玄之異同。

（5）荆州之學內容如何？

（6）嵇康、王導《聲無哀樂》義。

（7）鍾會、傅嘏、王廣、李豐等〈才性四本論〉之優劣。

（8）《易》、《老》、《莊》三玄之通義。

文史玄儒，爲南朝學術之大凡。此處所言，僅玄一端耳。觀其命題，即可測其旨要。至於經史兩端，亦可從茲而推知矣。《隋志》曰：「正史作者尤廣，一代一史，至數十家。唯《史記》、《漢書》師法相傳，竝有解釋，《三國志》及范曄《後漢書》，既近世之作，竝讀之可知。」則僧虔之有志史學，未足多異。《史記》、《漢書》猶能師法相傳，經學何獨不然？諸史〈儒林傳〉，胥可考驗。庾峻所謂：師說如此，不敢違也（《魏志·高貴鄉公紀》）。推而至於玄學，則《宋書·何尚之傳》曰：「元嘉十三年，以尚之爲丹陽尹，立宅南郭外，置玄學，聚生徒。」（事又見《南史·高祖本紀》。繫在元嘉十六年）則玄學亦有師法矣。其授受不拘師法者，唯文學而已。《南齊書·劉瓛傳》雖云：「晉尙玄學，宋尙文學，故經學不純。」然彼所以能知其不純者，師法之

效也。

　　且據毛漢光氏《兩晉南北朝士族之研究》一書所考，五十大夫士族，「除少數例外者，似乎皆經學文章相繼，道德品性傳家。」證諸《顏氏家訓》所稱：「聊舉近世切要以啓寤汝爾：士大夫子弟，數歲以上，莫不被教，多者或至《禮》傳，少者不失《詩》論。及至冠昏，體性稍定，因此天機，倍須訓誘，有志尚者，遂能磨礪。」（〈勉學〉第八）則毛氏之說，信非詖談。《抱朴子》暢玄嘉遯，而〈崇教〉一篇乃云：「宗室公族及貴門當年，必當競業儒術，樽節藝文，釋老莊之不急，精六經之正道也。」準斯而論，《宋書・禮志》所謂：「世尚老莊，莫肯用心儒訓」者，過激之語，豈情論也哉？南朝大學授受不勤者，以魏世以來，入學者率爲避役，高門子弟，恥非其倫；且生員既多，不免猥雜，故殷茂曰：「學建彌年，而功無可名。憚業避役，存者無幾。或假託親疾，其僞難知，聲實渾亂，莫此爲甚！臣聞舊制，國子生皆冠族華胄，比列皇儲。而中者混雜蘭艾，遂令人情恥之！」（《宋書・禮志》）是則大學中儒訓不專，別有緣業，非爲老莊故也。凡據之以言南朝儒學衰敝者固非，以儒學衰敝爲世尚老莊所致爲尤非。《宋書・五行志》言大元十年正月，立國子學，學生多頑囂，因風放火，焚屋百餘間。其與《顏氏家訓》所稱數歲以上，莫不被教者，相去不可以道里計。未可據太學之不濟而論其學風也。《世說新語・言語篇》載諸葛靚答孫皓問曰：「在家思孝，事君思忠，朋友思信。」足與顏氏互證。俗士皆云六朝儒學衰亡，師法滅裂，孰知其不然也如此！

　　據茲而論，大學隳墜，儒訓仍昌。晉南北朝間，雖兵革不息，然朝廷苟獲小安，即思興學；地方官吏亦頗能措意於此；私家授受者爲尤繁。雖偏隅割據之區，戎狄雜居之地，莫不皆然。呂思勉《兩晉南北朝史》述之綦詳。

　　考其興學之故，所以護持名教也，亦所以救名教之弊。故晉初傅玄上書云：「漢魏百官子弟，不修經藝而務交遊。今聖明之政資始而漢魏之失未改。」又，王導曰：「人知士之貴由道存則退而修其身；敦樸之業著，浮僞之競息。」上下一德，故六朝數百年間，依行弗替。迨及梁世，百濟國表求講《禮》博士，詔令陸詡行，聲教東漸，南朝教學之規模，蓋以此爲最盛矣（詳《陳書・儒林・陸詡傳》）。其私家立館者，如齊始安王遙光、右衞江祐於蔣山爲吳苞立館是也（見《齊書・高逸傳》）。《晉書・隱逸傳》曰：祈嘉博通經傳，西遊晦渚，教授門生百餘人。張重華徵爲儒林祭酒。在朝卿士，郡縣守令彭和正等受業，獨拜牀下者二千餘人。朝野貴學之風，於茲可想。《晉書・儒林傳》所謂：「有晉始

自中朝迄於江左，莫不崇飾華競，祖述虛玄。……遂使憲章弛廢，名教頹毀」
者，蓋不然矣。南國帝胄，如梁武、陳武創業經國，莫不崇獎儒術，深戒浮蕩
之習（見《梁書》卷四八〈儒林傳〉、《陳書》卷卅三〈儒林傳〉）。宋武、宋文
亦嘗親臨國學以策諸生問答。孔廣森曰：「北方戎馬，不能屏視月之儒；南國浮
屠，不能改經天之義」者，殆指此言（戴氏遺書序）。《南齊書・王儉傳》至謂
天下「衣冠翕然，竝尚經學，儒教於此大興」，則經學之盛，亦可知矣。今學者
依違俗論，廢史不觀，遽以為北儒南玄，塗轍劃然。其實六朝經學，比隆兩漢，
固非其倫；駸斬北朝，則有餘裕矣。

《魏志》卷二十一〈王粲傳〉注引嵇喜〈嵇康別傳〉稱其「家世儒學，
長而好老莊之業。」又，《續晉陽秋》曰：「寧康三年九月九日，帝講《孝經》，
僕射謝安侍坐，吏部尚書陸納侍講，兼侍中卞耽執讀，黃門侍郎謝石、吏部
郎袁宏並執經，中書郎車胤、丹陽尹王混摘句（劉應登曰：「摘其疑以問也」）。」
其中多清談名公，而講誦儒學如此。玄儒既已融匯無礙，上下同風，尤堪歆
慕。然而此亦有說也：

參、漢魏南北朝《易》學之嬗衍

永嘉以後，苻堅在北，頗留心於儒學。王猛整齊風俗，禁老莊、圖讖之學
（見《晉書・苻堅載記》）。魏世祖又詔禁讖記（《魏書》本紀）。北不言玄，而
玄遂為南朝之特色。《宋書・何尚之傳》云其立宅南郭外，置玄學，聚生徒，徐
秀、何曇等，竝慕談來遊，謂之「南學」。則玄學固南朝旌異之幟也（實則北亦
言玄，但不及南方之盛耳。詳後）。然所謂「玄學」，實採擷經學一部份而合以
老莊者（梁時《周易》、《老》、《莊》，總稱三玄，見《顏氏家訓・勉學篇》）。方
言玄時，即已兼通於儒業；自經學史言之，則亦可視為經學研究特異之一系。
以其所重者多在《易》也。《易》為玄宗，亦為經學之宗（班固曰：「《詩》、《書》、
《禮》、《樂》、《易》於五者，五常之道，《易》為之原」）。故稱六朝玄學甚熾，
實即變相之言其經學甚昌也。

《易》為經、玄通貫之橋梁，亦猶《太玄》一經，為漢、魏結合孔、老之
橋梁。故自東漢以來，學者研《易》治《老》，蔚為風氣。如楊厚、范升、馬融、
虞翻等，皆《易》學名師，而修習老氏遺業。范升與向長所習，亦夙以《老》、
《易》並稱，其爭立《費氏易》、《左氏春秋》時，嘗引《老子》「為道日損」、「絕
學無憂」諸語。其後王弼原本費氏而參用老莊，范升啟之矣。六朝所傳，均為

費氏，〔註20〕則其雜於柱下者，蓋亦家法然也。其溝通兩間者，則爲《京氏易》。蓋費氏本長於卦筮，其以〈彖〉、〈象〉、〈繫辭〉十篇文言解說經文，不過與劉歆「治《左氏》，引傳文以解經，轉相發明，由是章句義理備焉」相同而已。推其理趣，殆與《京氏易》相通，故鄭玄學受《京氏易》而注費；費氏復爲焦延壽《易林》作序，謂其「通達幾隱，聖人之一隅」。焦氏，京房師也。〔註21〕其學皆得之孟喜。《漢志》有《孟氏京氏》十一篇，《災異孟氏京房》六十六篇，殆即其僞稱爲《孟氏易》而爲翟牧白生所不肯信者也（詳《漢書》卷八八〈儒林傳〉）。是故其學雖出孟喜而微異，南北朝間學者緣《費》以求《京》，所得反多在《孟》。〔註22〕然在東漢時，則莫不主《京》通《費》而合《老》也，《後漢書・郎顗傳》曰：「顗父宗，學《京氏易》，顗少傳父業。」而其詣闕拜章則言：「天地之道，其猶鼓籥；以虛爲德，自近及遠。」書奏，順帝復使對尚書。顗條便宜七事。其三引《老子》曰：「人之飢也，以其上食稅之多。」又上書薦黃瓊、李固，引《老子》曰：「大音希聲，大器晚成。」其融會如此！蓋《京氏易》源出隱士（〈京房傳〉：「焦延壽獨得隱士之說」），依準老聃，附以數術而成其學。其術數又與費氏相通，〔註23〕史稱晉韓友行京、費厭勝之術，可爲碻證。且費氏〈周易分野〉一篇，見於《晉書・天文志》。〔註24〕然以卦象象配地域（羅

〔註20〕黃慶萱先生曰：「綜觀魏晉南北朝《易》注佚文，所用底本皆爲《費氏》本。唯王肅注多異文。董進、干寶、桓玄偶采《孟》本以訂《費氏》。」（《魏晉南北朝易學書考佚》）

〔註21〕薛季宣《焦氏易林・序》：「漢儒傳《易》，明於占候者如贛、費直、許峻、崔篆、管輅數家《易》俱有林。《東觀漢記》：孝明帝永平五年，少雨，上御雲台自爲卦，遇〈寒〉，以《京氏易林》占之。京房，延壽弟子。」或云今傳《焦氏易林》，爲王莽時崔篆作，徐養原、牟庭相、余嘉錫主之。丁晏《易林釋文》與劉毓崧丁氏釋文跋（《通義堂集》卷二）則主舊說。疑不能定。

〔註22〕按：《後漢書・儒林・京房傳》稱「焦延壽獨得隱士之說」，又云：「嘗從孟喜問《易》」。然孟喜亦自諱所出，但言得《易》家候陰陽災變書而已。以今度之，焦、孟蓋同出一源，故焦氏雖得諸隱士而又從孟喜問《易》也。《焦氏易林》所附直日法，亦與孟喜卦氣同，唯五日又四分之一日微異。京氏直日亦用孟喜六日七分說而益巧。特京房別有飛伏、納甲諸說，與孟不類。南北朝研《易》者視此爲術數，不以爲即經學。故其雖多用京氏，而所得反近於孟。即王弼亦不能廢六日七分說也。

〔註23〕《隋志》有《易林》二卷，費直撰。或疑《禮記・月令》正義所引《易林》「〈震〉主庚子午……」一段，爲《費氏易林》文。要之：費氏與焦延壽均有《易林》之撰，又爲焦製序，則其不相牴牾可知。

〔註24〕《晉書・天文志》云：「班固取三統歷十二次配十二野，其言最詳，又有費直說《周易》……」下引費說。

泌《路史》曰：「《費直易》十二篇，以《易》卦配地域，今其書佚」），易緯《稽覽圖》中有之，與卦氣之說同列。則費之學與京氏相通也可知。故南北朝間費氏獨行，而京氏亦得流存。〔註25〕迨乎孔穎達《周易正義》出，調融南北，以輔嗣爲本，而參雜京氏、孟氏之說，伏機潛湧，實在於此，但世不知耳。

北人研《易》，不出漢儒矩范，故亦間通老氏，《魏書》所謂屢引《易》與論老、莊是也。《北史・盧玄傳》曰：「玄孫道虔妻元氏，甚聰悟，常升高座講《老子》。」又〈苻堅傳〉云：「談玄論道，雖道安無以尚之。」〈苻朗傳〉亦云：「每談虛語玄，不覺日之將夕。」是北人非不言玄，蓋南渡以後，士族留北者，仍祖魏晉之舊；虜姓新王者，或慕文教之華；於是纘緒馬鄭，鈎合老莊，勢所必至。此所以北學南折，玄之一端，即可得其髣髴，何必俟孔穎達之採擷南學而後始知其然？此非穎達力，迺南北朝《易》學之自力（佛家所云，有自力、有緣力）。孔氏但調合收納之耳。不知此，不足以讀《正義》，尤不足以知漢魏南北朝易學、玄學之理實。

以是言之，經、玄相涵，弗能倍貳。時人所重，亦不僅僅在玄。《世說・言語篇》：王中郎甚愛張天錫，問之曰：「卿觀過江諸人經緯：江左軌轍，有何偉異？後來之彥，復何如中原？」張曰：「研求幽邃，自何、王以還；因時修制，荀樂之風。」王曰：「卿知見有餘，何故爲苻堅所制？」答曰：「陽消陰息，故天步屯蹇；否剝成象，豈足多譏？」陽息〈坤〉而陰消〈乾〉，由〈否〉而〈觀〉而〈剝〉，用孟、京消息義也。荀指荀顗、荀勗之修定法制，與何、王異趣而咸爲世重，足供佐證。

又，劉尹與桓宣武共聽講《禮記》，桓云：「時有入心處，便覺咫尺玄門。」則竟以聽《禮記》爲通玄矣。蓋當時之所謂玄者，時或泛指義理之學而言，非專稱於老莊也。究竅義理，故言老莊可以爲玄，講經義、論禮制亦無不可名之爲玄。《梁書》卷二十五〈周捨傳〉曰：「捨博學多通，尤精義理。……魏人吳包南歸，有儒學。尚書僕射江祏招包講，捨造座，累折包。」又《梁

〔註25〕 《晉書・干寶傳》：「性好陰陽術數，留思京房、夏侯勝等傳。」〈隱逸傳〉：「郭琦善五行，作天文志、五行傳，注《穀梁》、《京氏易》百卷。」又《陳書》言吳明徹就周弘正學天文、孤虛、遁甲，略通其術，遂以英雄自許。是斯時研治《京氏易》及術數者甚多，周弘正有《周易講疏》，孔穎達《正義》多采之。干寶《周易注》亦據費本以說《京氏易》。《隋書・經籍志》云：「梁丘、施氏、高氏亡於西晉；孟氏、京氏，有書無師。」不知其師多即費氏之師也。南北朝間所傳雖僅王、鄭二家，其學非王、鄭所能限。

書》卷三十七〈謝舉傳〉：「舉少博涉多通，尤長玄理及釋氏義。……北渡人盧廣有儒術，爲國子博士，於學發講。……舉造座，屢折廣。」胥其證也。當時以《易》爲三玄之首，談講《易》義，是亦經義而已，何與夫老莊耶？稽衡前史，玄學士多通經義，以《易》即經故也。

《隋書・經籍志》曰：「《易》，梁陳鄭玄、王弼二注列於國學；齊代唯傳鄭義。」是則西晉而後，宋齊梁陳，鄭注爲盛。唯宋元嘉間，以祭酒顏延之不喜鄭注，黜而立王。然陸澄、王儉咸以爲非，則時尙可知矣。傳世尙有張譏、劉瓛諸《周易》義疏，觀其佚文，多從鄭義。《北史・儒林傳》所稱：「南北所爲章句，好尙互有不同：江左《周易》則王輔嗣；河洛《周易》則鄭康成」者，盜世誣言，匪可信據。世或稱引以爲論說，皆不究史文之過也。其誤始於孔穎達，《周易正義・序》曰：「魏世王輔嗣之注，獨冠古今，所以江左諸儒竝傳其學；河北學者，罕能及之。」實則江左王、鄭竝行，鄭義爲勝，固如前述，北儒所傳，亦以王義爲多。《北史・儒林傳》曰：「能言《易》者，多出郭茂之門。河南及青、齊之間，儒生多講王弼所注。」是則北地傳《易》，固有二系：一則出魏末徐遵明所傳，主講鄭《易》；一則論輔嗣之《易》也。傳習既久，疆界多泯，故頗有溝通兩間者，如權會少受鄭義，始盡幽微；而兼通風角，妙識玄象（見《北史・儒林傳》。風角爲術數，玄象則與輔嗣所言爲近）。茲所謂學通南北也。《北史》所云南北，以河爲分。故曰：「河北諸儒能通《春秋》者，竝服子愼所注；其河外儒生，俱伏膺杜氏。」故所謂南北，非即南北朝之南北。孔氏未詳南北諸儒授受源流，謬以爲江左《易》家皆傳王弼義，非也。推穎達之意，蓋以爲南朝尙玄言，而玄言者多稱何、王。不知六朝玄言不害經義，非惟不害經義而已，莊老玄言，盛於東漢，即鄭以通玄，其勢爲尤順，《南史・儒林傳》曰：「嚴植之少善老莊，能玄言。及長，遍習鄭氏《禮》、《周易》。」（傳中所述，無習王弼義者）是其證焉。

其在南朝，《易》又有兩王氏。《晉書・荀崧傳》曰：

> 時簡省博士，置《周易》王氏、《尚書》鄭氏、《古文尚書》孔氏、《毛詩》鄭氏、《周官》、《禮記》鄭氏；《春秋左傳》杜氏、服氏；《論語》、《孝經》鄭氏博士各一人。凡九人。其《儀禮》、《公羊》、《穀梁》及鄭《易》皆省不置。崧以爲不可，乃上疏言：「宜爲鄭《易》、鄭《儀禮》、《春秋公羊》、《穀梁》各置博士一人。」詔共博議者詳之。議者多請從崧所奏。詔曰：「《穀梁》膚淺，不足置博士，餘如奏。」

《宋書·禮志》略同。此所謂王《易》者，王肅也。世多據蕭子顯〈劉瓛傳論〉，以爲王肅依典午之勢以行其學，〔註26〕其實非也。〈劉瓛傳論〉曰：「康成生炎漢之季，訓義優洽；一世孔門，襃成竝軌。故老以爲前修，後生未之敢異。而王肅依經辨理，與碩相非。爰興《聖證》，達用《家語》，以外戚之尊，多行晉代。」按甘露元年高貴鄉公臨幸太學，問諸儒經義，帝雖執鄭說，而博士已以肅義爲長。是其立在學官者，自下化上，非關帝力。且肅卒於魏甘露元年，下距晉武之篡，尚隔十年。《魏書·齊王紀》曰：「正始六年十二月辛亥，詔故司徒王朗所作《易傳》，令學者得以課試。」又《魏書》，闞駰曾集王朗《易傳》。則朗之《易傳》名重一時，正始年即列學官矣，何有於晉？唯其書亡於宋，六朝學者，罕能通習。遺文佚義，或存於王弼及孔穎達書中。然謂輔嗣之《注》即爲肅義，如張惠言、蒙文通等所言者，亦非情實。〔註27〕今力破二妄，述六朝《易》學之流變如次：

魏晉以後，傳《易》者唯鄭、王二家。依本費氏，旁及京、孟，南北皆然。唯其師法猶存，故通習之餘，義例亦多不同。至於孔穎達《正義》，左資右獲，而以王弼爲本，是猶師其故智也。章太炎《檢論》卷四〈案唐〉曰：「魏晉老莊刑名之學，覃思自得亦多矣。然其沐浴禮化，進退不越，政事墮於上，而民德厚於下，固不以玄言廢也。加其說經守師，不敢專恣，下逮梁、陳，義疏繁猥，而皆篤守舊常，無叛法故。何者？知名理可以意得，世法人事不可以苟誣也。唐初《五經正義》，本諸六代，言雖煩碎，寧拙不巧，足以觀典型。」可爲余說佐助，特其以費氏爲不雜象數（《檢論》卷一〈易象義〉），則未免賢者之過矣。今考《魏志》卷二十九〈管輅傳〉注引輅《別傳》曰：

輅辭裴使君，使君言：「丁、鄧二尚書，有經國才略，於物理不精也。何尚書神明精微，言皆巧妙。巧妙之志，殆破秋毫。君當慎之！自言

〔註26〕馬宗霍云：「王肅以託姻司馬氏之故，所爲《尚書》、《詩》、《論語》、《三禮》、《左氏》解，及撰定父朗所作《易傳》，魏時皆列學官。」（《中國經學史》）皮錫瑞亦云：「肅以晉武帝爲其外孫，其學行於晉初。晉初郊廟之禮，皆主肅說，不用鄭義。」（《經學歷史》）
〔註27〕張惠言《易義別錄》卷十一：「王朗父子竊取馬、鄭而棄其言禮、言卦氣爻辰之精切者。王弼祖述王肅，而併棄其比附爻象者。於是空虛不根，而道士之圖書作矣。」蒙文通《經學抉原》亦云：「《隋書·經籍志》云：『魏代王肅，推引古學以難其義。王弼、杜預從而明之。自是古學稍立。』明古學肇於費、馬，成於王肅。王弼、杜預皆肅之徒也。王弼注《易》，祖述肅說，特去其比附爻象者。」（〈南學北學〉第六，頁38）

不解《易》九事，必當以相問。比至洛，宜善精其理也。」輅言：「何
若巧妙以攻難之才，遊形之表，未入於神。夫入神者，當步天元、推
陰陽、探玄虛、極幽明。然後覽道無窮，未暇細言。若欲差次老莊而
參爻象，愛微辯而興浮躁，可謂射侯之巧，非能破秋毫之妙也。」

管輅治《易》，兼得其辭與其占，故視平叔為未達。其言猶孫盛之譏輔嗣也。
《魏志》卷二八〈鍾會傳〉注引孫盛曰：「易之為書，窮神知化。非天之至
精，其孰能與於此？世之注解，殆皆妄也。況弼以附會之辯，而欲籠統玄旨
者乎？故其敘浮義，則麗辭溢目；造陰陽，則妙賾無間。至於六爻變化，群
象所效，日時歲月，五氣時推，弼皆擯落，多所不關。雖有可觀者焉，恐將
泥夫大道。」是魏晉之間，傳《易》者已有兩系，雖皆以人事為主，而有論
象與否之別。宋、齊以後，則多以人事為本，間說象數而已。

　　蓋《易》自馬融主以人事以降，鄭玄、王弼，相去弗遠。但鄭象多而玄
少，王則反是。南北朝傳《易》之家，不能出此範圍，皆古文學也。如〈蠱〉：
「元亨，利涉大川。先甲三日，後甲三日。」應劭曰：「先甲三日，辛也；後
甲三日，丁也。」《白虎通》亦以祭日宜用丁與辛，以其為可以接事昊天之日
也。《子夏易傳》曰：「先甲三日，辛壬癸也；後甲三日，乙丙丁也」（李氏《集
解》引）此今文說也。《漢書·武帝紀》：「詔曰：望見太一，修天文壇。辛卯
後，若景光十有二明。《易》曰：先甲三日，後甲三日。」註：「辛夜有光，
是先甲三日也。丁日拜況，是後甲三日也。故詔引《易》文。」蓋皆與機祥
歷象有關者。馬、鄭之說，則以先事布令之日為言，與今文說乙辛者似同而
異。鄭云：「甲者，宣令之日。先之三日而用辛也，欲取改新之意。後之三日，
而用丁也，取其丁寧之義。」雖不廢象數，而全以人事為主。至王弼注《易》，
併數亦棄弗道，遽云：「甲者，創制之令也。創造不可責之以舊，故先此宣令
之前三日，殷勤而語之；大宣令之後三日，更丁寧而昭之。其人不從，乃加
刑罰也。」孔疏以王為是，實則王、鄭但有程度之異，無根本之殊。不願言
數，故改創制之日為創制之令；又取其丁寧改新之義，而捨丁辛之名。不知
夫甲庚乃十日之名，非命令之號；孔氏以漢之令甲令乙為說，亦非其實（疏
云：「漢時謂令之重者，謂之申令」）。令甲、令乙者，卷帙序次之名，漢人以
縑代簡，故有此稱，與創制之意無關（詳王船山《周易稗疏》一）。王《注》
既云甲為創制之令，又云宣令之前三日，義未周賅，故南北學者，從鄭不從
王，孔氏《正義》曰：「其褚氏、何氏、周氏等，並同鄭義」，非苟為同也。

何妥、張譏、褚仲都等皆南人，而爲學若此，其流變可知矣。

漢《易》皆祖田何，宣帝時始立施、孟、梁丘。「孟氏《易》學最博，得陰陽災變以授焦延壽；得古文以授費直」（宋翔鳳《過庭錄》卷一）。元帝時立京氏，而費及高相皆未立於學。自劉向以中古文《易》校三家，唯費氏經與古文同，故東漢之末，其學獨盛。馬融、鄭玄、荀爽、王肅、王弼皆爲之注，號曰古文。以諸家執說多異今文也。然費氏經與古文同，非謂其字即古文，〔註28〕又非謂其別有古文說。故其書無章句（按《隋志》云費直注《周易》四卷，其實非是。說詳第四章附注二），但以〈彖〉、〈象〉、〈繫辭〉解說上下經而已。〔註29〕故諸家據費氏以爲訓注，而說皆不同。荀悅《漢紀》曰：「馬融著《易解》，頗生異說。」則始變今文師說，自鑄新裁，雜以人事者，馬季長也。〔註30〕宗風既啓，流別斯鬯。言費《易》者，多仍馬氏規模。弼《注》較鄭玄尤近於馬，以馬古文（自創別於今文之說，號爲古文《易》學）

〔註28〕此事實有爭議，王樹枏《費氏《古文易》訂文》十二卷，據《後漢書‧儒林傳》：「《費氏易》本以古字，號《古文易》」及《隋書‧經籍志》：「東萊費直傳《易》，其本皆古字，號曰古文易」諸語，以費氏爲古文。高懷民《兩漢易學史》則云《後漢書》及《隋志》均由誤解《漢書‧藝文志》而來。二說相較，高義爲長。今敍述中，仍云古文《費氏易》者，從俗稱也。

〔註29〕張惠言《易義別錄》曰：「費氏本無訓說，諸儒斟酌各家以通之，馬、鄭、荀各自名家，非費氏本學也。」又，朱震曰：「費氏之《易》，至馬融始作傳，康成始以〈彖〉、〈象〉連經文。」

〔註30〕顏延之〈庭誥〉曰：「馬、陸得其象數，取之於物。荀、王擧其正宗，得之於心。」（周幹臣以爲：《隋志》於王弼注下附魏散騎常侍《荀煇易》十卷。殆以其近王弼之學故附之。延之所指，當是荀煇，何義門以爲荀爽，而爽本象數之學，恐誤也。）陸謂陸績。此處所述若與余說不合。然其所謂象數者，指《太玄經》而言。《三國志‧陸績傳》謂：績博學多識，星歷數術無不該覽，作《渾天圖》、《注易》、《釋玄》，皆傳於世。又〈王長文傳〉云長文著書四卷擬易，名曰《通玄經》，有文言卦象，可用卜筮，時人比之《太玄》。周郡馬秀曰：「揚雄作《太玄》，惟桓譚以爲必傳後世。晚遭陸績，玄道遂明。長文通玄理，未遇陸績君山耳。」馬融注《易》多以人事，可以擧例以明之：〈復〉初九：「不遠復，無祗悔，元吉」。《蔡邕集》，〈答詔問災異〉曰：「臣竊以意推之：頭爲元首、人君之象。今雞身已變，未至於頭，而聖主知之，訪問其故，是將有其事而遂不成之象也。若應之不精，誠無所及，頭冠或成，即爲患矣。敬慎威儀動作之容，斷璧御，改興政之原，則其救也。夫以匹夫顏氏之子，有過未嘗不知，知之未嘗復行，易曰：不遠復，無祗悔，元吉。」是以災異說《易》也。《後漢記》十八〈順帝紀〉引馬融曰：「《易》『不遠復』論不憚改。朋友交接，且不宿過，況於帝王承天理物，以天下爲公者乎？」則純以人事爲說矣。

而鄭糅雜，爻辰諸說，爲弼所無也。虞翻稱穎川荀諝號爲知《易》，且謂馬融有俊才，解釋復不及之。是其持今文說者，雖不用馬義，亦不相非難。六經之中，唯《易》無今古文之爭者，殆以此故。後世之論王《注》者，但知其取乎費，而知其與馬氏通源者鮮矣。費氏本以卦筮見長，其以干支配卦，爲鄭玄爻辰酌用，《唐志》又載其《逆刺占災異》十二卷，其學可知。馬氏廓祛之功，不可沒也。其兼通老莊以治《易》，又王弼之先聲已。是故推而上之，南北朝所習者，馬、鄭二家而已。斯余所以有六代之學不脫漢末矩范之說也。

其學既仍漢舊，則援引讖緯，以釋經義，亦習見事。《後漢書·鄭玄傳》云：「融集諸生考論圖讖，聞玄善算，乃召見於樓上。」象術之學，今文爲盛，《後漢書·儒林傳》所謂何休善歷算，又訓注風角、七分者是也。至於讖緯之學，則無古今，《隋書·經籍志》謬以爲「俗儒趨時，言五經者皆憑讖爲說。唯孔安國、毛公、王璜、賈逵之徒獨非之，謂之古學。」不知賈逵上書，嘗云：「五經皆無證圖讖明劉氏爲堯後者，而《左氏》獨有明文。」（《後漢書》卷六六〈賈逵傳〉）且附會古學，興作圖讖者，始於王莽，不由今文家也。〔註31〕馬、鄭皆精於緯，故今文《易》說之合於緯者不棄。唯鄭康成初師京兆第五元先，通《京氏易》，故所用象數較馬爲多。〔註32〕迨及南北朝間，傳《易》者不廢象數，而又兼明《易緯》。《晉書·索靖傳》言其兼通內緯，此學之在南者；《周書·陸勝傳》言：父旭，好緯候之學，此習之在北者。諸史〈儒林傳〉中，稱其兼治圖緯者甚夥，考其所重，在緯而不在讖也。孔穎達統合前躅，用緯亦多。此其流嬗之大略也。其在馬、鄭、王弼之間者，有王肅焉，同馬異鄭，而爲王弼之前驅。

按，肅注間行河北（見《北史·儒林傳》）而江南亦傳其學，如周弘正、張譏等，俱嘗徵引之。其書依傳解經，固仍費氏舊法；棄象言理，則爲輔嗣之先聲。若有必須言象者，亦以本卦爲限，不用荀爽卦氣、虞翻納甲，尤與弼注相類。〈小過·象傳〉：「上逆而下順」肅注：「四五失位，故曰上逆；二三得正，故曰下順。」初上無位，即輔嗣《周易略例》辯爻位之說也。然其書多異文，不與輔嗣所據之本同。且〈乾〉九二「利見大人」，肅義本之《乾鑿度》，與孟、京之說合；〈乾〉九五〈小象〉「大人造也」，又同於陸績、姚信之說，竝與王弼

〔註31〕詳呂思勉《燕石札記·原易》、頁 15。
〔註32〕高仲華先生云：「（鄭玄）大體以乾坤十二爻論消息，以人道政事議爻，多本於馬氏，言卦氣、明災異，則本於京氏。」（鄭玄學案）

異。是弼所師法肅注者，在此而不在彼也。

　　據茲而論，《易》學由馬而鄭而肅而弼，以至於孔穎達、程伊川，乘化之行，自然之勢，非由外力，實緣內因。曾未嘗有執斧鉞刀戟強人爲象數爲緯候爲義理者也。此前文敘述之綱維也。

　　至其玄風鬯啓，不害於雜用漢儒象數，亦如前述。《向秀別傳》云：「注《周易》，大義可觀，而與漢世諸儒互有彼此。」所謂大義可觀，言其多論義理耳。即此二語，可以觀六朝學風。彼時南北注《易》者數十家，《隋志》所載，凡九十四部，及今尠有存者（其見於載籍者，則多至一四九部），清·孫堂《漢魏二十一家易注》、張惠言《易義別錄》、黃奭《漢學堂叢書》、馬國翰《玉函山房輯佚書》等，迭共蒐討，差可考其厓略。大抵南北學風非異，師法或貳，大趨未逆，曰鄭曰王，但別宗派而已。諸家采獲揖注之間，稍有增損，即非專門。求其謹守鄭、王矩矱，未稍放逸者，蔑無聞焉。蓋講論行而辯說作，相劘相切，師法宜守，別派亦須兼通。故其所謂傳鄭宗王者，舉其大略言之耳。〔註33〕其學如此，而孔穎達調融南北，始有可能。否則薰蕕異器，水火不能同刷矣。世稱孔《正義》集魏晉南北朝義理之大成，李鼎祚《集解》則爲魏晉南北朝象數之大成。不知李氏《集解》多兼漢《易》而言之，所取又以荀、虞爲多，非南北朝學者之所尚，序稱：「刊輔嗣之野文，補康成之逸象」、「鄭多參天象，王全釋人事，《易》道豈偏滯於天人者哉？」則其所

〔註33〕沈曾植《海日樓札叢》南北佛教條：「禪宗、淨土宗、戒律宗，爲北方實際的佛教；三論、天臺，爲南方理論的佛教，北華嚴爲緣起論宗、南法華爲實相論宗。華嚴五教十宗、天臺五時八教，此論影響，然南北風尚不同，佛學原與儒學不異。」案：以南北爲分者，概言之耳，不可據以爲典要，以其甚粗略也。此所謂理論實際云者，仍就談辯之發展言之耳。以談辯論，南北佛學儒學皆風尚殊異。儒學固以談辭辯理相競爲南人特色，北儒不及，佛學亦然。南則偏於義理與玄談，沙門居士等，多以義學著稱；北則重視修持、戒律及建寺立塔等（詳湯用彤《漢魏兩晉南北朝佛教史》下冊頁 52、66、71、253等）。及隋煬帝時，召沙門論辯玄理，而佛亦北學南折矣。《續高僧傳》卷十一：「煬帝召日嚴（寺）大德四十餘人，及（辯）義對揚玄理。」卷十四：「大業初成，隋運會昌，義學高於風雲。大業五年，召勅來止，遂即對揚玄理，總集義學，躬臨論場。」是其證。凡此皆與儒學不殊。故曰論南北學風之異者，須就此著眼，拘墟於宗王、宗鄭之間，豈爲達者？曰南爲王也，北爲鄭也，是戲論而已。即或同宗王弼，南北亦各不同；非特南北不同也，諸師授受，又相違異。混言之，則南北皆宗鄭、王；析言之則南崇辯議，北多簡直；更細分之，則家有異說，人各名家。唯其同祖鄭、王，故雖分而可合，以其異訓繁滋，故旁溥而博大。孔氏集之，所謂淵深源遠，枝條偉茂矣。

述非二家規范可知。《中興藝文志》乃謂其宗鄭排王，訛謬殊甚！其書不能集魏晉南北朝之大成，復不能開宋明《易》學理學之先躅，非孔疏儔匹。孔氏之書，激揚緒論，隨文發例，弘既往之風規，導將來之器識。不有考按，何以知其理實？今龔說義諦，不能詳也。論其義理統緒、編撰緣起等等於后。

第二章 《五經正義》之編撰

　　唐之興立，在六代亂極之後。兵革衰息，文教復昌，太宗尤措意於此。正文字、定義疏。聖謨洋洋，其所規擘闊遠矣。周孔之書、漢晉之義，經此繾鑿刮剔，衫履俱新，猶西子渥髮滌裳，重與世人相見。雖未必能饜心切理，析微撢奧；而沾被來茲，垂則千禩，其於文化之影響何若耶？然《五經正義》既爲一自覺（Self-consciousness）精神之具體表現，則非某一二人奇想突發之成果甚明；儻不能就社會結構及其變遷（Society Its Structure and Changes）之觀點考察其成創之緣起，焉足以論定其歷史之價值與意義？

　　所謂社會結構，所涵至廣；若以社會結構爲一文化問題，則至少可分爲學術思想等「價值文化」（Value Culture）及社會組織（包含政治、經濟、工藝、科學等）之「實質文化」（Reality Culture）兩大類，而爲一「整體性叢體」。以此觀之，《五經正義》之緣起，亦自有其背景與起因，背景含學術與政治二類，而起因即爲此政治學術之需要，且爲唐太宗所直接促成。世之論《正義》者，但知爲唐太宗詔令編撰而已，至於何以有此自覺之活動、何以需此活動、此活動之內在導引如何（直接影響《正義》之內容與本質）等等，胥無論列。闚弋鱗爪，漫夸眞龍，皆所以自見其無識而已，非知《正義》之情者也。今就讜聞，略舉兩端而述覈之，俾有以見其存在之目的及其內容與精神，而明其條理脈絡焉。

　　對一文化現象之探討，須就社會變遷（Social Change）之觀察進入者，厥因歷史文化有其連續性。倘不能以活動之觀點按覈歷史之脈絡，則《五經正義》此一文化現象與成就，亦將亡其面目。文物與制度，皆非固定不易之模型，造成文化種種條件，無論自然與人文，俱屬變數，故文化本身亦爲變數，《易》

曰：唯變所適，又曰：順時變易，出入移動。茲所謂變也，於不斷更易演化之外，猶有積累與連續之體質；亦唯其積累連續，故能日新又新，繼往開來。本文述《正義》之始末因緣，雖輻交轂錯，綺紋繽合，而其綱領則不能外是。天樞既握，斯可以轉應靡窮也已。

壹、政治背景

　　夷考唐人別集詩文類中，屢以漢皇譬況唐帝，如白居易〈長恨歌〉、李義山〈茂陵〉等等，則其尤著也。〔註1〕夫秦處晚周六國亂亞之後，混一寰宇。而祖龍遯殂，二世亡國，與隋之上結六代，倏歸殄滅者何異？唐前有隋，猶漢之前有秦也。漢承秦業，唐仍隋舊，遂為吾國史中二光芒燦爛之期。聲威行於域外，教化澤及宇內。而漢初整理故籍之風，亦重現於唐世矣。

　　隋唐二代，中秘之藏，較之前代，頗有增益。蓋以南北統一，又運值昇平之故也。《隋書‧經籍志》曰：「周保定之始，書只八千；後有增益，方盈萬卷。周武平齊，先封書庫。所加舊本，才至五千。隋開皇三年，秘書監牛弘表請分遣使人搜訪異本。每書一卷，賞絹一匹。校寫既定，本即歸主（本

〔註1〕白居易〈長恨歌〉：「漢皇重色思傾國，御宇多年求不得。」洪邁《容齋續筆》貳「唐詩無諱避」條曰：「唐人歌詩，其於先代及當時事，直辭詠寄，略無隱避。至宮禁嬖昵，非外間所應知者，皆反覆極言，而上之人亦不以為罪。如白樂天〈長恨歌〉諷諫諸章，元微之〈連昌宮詞〉始末，皆為明皇而發。杜子美尤多。」又，吳喬〈答萬季埜詩問〉：「義山云：『侍臣最有相如渴，不賜金莖露一杯。』言雲表露未能治病，何況神仙？託漢事以刺惠、武，比也。于鱗以為宮怨。」；〈碧城〉三首，朱竹垞《曝書亭集》曰：「一咏楊貴妃入道，一言妃未歸壽邸，一言明皇與妃定情係七月十六日。」按詩云：「武皇內傳分明在，莫道人間總不知。」又，〈過景陵〉詩云：「武皇精魄久仙昇，悵殿淒涼煙霧凝。俱是蒼生留不得，鼎湖何異魏西陵。」《舊唐書‧憲宗記》：「元和十五年正月甲戌朔上以餌金丹小不豫，庚子暴崩，葬景陵。」馮浩《玉溪生詩箋注》云：「此篇意最隱曲，假景陵以咏端陵，而又追慨章陵也。……憲宗與武宗皆求仙餌藥致疾，故用黃帝上仙而篇云武皇微而顯矣。」；〈四皓廟〉：「本為留侯慕赤松，漢庭方識紫芝翁，蕭何只解追韓信，豈得虛當第一功？」徐箋：「此詩為李衛公發，衛公舉石雄破烏介平澤潞，君臣相得，始終不替，而卒不能早定國儲，使武宗一子不得立，有愧紫芝翁多矣。故假蕭相以譏之。」茂陵：「漢家天馬出蒲梢，首蓿榴花徧近郊；內苑祇知含鳳嘴，屬車無復插雞翹，玉桃偷得憐方朔，金屋修成貯阿嬌。誰料蘇卿老歸國，茂陵松柏雨蕭蕭。」朱彝尊曰：「此詩全是託諷武宗。」……唐人以漢事譬說時事，實為一普遍現象，如白居易、李義山此等詩皆可證。此不特為一特殊結習，亦文化意識使然。

紀云：是年三月，詔求遺書於天下）。於是民間異書，往往間出。及平陳以後，經籍漸備（《舊唐書‧裴矩傳》：陳平，晉王廣令矩與高熲收陳圖籍，歸之秘府。）。檢其所得，多太建時書，紙墨不精，書亦拙惡。於是總集編次，存爲古本，召天下工書之士，京兆韋霈、南陽杜頵等，於秘書內補續殘缺。爲正副二本，藏於宮中，其餘以實秘書內外之閣，凡三萬餘冊。煬帝即位，秘閣之書，限寫五十副本，分爲三品。於東都觀文殿東西廂構屋以貯之。東屋藏甲乙，西屋藏丙丁。又於內道場集道、佛經，別撰目錄。大唐武德五年，克平僞鄭，盡收其圖書及古跡焉（《舊唐書‧太宗紀》：世充降，太宗入據宮城，令記室房玄齡收隋圖籍。）。命司農少卿宋遵貴載之以船，泝河而上，將至京師，行經砥柱，多被漂沒。其所存者，十不一二。」《新唐書‧藝文志》亦云：

> 隋嘉則殿書三十七萬卷，至武德初，有書八萬卷，重複相糅。王世
> 充平，得隋舊書八千餘卷。太府卿宋遵貴監運東都，浮舟泝河，西
> 致京師。經砥柱，舟覆，盡亡其書。

漢之搜求舊籍，廣徵圖書，實在惠孝以後，與隋初已刻意文教者迥異。然秦皇坑焚，經籍異書，俱入咸陽；迨乎楚人一炬，化爲焦土。與隋唐搜求，都付波流者何殊？隋文、隋煬以及唐初之經營，與秦皇、項王之迹異，而所以滅書籍者同也。天之所爲，何其詭誕耶？方隋文整理遺書之際，未嘗不思喪亂之後，宜有茸比，以效漢世人所爲。又孰知天步遷移，而江水復奪其心血哉！此爲圖書五厄之一，論者比於坑焚，蓋有以也。

　　唐初既經此厄，整繕經籍，遂又爲一大事因緣，《隋書‧經籍志》曰：「隋世簡編，最爲博洽。及大業之際，喪失者多。貞觀中，令狐德棻、魏徵相次爲秘書監，上言經籍亡逸，請行購募，并奏引學士核定。群書大備」，即指此也。考之《舊唐書‧文苑‧崔行功傳》云：「太宗命秘書監魏徵寫四部群書，將進內貯庫。別置讎校二十人，書手一百人。徵改職之後，令虞世南、顏師古等續其事。至高宗初，其功未畢。顯慶中，罷讎校及書手。令工書人繕寫，計值酬庸，擇散官隨番讎校。」則貞觀時事實未成，猶《五經正義》亦歷太宗、高宗數世始定也。整理遺書，談何容易哉？〈經籍志〉所云群書大備者，括其後來者言之，非實錄也。開元三年，左散騎常侍褚無量、馬懷素侍宴，言及經籍，玄宗猶云：「內庫皆是太宗、高宗先代舊書，常令宮人主掌。所有殘缺，未遑補緝；篇卷錯亂，難於檢閱。卿試爲朕整此之。」則其歷時之久

與工程之艱，實與漢世相髣髴。《五經正義》，即此大規模整理圖書運動中一環，非偶然創意也。此其一。

歷經喪亡棄亂之後，典籍殘敝，亟待整緝，故有隋唐戮力編斠之事。然唐之補苴舊籍，固可直接促成《正義》之編撰，究無必然之因果關係，如兩漢蒐討遺書而不曾勒就專書，即其選例。斯事也，宜分二層述之：

書闕則補，書亡則搜，是屬事實之因果與需要，爲歷史過程中實然反應，已如前述。至於整理圖書之價值意義，則歷代所需與所求，互有差殊。以清人所輯《四庫全書》與唐人相較，其爲整輯圖籍則一，其所以整緝者異矣。夷言之，整理圖籍，爲一歷史之事實，然此一事實之目的與精神何在，終不能不爲另一歷史之眞實，故亦不能不究。

唐自稱兵威行以來，底於新朝初定，馬上得之，惡能馬上治之？措意文教、整理典籍，爲其行政必行之塗。武功但能霸世，文化始能傳永，思想與文化之傳續整理，雖在至愚，弗敢忽怠，況太宗之明聖乎？據此言之，整理圖籍與《五經正義》之編纂，本身即屬一思想史（The Intellectual History）之論題，與前文之但覈史迹者不同。蓋思想史之中心課題即人類對其自身所處環境（situation）之「意識反應」（conscious responses）。〔註2〕

整理圖籍之風，起於隋初，隋文帝結束六代之紛爭，而其所處之時代則爲兩漢傳統價值逍逝，爲南北非統一與同質之社會。故統一分歧之政治與文化背景，實屬隋初重要且唯一致力目標。此目標與努力之表現於政治者，一爲儀式與宣言，如《皇隋靈感志》等書所記者是也。二爲以儒家理想爲基礎，重建一安定之政治原則與行爲標準體系。隋初儒學蓬興，實爲此一意義下之產物。所謂：「負笈追師，不遠千里；講誦之聲，道路不絕。中州儒雅之盛，自漢魏以來，一時而已」云云，殆與整緝圖籍爲同一意識反應。具有政治統一與社會整合之雙重目的。故隋初凡孝子、順孫、義夫、節婦，皆免課役（《隋書》卷二四）；而各地興學建校之外，京師國子學生員亦達千人。據《通鑑》卷一七六文帝南征詔書所載，全文未齒及道佛教，純以傳統儒家政治道德爲依歸，甚可考見其意識傾向。〔註3〕

〔註2〕 詳見 Benjamin Schwartz〈關於中國思想史的若干初步考察〉（張永堂譯）收入《中國思想與制度論集》美國遠東學社（Far Eastern Association）中國思想研究委員會（The Committee on Chinese Thought）主編，聯經出版社重印本。

〔註3〕 隋代思想意識之形成，此處主要參考 Arthur F. Wright〈隋代思想意識之形成〉

　　唐代繼興，其社會結構與需求，與隋無大異。且經砥柱一厄，教育暨文化之渴求愈殊。故其整理遺籍，較隋尤力，其規模亦非隋世所得相儕。如五經定本及《五經正義》之類，實已超出蒐討遺書及整理舊籍之範圍，而含其更深之文化政治意義在。太宗有意以《五經正義》統合南北章句之爭，使供政教推行之用，故余謂《五經正義》之纂修，爲一自覺（Self-consciousness）精神之具體表現。其意義與目的，均非漢初出於文化保存意識之整求遺書可擬，而實與漢武帝獨尊儒術之歷史意義彷彿。自文化之保存與延續而論，《正義》殆屬整理圖書工程中之一部份或延伸；自政治與社會而言，則《正義》與整理圖籍，皆爲同一意識反應，而表達不盡相同之政治文化效用，爲符施教布政之須，故有崇儒敷文之舉。辨其蹟隱，斯亦思想史之職事也。

　　隋文、隋煬家世奉佛，而竝崇儒道，世所共知。然文帝即位之初，雖於儒學頗知獎掖，晚年則多鬆弛。並廢天下之學，唯留國子學一所而已。煬帝踐位，力矯此失，復開官學，且下詔立孔子後人爲紹聖侯。詳《隋書》卷三煬帝論上及今存大業七年陳叔修孔子廟碑（《金石萃編》卷四十）。《隋書》卷七十五〈儒林傳〉曰：「煬帝即位，復開庠序，國子郡縣之學，盛於開皇之初。徵辟儒生，遠近畢至，使相與講論得失於東都之下。」亦一時實錄而已。且煬帝雖亦崇佛，然於僧尼不敬王者事，卒不能忍，大業三年，勅曰：「諸僧道士等有所啓請者，並先須致敬，然後陳理。」（《廣弘明集》卷二十五）道士遵旨，唯僧抗命，引《梵網經菩薩戒本》所載：「出家人法，不向國王禮拜，不向父母禮拜，六親不敬，鬼神不禮」以拒。〔註4〕《續高僧傳》卷二十四〈明瞻傳〉曰：

　　大業二年（按，應爲五年）帝還京室。在於南郊，盛陳軍旅。……
　　召請僧徒並列御前，峙然抗禮。下勅責曰：「條制久頒，義須致敬」，
　　於時黃老士女，初聞即拜；惟釋一門，儼然莫屈。

浮屠抗命，煬帝恚甚，遂有裁汰僧眾與兼併寺院之舉。《法苑珠林》卷十八，隋鄜州寶室沙門法藏條：「大業五年，奉勅融併宇塔，送州大寺。」據宋敏求《長安志》所載，西京一地，在大業七年所廢寺院，已多至廿二所，可見煬

　　　　一文，段昌國譯，前揭書。又，白樂知 Le Trait'e economique du "Souei-chou" 通報 XLII（1953），2-4。論隋統一之制度與社會背景綦精。
〔註4〕出家人不敬王者，除《梵網經菩薩戒本》外，如《四分律》卷五十與《涅槃經》卷六均有是說。自東晉庾冰、桓玄以來，即屢有帝王主張沙門須向王者致敬者，其辯議詳僧佑《弘明集》卷十二。

帝滅法之酷。〔註5〕釋既暫消，儒道遂長。尤以儒學既經早年刻意復興，值此機緣，勢寖轉盛。〔註6〕唐太宗因此種風氣，雖亦駢尊老釋，而興儒之意為尤厚，嘗云：「禮樂之興，以儒為本。宏風導俗，莫尚於文；敷教訓人，莫善於樂。因文而宏道，假學以光身，不臨深谿，不知地之厚；不遊文翰，不識智之源。」崇儒之意，固彰昭明著矣。胡三省曰：「太宗以武定禍亂，出入行間，與之者皆西北驍勇之士。至天下既定，精選弘文館學士。日夕與之議論商榷者，皆東南儒生也。」開創守成，各用其宜，太宗能知文教之大用者也。自煬帝之滅法，至太宗之興學，儒術遂亦與之相孚而愈盛矣。

《通鑑》卷一九二：

貞觀元年丁亥，上宴群臣，奏〈秦王破陣樂〉（〈新志〉：太宗為秦王，破劉武周，軍中相與作〈秦王破陣樂曲〉）。上曰：「朕者受委專征，民間遂有此曲。雖非文德之雍容，然功業由茲而成，不敢忘本。」封德彝曰：「陛下以神武平海內，豈文德之足比？」上曰：「戡亂以

〔註5〕 宋僧志磐《佛祖統紀》卷三十九大業五年條：「詔天下僧徒無德業者，並令罷道。寺院准僧量留，餘並毀析。盧山福林大志禪師……乃詣東都上表曰：願陛下興隆三寶，貧道當燃臂以報國恩。上敬而許之。……焚畢入定，七日伽趺而終。自是詔下不行。」詔下不行者非實，《續高僧傳》卷廿七〈大志傳〉：「會大業屏除流徙隱逸。慨法陵遲，一至於此。乃變服毀形。」知《佛祖統紀》所述者謬，煬帝毀教之實，可以想見。蓋煬帝雖奉佛，而意非虔敬，《續高僧傳》卷十二〈敬脫傳〉曰：「帝欲試諸大德誰為剛亮，通命引入允武殿。勒監門郎將段文操拔刀逐之令走。諸大德竝趨步速往，唯脫緩步如常。」操刀以逐僧人，是狎且戲矣。煬帝之態度可想。且據隋杜寶《大業雜記》所載：「（洛陽）翊津橋通翻經道場……今呼為梵夾道場。北有道術坊，並是陰陽梵咒有道術人居之，向有百餘家。」（《說郛》卷五十七收）又，《通鑑》卷一八一：「（煬帝）在兩都及巡遊，常以僧尼道士女官自隨，謂之四道場。……帝每日於苑中林亭間盛陳酒饌……僧尼道士女官為一席。帝與諸寵姬為一席，略相連接。罷朝即從之。」《續高僧傳》卷十三〈法安傳〉亦云：「大業之始……往名山召諸隱逸，一日總萃慧日，道藝二千餘人，四事供給。」僅慧日道場已聚道藝名僧二千餘人，道術坊又居住陰陽梵咒道術人百餘家，其好嗜者實在「道藝」本身，而非僧徒或佛教，故以僧尼道士女官並席，稱為四道場。以此心態奉佛，又何怪其滅法壓僧耶？

〔註6〕 唐高祖武德九年亦曾下詔裁汰寺院及僧侶。《舊唐書》卷一〈高祖紀〉：「自覺王遷謝，像法流行。末代陵遲，漸以虧濫，……浮惰之人，苟避傜役，妄為剃度，託號出家。嗜欲無厭，營求不息。……進違戒律之文，退無禮典之訓。乃至親行劫掠，躬自穿窬，造作妖訛，交通豪猾。……伽藍之地，錯舛隱匿，誘納姦邪。」所述諸僧惡迹，竝非虛枉。隋唐間浮屠之積弊如此，又迭遭裁汰，其勢弇過，故不及儒道之盛。

武，守成以文。文武之用，各隨其時。卿謂文不及武，斯言過矣！」
德彝頓首謝。

以太宗原意言之，則猶以爲武不足矜，甚以非文德之雍容爲憾也，豈僅文武
平等哉？貞觀二年詔協律郎張文收與祖孝孫同修定雅樂八十四調，亦此類心
態之表徵。《通鑑》卷一九二：

> 上曰：「梁武帝君臣惟談苦空，侯景之亂，百官不能乘馬。元帝爲周
> 師所圍，猶講《老子》，百官戎服以聽。此深足爲戒。朕所好者，唯
> 堯、舜、周、孔之道，以爲如鳥有翼，如魚有水，失之則死，不可
> 暫無耳。」

取戒求治，原爲一事之二面，太宗崇儒教文之眞實目的，即此已可考見。貞
觀二年，太宗嘗問黃門侍郎王珪曰：「近代君臣理國多劣於古，何也？」對曰：
「古之帝王爲政，皆志尚清靜，以百姓之心爲心，近代則唯損百姓以適其欲。
所任用大臣，復非經術之士。漢家宰相無不精通一經，朝廷若有疑事，皆引
經決定。由是人識禮教，理致太平。近代重武輕儒，或參以法律，儒行即虧，
淳風大壞。」太宗深然其言。〔註7〕同年王珪又奏曰：「昭帝曰：公卿大臣，
當用經術古義者。此固非刀筆俗吏所可擬。」上曰：「信如卿言。」

　考茲三例，可明六事：（一）太宗之用儒術、重經義，以求治也。群臣即
以前朝不重儒術經義而亡者相誡。（二）王珪云近世風氣，重武輕儒，頗與封
德彝所稱文德弗貴者相類，可見一時俗尚。蓋李唐久雜諸胡中，恒有所慕與
所蔽。所慕者文教，隋唐間北人艷羨漢化及太宗右文皆屬此類；所蔽者亦在
文教，以爲不足貴尚也，如封德彝者，是其例焉。（三）王珪所奏，屢引兩漢
以爲法式，知唐人效漢，非僅文人之獪點，亦一時有意摹倣所致。故時人意
識中不覺屢以漢人自視。唐之重經術及時人迻用漢事相譬說，胥可於此窺其
端倪。（四）珪云：「古之帝王爲政，皆志尚清靜，以百始之心爲心。」夫此
老聃之教也，何嘗爲經術耶？《老子》四十九章：「聖人無常心，以百姓心爲
心。」又，四十五章：「清靜爲天下正。」漢初黃老，不外用此數字而已。老
莊與經術混，自魏晉以來已然，王珪之言若此，弗怪夫孔穎達《周易正義》
獨崇輔嗣，以爲冠絶古今也。《正義·序》雖云：「考案其事，必以仲尼爲宗。」
而義理之詮，則以輔嗣爲本，是彼固以爲輔嗣所詮，即仲尼義也。唐初於經

〔註7〕據《隋書·儒林傳·序》所稱，文帝暮年，不悦儒術，專尚刑名。王珪所言，
　　　即指此也。

義之認識如此，《正義》之內容可知矣。易言之，每一時代，均有其「主導理念」（Leading ideas），唐初之主導理念即混雜老莊之儒學也。（五）武德九年，太宗即位，於弘文殿聚四部書二十餘萬卷；置弘文館於殿側，精選天下文學士，時虞世南、褚亮、姚思廉、歐陽詢等皆在選中。凡此諸儒固皆經術士，然當時學風，猶為六朝經學、文學分立之餘，弘文學士，多貴藻翰，非能篤意於經義者也。《舊唐書・房玄齡傳》：「玄齡與褚遂良受詔重撰《晉書》……然史官多文詠之士，好采碎事，競為綺艷。」《史通・論贊篇》亦云：「大唐修《晉書》，作者皆當代詞人，遠棄史班，近宗徐庾。夫以飾彼輕薄之句，而編為史籍之文，無異加粉黛於壯夫，服綺紈於高士矣。」斯固太宗尚文之效使然，實非政教之所需也。故《通鑑》卷一九二云：

> 上謂侍臣曰：「朕觀《隋煬帝集》，文辭奧博，亦知是堯、舜而非桀、紂，然行事何其反也！」魏徵對曰：「人君雖聖哲，猶當虛己以受人，故智者獻其謀，勇者竭其力。煬帝恃其俊才，驕矜自用，故口誦堯、舜之言，而身為桀、紂之行，曾不自知以至覆亡也。」上曰：「前事不遠，吾屬之師也。」

煬帝所擅，即在文學，空梁落燕泥事，可以見其耽嗜矣。太宗此問，是已察及文學與行事頗有相妨處，如潘安仁千古高情〈閑居賦〉，而不免於車塵遙揖是也。魏徵所對，遂挈定此旨，發揮人君安治之意，力破太宗所歆慕之「文辭奧博」，而以修己待人為歸。太宗之重儒術、修經義者，皆此數人之教也。度其本衷，所眷慕者原在文采，《通鑑》一九四稱太宗封諸子為王，以越王泰好文學，禮接士大夫，特命於其府別置文學館，聽自引召學士（貞觀十年）。亦可見其特好文采之意。但以為「幽厲嘗笑桀、紂矣，煬帝亦笑周、齊矣。不可使後之笑今，如今之笑煬帝也！」（《通鑑》卷一九五）是故深自抑惕，無怠無忽，而刻以經術為重耳。

　　據《文獻通考》所載，太宗貞觀二年，左僕射房玄齡等建議：「武德中詔奠於大學，以周公為先聖，孔子配享。臣以為周公、尼父俱稱聖人，庠序置奠，本係夫子。故晉、宋、梁、陳及隋大業故事，皆以孔子為先聖，顏回為先師。歷代所行，古今通允。伏請停祭周公；孔子為先聖，顏回配。」詔從之。是貞觀二年前後，對孔子之態度亦有差殊也。（六）考之《隋書・李諤傳》云：「文表華艷者，宜付有司定罪。」而《舊書・薛登傳》稱：登於天授中上疏論選舉，亦謂：「文帝納李諤之策，風俗改勵，政化大行。煬帝嗣興，又變前法，置進士

等科。於是後生之徒，復相倣傚；因陋就寡，赴速邀時。緝綴小文，名之策學，不以指實爲本，而以浮虛爲貴。」文采華艷，士貴虛浮，爲隋末風尙，唐初力矯此弊。至高宗不康，武后任事，因武后好雕蟲之藝，故永隆中始以文章選士，與唐初貴重儒行之風爲不侔矣。通考前後，可以覘流變焉。《通典》載沈既濟議曰：「太后頗涉文吏，好雕蟲之藝。永隆中，始以文章選士。及永淳以後，太后君臨天下二十餘年，當時公卿百辟，無不以文章達。因循日久，寖以成風。至於開元、天寶之中，五尺童子耻不言文墨焉。是以進士爲士林華選，四方觀聽，希其風采。每歲得第之人，不浹辰而周聞天下。」夫以進士貴於明經，非初唐習尙，論者弗察，時或混爲一談，其實非也。《通典》云：

> 明經進士，初止試策，貞觀八年，詔加進士試讀經史一部。至調露二年，考功員外郎劉思立始奏二科竝加帖經。其後又加《老子》、《孝經》使兼通之。

進士試策，隋制已然。新志曰：「凡進士，試時務策五道，帖一大經。經策全通爲甲第。」太宗特重實學，故明經之外，進士亦須試經史一部。與永隆以後，進士加試詩賦者異矣。此其六也。《新書・趙弘智傳》稱：「永徽初，入爲陳王師，講《孝經》百福殿。〔註 8〕諸儒更相詰辯，隨問酬悉，舌無留語。高宗喜，曰：『試爲我陳經之要，以輔不逮。』對曰：『天子有爭臣七人，雖無道不失天下，願以此獻。』帝悅，賜絹二百、名馬一。」是尙有推經義以昭烱戒之意，猶與太宗時不殊也。

總茲六事，於唐初尙文右儒之行，及一時風氣之流變遷移等，胥無礙閡矣。唐初《五經正義》之纂修，與此關係深密，學術政治，相爲依傍聯鎖，繽紛絡結，董理爲難；而規其大略，不外此兩耑而已。

至於大業兵起，士不樂學；逮乎唐興，諸儒始或講授鄉里，供職朝廷。於時風氣既以右文爲務，故教育行而經學盛。《五經正義》之修，以供講授，以備科舉。上結六代隋際紛紜不決之義，下爲李唐數百年之準式，其事實與文教學風相關，而亦未嘗不爲一獨特因素也。請述唐初教育選舉之實，以供考案：

〔註 8〕《孝經》之提倡，自南朝以來已然，唐亦甚重之。《隋書・儒林・元善傳》：「上嘗親臨釋奠，命善講《孝經》。……上大悅曰：聞江陽（善爵江陽縣公）之說，更起朕心。」又《隋書》卷四十二〈李德林傳〉：「（高祖謂德林曰）：朕方以孝治天下，恐斯道廢闕，故立五教以弘之。公言孝由天性，何須立教。然則孔子不當說《孝經》耶？」唐之試《孝經》、注《孝經》、講《孝經》等，皆自此一傳統而來。

　　案：《貞觀政要》云：貞觀初，太宗謂臨修國史房玄齡曰：「比見前後漢史載錄揚雄〈甘泉〉、〈羽獵〉；司馬相如〈子虛〉、〈上林〉；班固〈兩都〉等賦。此既文體浮華，無益勸誡，何假書之史策？其有上書論事，詞理切直，可裨於政理者，朕從與不從，皆須備載。」又，貞觀十一年，著作郎鄧隆表請編次太宗文章爲集，太宗云：「朕若制事出令，有益於人者，史則書之，足爲不朽；若事不師古，亂政害物，雖有詞藻，終貽後代笑，非所需也。只如梁武帝父子、陳後主、隋煬帝亦大有文集，而所爲多不法，宗社皆實傾覆。凡人主惟在德行，何必事事文章耶？」唐初文風，綺靡纖麗，猶多六朝彩績。太宗力矯此弊，一日崇實學，二日戒浮華，而壹以德行政事爲歸。猶隋文帝之敦儒術而戒文藻也。崇實學，則必厚儒教；以德行政事爲歸，故必行科舉，以簡擇人才，使教育學術與爲吏施政連成一貫。此其教育之大勢也。

　　據《隋書‧儒林傳》所記，文帝初立時，「超擢奇儁，厚賞諸儒。京邑達於四方，皆啓黌校。齊魯趙魏學者尤多。負笈追師，不遠千里；講誦之聲，道路不絕。中州儒雅之盛，自漢魏以來，一時而已。」於時凡通一經者，竝悉薦舉。儒訓滋隆，固已超度前朝矣。惜其暮年，好尚刑名，遂有廢學之詔，日：「國學胄子，垂將千數；州縣諸生，咸亦不少。徒有名錄，空度歲時」，其易轍之意可見。煬帝雖好事文飾，崇獎儒術，而外事四夷，戎馬不息。浸至師徒怠散，盜賊蠭起。空有建學之名，鮮得弘道之實。儒風漸墜，以至滅亡。如劉炫之博洽震世，凌爍一時，終至餒凍以死，亦云慘矣。方是時也，老師碩儒，或優遊鄉里，或隱迹窮山，史冊所錄，不難考省。故日隋唐之交，學校日微，而教育之權實，亦由公府移入私家。逮乎唐興，明主敦於上，群臣勵於下，學術教育復由私家轉入公府。在唐言之，不過力復隋舊而已。自教育與學術而言，則不啻循環一過，滄桑者再矣。

　　唐仿隋制，教育行政略有中央與地方兩大統類，表列如下：

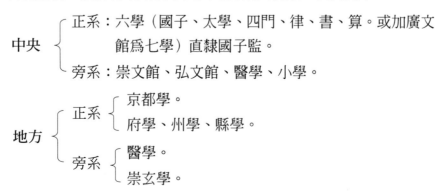

中央 ｛ 正系：六學（國子、太學、四門、律、書、算。或加廣文
　　　　　　　館爲七學）直隸國子監。
　　　　旁系：崇文館、弘文館、醫學、小學。

地方 ｛ 正系 ｛ 京都學。
　　　　　　　府學、州學、縣學。
　　　　旁系 ｛ 醫學。
　　　　　　　崇玄學。

崇玄學設於天寶間，初唐無此制也。此而可以見學風矣。新舊《唐書》類皆併敘其官其制與其法，兼及選舉。蓋選舉與教育關係特密也。今略舉史傳所述，觀其大要：《舊唐書‧儒學傳‧序》曰：「高祖以義寧三年五月，初令國子學置生七十二員，取三品以上子孫；大學置生一百四十員，取五品以上子孫；四門學生一百三十員，取七品以上子孫。上郡學置生六十員；中郡五十員；下郡四十員。上縣學並四十員；中縣三十員；下縣二十員。武德元年，詔皇族子孫及功臣子弟，於秘書外省別立小學。……（太宗）數幸國學，令祭酒、博士講論，畢，賜以束帛。學士能通一大經以上，咸得署吏（所謂大經詳後）。又於國學增築學舍一千二百間。太學、四門博士亦增置生員，其書算各置博士，以備藝文，凡三千二百六十員。其玄武門屯營飛騎，亦給博士，授以經業，有能通經者，聽之貢舉。是時四方儒士，多抱負典籍，雲會京師。俄而高麗及百濟、新羅、高昌、吐蕃等諸國酋長，亦遣子弟請入於國學之內。鼓篋而升講筵者，八千餘人。濟濟洋洋焉，儒學之盛，古昔未之有也。」是則初唐學制教令，創於高祖，而太宗擴增之。授受咸以經義為主；能通一大經以上，即得署吏。蓋學仕合一，亦漢人「諷籀書九千字乃得為吏」（許慎《說文‧序》）之意也。《新唐書‧選舉志》所載，略與此同，而特詳其官職生數，可與《舊書‧職官志》相參證。《新唐書‧選舉志》又曰：「凡博士、助教，分經授諸生，未終經者無易業。凡生，限年十四以上，十九以下。律學十八以上，二十五以下。凡《禮記》、《春秋左氏傳》為大經；《詩》、《周禮》、《儀禮》為中經；《易》、《尚書》、《春秋公羊傳》、《穀梁傳》為小經。通二經者，大經、小經各一，若中經二。通三經者，大經、中經、小經各一。通五經者，大經皆通，餘經各一。《孝經》、《論語》皆兼通之。凡治《孝經》、《論語》共限一歲，《尚書》、《公羊傳》、《穀梁傳》各一歲半，《易》、《詩》、《周禮》、《儀禮》各二歲，《禮記》、《左氏傳》各三歲。……每歲仲冬，州、縣、館、監舉其成者，送之尚書省。」此其教學選舉之大略也。教學之旨，既與選舉攸關，故其教授，亦以《禮記》、《春秋》為重，以其能俾理政也。然據張說〈玉泉寺大通禪師碑銘〉所稱，神秀未出家前，曾為博士弟子員，「《老》、《莊》玄旨，《書》、《易》大義」靡不通貫。則成吏者以《禮記》、《春秋》為先；而研學者仍以鉤賾索隱為貴也。前文嘗謂唐初之主導理念為混雜老莊之儒學，於博士弟子員之兼通《書》、《易》、《老》、《莊》亦可見其趨嚮焉。〔註9〕以上論

〔註 9〕 唐初混雜儒道之學術風氣，非單純為唐帝氏李故。學風之漸，殆始於隋文帝

其學制。

《尚書・舜典》：「詢於四岳，闢四門。」《正義》曰：「闢訓開，開四方之門，謂開仕路以引賢人也。……以堯、舜之聖，其求賢人矣，今更言開門，是開其未開者，謂多設取士之科，以此廣致眾賢也。」以科舉上擬堯、舜之世，顯爲附會可知，然亦有其時代背景與集體意識在。唐人視科舉之重，及科舉與教學關係之密，據此文及新舊《唐書》〈選舉志〉、〈儒林傳〉等，彰詳可見。其取士之法曰：

> 唐制，取士之科，多因隋舊。然其大要有三：由學館者曰生徒；由州縣者曰鄉貢；皆升於有司而進退之。其科之目，有秀才、有明經、有俊士、有進士、有明法、有明字、有明算、有一史、有三史、有開元禮、有道舉、有童子。而明經之別，有五經、有三經、有二經、有學究一經；有三禮、有三傳、有史科。此歲舉之常選也。其天子自詔者曰制舉，所以待非常之才也（《新唐書・選舉志》）。

此文頗傷凌亂，王鳴盛《十七史商榷》云：「雖大要有三，其實惟二：以其地

時。文帝家世奉佛，而竝崇老聃。《續高僧傳》卷十八〈曇遷傳〉：遷告帝曰：「佛爲世尊，道爲天尊，帝爲至尊。尊有恒政，不可並治，所以佛道弘教，開示來業……。」帝大悅。又《隋書》卷二〈高祖紀下〉：「開皇二十年詔曰：佛法深妙，道教虛融，咸降大慈，濟度群品。」開皇六年文帝曾詔爲老子修祠立碑，薛道衡〈老氏碑〉云：「猶恐祀典未弘，秩宗廢禮……乃詔上開府儀同三司亳州刺史武陵公元冑考其故迹，營建祠堂，……詔下臣建碑作頌。」（〈薛司隸集〉）又《長安志》卷七「永樂坊」條：「清都觀：隋開皇七年，道士孫昂爲文帝所重，特爲立觀。」卷十：「清虛觀：隋開皇十年文帝爲道士呂師元所立。」又，韋述《兩京新紀》卷三：「五通觀：隋開皇八年爲道士焦子順所立。……（文帝）即位，授上開府求安公徐州刺史，固辭；常諮謀軍國。」既祀老子，又爲道士立觀、賜爵，使道士諮謀國政。其嚮慕之忱，實與梁武帝早親道教、暮耽浮屠者迥異。煬帝繼立，照拂道教，尤甚於文帝，《續高僧傳》卷十五義解篇總論：「（楊廣）自爰初晉邸即位，道場慧日、法雲，廣揚釋侶；玉清、金洞，備引李宗。」揚州四道場既爲二佛二道，則崇道不遜於奉佛可知。《隋書》卷三十五〈經籍志〉道經條曰：「開皇初（道教）又興……大業中，道士以術進者甚眾。」煬帝樂尚術法，道士遂多以術自進，亦相因相乘之勢也。《仙傳拾遺》曰：「周隱遙，洞庭山道士，……隋煬帝聞之，徵至東都，頒賜豐厚，恩禮隆異。」（《古今圖書集成》神異典卷廿四神仙部引）可見煬帝好尚之篤矣。梁武耽佛，有捨身同泰寺事，據《隋書》卷七十七〈隱逸・徐則傳〉所載，得勿與之相類乎？《隋書》曰：「徐則入天台山，因絕穀養性，……晉王廣鎮揚州，知其名，手召之曰……（則）於是詣揚州，晉王將請受道法。」以帝王而嗜道若此，隋際風氣，殆可想見，此唐初所承續之社會結構也。

言，學館、州縣異；以其人言，生徒、鄉貢異。然皆是科目，皆是歲舉常選，與制舉非常相對。唐人入仕之途甚多，就其以言揚者，則有此三種耳。科之目共有十二，蓋特備言之。其實若秀才則為尤異之科，不常舉。若俊士，與進士實同名異。若道舉，僅玄宗一朝行之，旋廢。若律、書、算學，雖常行，不見貴。其餘各科不待言。大約終唐世，為常選之最盛者，不過明經、進士兩科而已。」秀才一科，試方略策五道，而以文采為尚，取人最峻，貞觀之後即止，《通典》曰：「初年秀才科等最高，貞觀中，有舉而不第者，坐其州長，由是廢絕。自是士族所趨向，惟明經、進士二科而已。」雖然，加試雜文詩賦後之進士，正乃前此之秀才也。述明經與進士：

隋煬帝始建進士科，初僅試策而已，名為策學，與明經同也。《通典·選舉典》曰：「明經、進士，初止試策。貞觀八年，詔加進士試讀經史一部，至調露二年，考功員外郎劉思立始奏二科並加帖經。其後又加《老子》、《孝經》，使兼通之。」此為上元二年事。此科自永隆以後，一以尚文為務，遂為世所共患，開元間趙匡〈舉選議〉已有進士勿試詩賦之論；開成初，鄭覃復奏請罷進士科。其為務實者所惡，一至於此！

至於明經一科，亦起於隋。故《通鑑》高祖武德元年注曰：「《新唐志》曰：唐制取士之科，多因隋舊。則明經科起於隋也。」《舊書·韋雲起傳》曰：「隋開皇中明經舉。」〈孔穎達傳〉亦云：「隋大業初舉明經高第。」其法：先帖文，然後口試，經問大義十條，對時務策三道。所試多資記誦，故為時流所輕，《舊書·良吏·楊瑒傳》曰：「今之舉明經者，主司不詳其述作之意，曲求其文句之難。每至帖試，必取年頭、月日、孤經絕句。且今之明經，習《左傳》者十無二三。若此久行。臣恐《左氏》之學，廢無日矣。」又〈楊瑒傳〉：「明經比試帖經，殊非古義。皆誦帖括，冀圖徼幸。」夫朝廷選士，實供行政，故經術似《春秋》、《三禮》為先；而生徒研學，高者鉤深冥探，以求《書》、《易》之大旨，卑者遂以誦記誑己，冀圖徼倖。是故明經一科，雖為時流所輕，敦實學者反多萃集於此。《新唐書》所載，張知謇兄弟五人，皆明經高第，惡請謁求進士，每勅子孫：經不明不得舉。是其例也。

學校者，原以學業為重，然自漢人設科射策、勸以官祿以來，早成選舉之正途。唐世仿之，經筵所誦者，即為闈場所試。教學宜有定本，課士尤不可漫無準則，《五經正義》之纂，何可緩耶？此其施政教學之實際需要，迫切不可俟須臾。方斯時也，朝廷所冀望於儒家者，為化民善俗，以革任法之弊，

觀隋文帝勸學行禮之詔、唐太宗天下行鄉飲酒禮之令可知。然一時儒生，仍以章句爲主，即朝廷所提倡纂修如《新定五經》、《五經正義》等，亦不外是。斯猶漢世公卿大臣俱用經術士，而章句之儒爲獨多也。

　　凡茲三端，胥與一代政教攸關，亦《正義》之所以作也。蒐撮前文，述其梗概若此。雖然，權衡之奇，任歸臺閣；而典冊之頒，責在有司。若非師訓紛綸，靡所取正，何須別纂新典，定談論之戶轍，限學子之逸思耶？故曰《五經正義》之撰，別有一學術要求之主因，而與掄才教學相關聯者在。條脈殊繁，另立一節，以述其詳。

貳、學術背景

　　儒者說經，篤守古義，勿取新奇；各承師傳，不憑胸臆者，漢唐有焉。然唐初猶不盡如此。蓋處魏晉南北隋經學分立之後，諸所訓釋，不相類貫，非特南北懸殊，甚且家有異說，攻伐不已。識者厭之久矣。《北史·儒林傳·序》曰：「自正朔不一，將三百年，師訓紛綸，無所取正」者，述其實也。〈序〉又曰：「隨文膺期纂曆，平一寰宇。……乃整萬乘，率百僚，遵問道之儀，觀釋奠之禮。博士罄懸河之辯，侍中竭重席之奧，考正亡佚，研覈異同，積滯群疑，渙然冰釋。」唐初考正經義、整訂文字等等，隋代未嘗不戮力及之，惜功業未竟，天祿已終。然自隋迄唐，皆睠睠於此事，益可以見人情之趨嚮矣。夫人情專一則尚新奇，殽亂則求簡易。南北朝梦說之所以折而入義疏；義疏之所以分而爲北宋，胥此理耳。且邦國粗定，乾坤一統，興文敷華，正當其時。凡科令掄才之會，不容漫無繩準，此義疏之不得不作也。據《唐書·藝文志》所述，唐太宗以儒學多門，章句猥雜，乃詔孔穎達與諸儒撰文《五經義疏》。是故儒學多門，章句繁雜者，爲《義疏》所以纂著之直接因素（何以能注意章句繁雜之現象，並思有以謀救之，則爲另一層次問題，本章亦迭有抉發）。斯猶漢世章句猥雜、分歧重複者多，故宣帝集諸儒論定五經於石渠閣，章帝詔諸儒講議於白虎觀。〔註10〕皆勢所必至，而掌國者有以促成之也。

〔註10〕戴君仁先生云：「靈帝熹平四年刻石經是正定五經文字，白虎會講是正定五經經說。而其原因，則由於章句繁雜。這豈不是和唐人的《五經正義》相同嗎？」（經傳的衍成）即不論政教之需求，此學術內容之自我調整，就學術本身之有機發展而言，亦屬屢見不鮮。帝王手段，不過輔因而已。若無章帝、太宗，不過稍緩數世或轉變其形態出現於歷史中耳。

　　今更考之：辯難經義，始於兩漢，《漢書·儒林傳》所載，轅固、黃生、韓嬰、董仲舒等，皆嘗辯於帝前。〈瑕丘江公傳〉中亦載五經名儒議《公》、《穀》異同事。方是時，夏侯建嘗譏夏侯勝爲學疏略，難以應敵。則辯難駁議爲一時風氣可知。轅固、黃生所辯，爲儒、道二家之爭；韓嬰、董仲舒，則爲經義致闢。觀辯議之迹，亦可以考義疏之所由興也。蓋經疏爲講經之記錄，內含經義之辯難與講說。以前一類言之，唐代義疏與三教講論關係甚密；自後一類觀之，則南北諸儒，師訓紛如，亦眾所周知者也。總厥二事，即爲唐初學界之全貌。爰述義疏之興造，以觀《正義》之體製；考三教講論之迹、諸儒議辯分合之實，以察《正義》所撰創之理及其思想背景焉。

一、講論與義疏

　　義疏之名，昉於晉世，其體則成於南朝。晉世經義、佛典疏鈔，實肇其端始，而兩漢章句，則其遠源也。昔人多或昧厥源流，遂謂義疏之體，專爲釋注而設。皮錫瑞《經學歷史》七：「議孔疏之失者，曰彼此互異、曰曲徇注文、曰雜引讖緯。案著書之例，注不駁經，疏不駁注，不取異義，專宗一家。曲徇注文，未足爲病。」蓋以爲注乃解經，疏則解注而已，不知其非也。案：漢人治經，咸以本經爲主，所爲傳注，皆以解經。魏晉以後，始有以傳注爲主者，其所申駁，皆以明注。亦有自爲一家者；或集前人之注，略加折衷；或隱昔賢之義，迹同攘善。其不依舊注者，則又立意與前人爲異者也。至南北朝，更衍此風，或守一家之注而詮解之，或旁引諸說而證明之。蓋學隨世降，勢所必趨。唐人《正義》，先本一家以折衷群言；而李氏《集解》則博徵眾說以求經旨。迹其塗轍，蓋不外此二者。昔人不識義疏之名實，遂以其守一家者爲義疏之通則，非也。

　　孔穎達《禮記正義·序》責皇侃《禮記義疏》曰：「皇氏雖章句詳正，微稍繁廣。又既遵鄭氏，乃時乖鄭義，此是木落不歸其本，狐死不首其丘。」可知南北朝義疏，原無必遵一家之例；孔穎達雖以一家之義爲繩準，然駁注者正自不尠。豈如昔賢所論，以疏不駁注爲鐵律哉？

　　《禮記正義·序》又曰：「熊（安生）則違背本經，多引外義。猶之楚而北行，馬雖疾而去愈遠矣。又，欲釋經文，唯聚難義，猶治絲而棼之，手雖繁而絲益亂也。」釋經而雜以論難之辭，爲義疏常格，雖孔疏亦多有之，特熊氏叢聚較多耳。察穎達之意，蓋以意求簡賅，無煩聚訟；且課士選舉，亦

不宜旁引博徵，以亂耳目（至於違背本經，多引外義一則，深爲穎達所病。猶《周易正義》力斥「若論住內住外之空、就能就所之說，斯乃義涉於釋氏，非爲教於孔門也。」此與穎達本人學術思想及唐初三教講論攸關，詳後）。然則義疏之興，不爲釋注，礭焉可知矣。

義疏既不爲解注而生，則其何所自來乎？義疏之興，初蓋由於講論。兩漢之際，已有講經之例，石渠閣、白虎觀諸事，爲其尤著者耳。《後漢書》卷六十六〈鄭興傳〉：「晚善《左氏傳》，天鳳中，將門人從劉歆講正大義。歆美興才，使撰條例、章句、訓詁。」條例與章句、訓詁，均所以供講授者也。然訓詁所以解詁經文與字義，並論其大旨；章句則繁辭博辯，逐句闡述，分章講論，以文義爲主。如《漢書》卷七十五〈夏侯勝傳〉曰：「自師事勝及歐陽高，左右采獲；又從五經諸儒問與《尚書》相出入者，牽引以次章句，具文飾說。」又〈儒林・丁寬傳〉：「作《易》說三萬言，訓詁舉其大誼而已。今小章句是也。」是其繁重，與解故之簡約迥異。此爲自供講論之製也。

至於諸家師法分歧，今古殊異，往返辯難，尤爲悍烈。且宣帝以後，經籍益多，愈好講論異同。凡所論辯，載諸史冊者至夥。甚且帝王親自開講，亦與諸儒相辯，如《後漢書・儒林傳・序》曰：「明帝正坐自講，諸儒執經問難於前」者是。如《三國志・魏志》所載曹髦臨幸太學，與諸儒往返辯難，諸儒並屈。則爲帝命臣講而自問者。凡此數類，亦皆與章句有關，《後漢書》卷六七〈丁鴻傳〉曰：「鴻年十三從桓榮受《歐陽尚書》，三年而明章句，善論難，爲都講。」是其證矣。義疏中多以問答領起，又多辯議之辭，皆講論之餘迹，不僅分章講論，逐句闡述爲講難遺風也。沈欽韓曰：「章句者，經師指括其文，敷暢其義，以相教授。《左》宣二年傳疏，服虔載賈逵、鄭眾、或人三說，解叔牂曰子之馬然也。此章句之體。」（《漢書・藝文志》補注引）觀乎此，《正義》之依承章句，不尤可知歟？

章句出於講論與辯說，分章逐句解經，體例爲晉人經義及南北朝義疏所祖。晉代經義，以《易》爲多，朱彝尊《經義考》所載凡十數種。大抵發明理旨，近於章句；依人起意，又同於義疏，蓋章句之變也。至於南北朝義疏，則居經義之後，遠采漢儒章句之體，近倣佛典疏鈔之製，所以疏文義而供講論也。

《隋書・經籍志》錄「《周易義疏》十九卷」下注云：「宋明帝集群臣講」，知義疏所以供講論。《隋志》又載徐孝克撰《論語講疏文句義》五卷，義疏即

文句義，蓋其所以釋文義，不爲字辭之訓故而已。凡諸書〈儒林傳〉、〈經籍志〉所載講疏、義疏、大義、幾義、義略、述義、義鈔、義、疏、文句義等，並屬同傳。因其講說，故爲疏以記之，名曰義疏者，記其所講之義也。〔註11〕自宋迄隋，皆有講《易》之疏，若疏以解注，則講疏、義疏之名爲不辭矣。唯其體制雖源於兩漢章句晉世經義，而亦深受佛典疏鈔及僧徒講論之影響。梁啓超所云：

> 隋唐義疏之學，在經學界有特別價值，此人所共知矣。而此種學問，
> 實與佛典疏鈔之學同時發生。吾固不敢遽指此爲翻譯文學之產物，然
> 最少必有彼此相互之影響，則可斷言也（《飲冰室合集專集》之五九）。

但究一端，殊非全貌。今考義疏之緣起與體制，條敘數事，以供稽覽：

　　蓋佛徒結集三藏時，本係一人發問，一人唱演佛語，如此往復，以至終了，集爲一經。故佛經文體，多倣此式。沙門受戒時，亦一師發問，一人對答。湯用彤氏據此以爲此制最適於講阿毗曇，如安世高所譯《陰持入經》之條目分析，尤便於都講（《漢魏兩晉南北朝佛教史》上冊，頁 85），甚是。講經因有問答之體而有條目，爲義疏分條目之所從來。此其一也。

　　《高僧傳》卷四〈竺法汰傳〉，謂晉簡文帝講《放光經》，開題大會，帝親臨幸之。所謂開題，亦稱發題（《廣弘明集》卷十九有〈發般若經題論義〉一文，《梁書》卷三〈武帝紀〉亦曰：「中大通五年，幸同泰寺，設四部大會，高祖升座，發《金字摩訶般若經》題訖。」）即講經時都講先唱題，而法師講解題意之稱也。漢儒經注章句中，尚無解題之語，而義疏有之。《隋志》嘗載

〔註11〕劉師培曰：「（宋齊梁陳）文學得失，稽之史傳及諸家各集，厥有四端……三曰士崇講論，語悉成章也。自晉代人士均擅清言，用是言語文章，雖分二途，而出口成章，悉饒詞藻。晉宋之際，宗炳之儒，承其流風，兼以施於講學。宋則謝靈運、瞻之屬，并以才辯辭義相高；齊承宋緒，華辯益昌。……迄於梁代，世主尤崇講學，國學諸生，惟以辯論儒玄爲務。或發題申難，往復循環，具詳《南史》各傳。用是講論之詞，自成條貫，及筆之於書，則爲講疏。口義筆對，大抵辨析名理，既極精微；而屬辭有序，質而有文，又爲魏晉以來所未有。」（《中古文學史》，頁 92）又《國學發微》曰：「兩漢之時，咸有講經之例，即石渠閣、白虎觀所講是也。蓋以經術浩繁，師說互歧，故折衷群言以昭公論。此即後世講學之權輿也。魏晉而降，士尚清談，由是以論辯老莊之習，推之于說經。至于梁代而升座說經之例興矣。……說經而外，兼說老釋之書。雖爲口耳相傳之學，然開堂升座，講學之風，於斯爲盛。……學必賴講而後明，故孔子以學之不講爲己憂。乃近儒不察，力斥南朝講學之風（趙氏《廿二史箚記》斥之最力），豈不惑歟！」

梁蕃《周易開題義》十卷、梁武帝《毛詩發題序義》一卷、《唐書‧經籍志》有《周易發題義》一卷及梁武撰《周易開題論序》十卷、大史叔明撰《孝經發題》四卷等等，孔穎達《周易正義》亦先釋《易》之三名。若斯之比，率皆仿於釋氏者，此其二也。

　　《陳書》卷三十三〈儒林傳〉曰：「王元規著《春秋發題辭及義記》十一卷」，《南史》卷七十一同。孔穎達《正義》以發題併合義疏足成一書，蓋即仿此。又，《魏書‧儒林傳》曰：「時中山張吾貴與獻之齊名。海內皆曰儒宗，每一講唱，門徒千數。」講唱之制，是即浮屠講經之儀，升座說法，同於釋氏，復何疑焉。義疏一體，即與此數事密邇相關。何則？《隋書》卷七十五〈儒林傳〉曰：「（馬光）嘗因釋奠，高祖親幸國子學，王公以下畢集。光升座講《禮》，啓發章門而已。而諸儒生以次論難者十餘人。」章門又稱科分、章段，即章節段落也。啓發者，粗爲分別之意。講經之儀如此，義疏之體亦然。今傳南北朝義疏僅存皇侃《論語義疏》一種。而開卷疏〈學而第一〉即云：

　　　　《論語》是此書總名，〈學而〉爲第一篇別目。中間講說，多分科段
　　　　矣。

夫佛經注疏，原不必有科分，震旦諸師開分科門，實始於釋道安。吉藏《仁王疏》云：「諸儒說經，本無章段，始自道安法師，分經此爲三段。第一序說、第二正說、第三流通說。」良賁《仁王疏》亦云：「昔有晉朝道安法師，科判諸經，以爲三分：序分、正宗、流通分。故至今巨唐，慈恩三藏譯《佛地論》、親光菩薩譯《佛地經》，科判彼經，以爲三分。」科判之學，爲唐宋佛家所極重視，其著名之諸大經論，恒經數家或十數家之科判，分章分段，備極精密（語見梁任公《翻譯文學與佛典》），其淵源則肇於道安也。自晉迄唐，波流不絕，亦猶義疏之法仿道安，衍及《正義》耳（另詳湯用彤《漢魏兩晉南北朝佛教史》，第十五章）。馬宗霍曰：「兩漢之時，已有講經之例，魏晉尙清談而講經之風益盛。南北朝崇佛教，敷座說法，本彼宗風，從而效之，又有升座說經之例。初憑口耳之傳，繼有竹帛之著，而義疏成矣。」甚是。《正義》猶有科分之學，遺書具在，按覈可知。《左傳‧春秋‧序》疏曰：「此序大略凡大有一段明義，以『春秋』是此書大名，先解立名之由；自《春秋》至所記之名也，明史官記事之書名曰春秋之義；自《周禮》有史官至其實一也，明天子諸侯皆有史官必須記事之義；自韓宣子適魯至舊典禮經也，言周史記事褒貶得失，本有大法之意。……」。又，《周易正義》〈乾卦〉「文言曰」至

「乾元亨利貞」，疏云：

> 從此至「元亨利貞」，明乾之四德，為第一節；從「初九曰潛龍勿用」
> 至「動而有悔」，明六爻之義，為第二節；自「潛龍勿用」下至「天
> 下治也」，論六爻之人事，為第三節；自「潛龍勿用，陽氣潛藏」至
> 「乃見天則」，論六爻自然之氣，為第四節；自「乾元者」至「天下
> 平也」，此一節復說乾元之四德之義，為第五節；自「君子以成德為
> 行」，至「其唯聖人乎」，此一節更廣明六爻之義，為第六節。

分判之詳，不遜皇氏義疏，其體非晉漢諸儒所有，蓋同出於釋氏者也。

《隋書·儒林傳》又曰：「光升座講《禮》，啟發章門而已。而諸儒
生以次論難者十餘人，皆一時碩學。光剖析疑滯，雖辭非俊辯，而理義弘贍，論
者莫測其淺深，咸共推服。」（《北史》卷八十二同）馬光升座講經之儀，仿
自佛家，而佛徒講經，即有問答，已如前述。疏為講經之記錄，其有問答者
必矣。此體雖遠承漢儒章句辯難而來，然講經之儀與問答之中疏分條目，則
確為受浮屠影響而然者。西洋中古時代經院中形成之基督教哲學與神學對傳
統哲學之影響亦然。為中西學術發展中極具趣味之闇合。〔註12〕

由是觀之，義疏之與講論，關係特密，唐初諸經《正義》，雖或囊括舊義，
旁附新說，然若無講論辯難之實，亦何以成其體制耶？爰考唐初諸儒辯講及
三教講論之迹，以見一代之概貌，而察《正義》之所由撰。

二、三教講論

黃師錦鋐《隋唐學術論稿》云：

> 隋唐統一之後，佛道仍然是思想界的主流，也可以說是思想界的支
> 配者。而老莊玄學一方面可以和道教結合，同時有力和佛教競爭。

〔註12〕布魯格（W Brugger）《哲學辭典》（*Philosophisches Worterbuch*）論西洋中古
時代士林哲學云：「授課時的講述（Lectio）解釋古代所遺留的典籍；這樣的
講述筆錄後即成為註釋（Commentaries）一類的書。經常舉行的辯論，則對
個別問題的正反各方面作深入研討；這一活動的書面結晶是辯論諸問題
（Quaestiones disputatae）。這樣的『問題』通常都以古人權威為根據，指出正
反各種論證；然後發揮問題的正面答案並加證明，最後答覆反面論證。這一
基本模式也應用於注釋中。往往在注釋古籍時，連帶地也運用這種方式說明
自己的思想。……士林方法一向的特點是：尖銳地揭示問題所在，概念清楚，
推理時運用邏輯方法，用詞精確不苟。」凡茲所述，多與南北朝間受佛教影
響之義疏家相類，為中西哲學史中至有趣味之發展。

一直到宋朝邢昺仍然保持這種態度，遂爲經學和理學中間構成了過渡橋梁。……中唐以前的普遍看法，認爲《老子》和儒家經典可以合流。唐人《正義》引用《老子》者，據近人統計不下數十條，引用《莊子》者也不少。出於唐人的《隋書·經籍志》，也充份表達了這種思想。

此說精卓不可易，與章太炎〈經學略說〉所稱：「孔穎達云：『易理難窮，雖復玄之又玄；至於垂範作則，便是有而教有。若論住內住外之空，就能就所之說，斯乃義涉於釋氏，非爲教於孔門也』。然《正義》依王、韓說，往往雜以清談；後之解者，因清談而入佛法〔註13〕」相似。蓋唐人《正義》，間雜玄言，以與佛教抗；然此玄言，亦即爲晚唐、宋初吸收佛理之橋梁。如周濂溪、張橫渠之倫，汲採於《正義》者綦多。濂溪之學，脫胎於《正義》及唐人道經，轉手於陳摶、穆修，而又從學於潤州鶴林寺之壽涯，參禪於黃龍山之慧南，問道於黃龍山之晦堂祖心，謁廬山歸宗寺之佛印了元，師廬山東林寺之常聰。常聰門人弘益所作《紀聞》嘗云：周子與張子得常聰性理論及太極無極之傳於東林寺。甚可爲章太炎「後之解者，因清談而入佛法」一語註腳。〔註14〕唐人《易》疏，唯孔

〔註13〕所謂「因清談而入佛法」實有二義。（a）就某一意義言，隋唐之前，南北朝間之所謂佛也，實亦玄學之一種，馮友蘭《新原道·玄學》：「魏晉時的思想家以爲眞如與生滅法的對立，就是道家哲學中底無與有的對立；常與無常的對立，就是道家哲學中底動與靜的對立；涅槃與生死的對立，就是道家哲學中底無爲與有爲的對立。當時底有一部份佛家講佛學，亦用有、無、動、靜、有爲、無爲等觀念。因此他們雖講佛學，可以說是玄學中底一派。」湯用彤《魏晉思想的發展》亦云：「魏晉時代的佛學也可說是玄學。」此其一也。（b）此種意義，在隋唐《正義》滋興而後，學術之發展亦透過老莊玄學，而漸次傾向佛家。以人爲例，其猶元和大中間之李商隱乎！義山少時學仙於玉陽王屋之山，〈七月廿九日崇讓宅讌作〉稱：「豈到白頭長只爾？嵩陽松雪有心期。」體衰酒淺，情深味長，而嵩陽松雪者，少年學道之地也。然彼自喪妻之後，遠適東川，遂專意於浮屠菩提矣。若以學術有機之生命言之，唐代佛道之消長大與此類。

〔註14〕錢穆曰：「濂溪說：志伊尹之志，學顏子之學。他所想像的顏子，毋寧是以《莊子》書中之顏子爲主，而從此再接近到佛家。」（《中國思想史》，頁129）「這一宇宙論，是先秦傳統，是道家陳說，但經濂溪重新提出，卻羼進了佛學的影響。」（頁127）「邵康節思想偏近道家，其實是更近莊周」、「是莊子與華嚴之積極化與人文化，乃莊子與華嚴之儒家化。」（頁132），「橫渠濂溪，只是大同小異。」（頁133），熊十力《讀經示要》卷二亦云：「周濂溪從道家轉手而歸儒家。」濂溪書論仁義誠信等，固爲儒家宿物，然據此而言其純儒不雜，恐非濂溪所肯受；蓋其言仁義誠信之基礎純自老莊來也。就儒學言，宋明理

穎達與李鼎祚二部最著。穎達宗本仲尼，兼採老氏，以與佛徒抗；鼎祚《集解‧序》則云：「權輿三教，鈐鍵九流。」一衡一拒之間，可以覘唐代儒、道、釋三家之糅合流嬗矣。中唐以前，儒者以老莊拒釋氏；中唐以後，又漸以老莊合釋氏。儒者談經，稍雜佛理，如李翱〈復性書〉之類是也。然其既因清談而入佛法，則老莊仍爲本根，佛法但爲庸附，黃季剛〈國故論衡贊辭〉所云：「周氏始作，猶近巫師；二程廓爾，取資禪錄。尋其從迹，未越郭象、皇侃之流。」甚可味也。蓋濂溪之學，源本《正義》（詳後），而二程旁採佛理以廣之，猶不離郭象、皇侃榘矱。郭注《莊子》，世所共知；皇侃則宗本玄學，兼采瞿曇以講說經義者也（詳湯用彤《漢魏兩晉南北朝佛教史》，第十三章）。昔賢多昧於《正義》依沿老莊及其與佛教之關係，故論兩宋理學，多膚說僞測，不達理實。今考《正義》之興撰，尤須詳究此理，否則《周易正義》何以獨宗王弼，及其書何以合孔、老之故，終不可得而知也。

　　黃師錦鋐嘗據陸德明《經典釋文》爲考按，以爲《正義》之用老莊，爲當時崇尚南學之風尚及政治背景所致。其說甚碻，《隋唐學術論稿》曰：

> 《經典釋文》內包含有《老子》、《莊子》，從儒家的前後歷史看來，
> 這是一個奇怪的目錄。這是南朝的風尚，是王弼一派的旁支與流裔。
> 他並著有《易》與《老子》疏，說明他在玄學上的造詣。《唐書‧儒
> 林傳》也說他「善言玄理」。這種推崇老莊的學風，到初唐仍然存在；
> 而當時的推崇老子又有其政治上的因素。因此南朝的學術傳統，是
> 中唐前普遍的看法。

陸德明生於南朝，陳亡仕隋，後復於貞觀初拜國子博士。夫以儒宗而善玄言，固不僅陸氏一人而已。然隋初混一寰宇之際，何以南學獨能籠罩一世？黃師所論，述其現象；今請更考其源朔：隋唐間北學南折，爲經學史中大事，抑不惟經學而已，佛道莫不皆然。又不僅僅爲北學南折而已，實乃調融南北：名物制度多採北學；玄理奧義，則用南派。如《五經正義》，《詩》、《禮》用北，多箋制度名物之實；《書》、《易》用南，善究天人之際。佛教亦造塔與研義並行。故論學雖以南學爲尚，其實固融匯南北之期也。此期學者之特色有

學家，殆未有不經過佛老一層而言孔孟者，今人或強以其爲直承孔孟，爲儒學眞諦，非也。就道釋而言，則彼又未嘗不消融二教，繼遞宗風。陳清瀾《學蔀通辯》歷舉陸象山說與浮屠義，述其祖禰，雖有誣枉，亦非無見。理學之初，合道爲多；至其末也，乃多佛陀義，亦可與斯言相參驗也。

三：曰崇尙南學、曰研玄者多，曰三教講論，儒多黨道，以與佛家抗。第一條詳後，其餘分述如次：

《新唐書》卷一九八〈儒學・陸德明傳〉曰：「（德明）善名理言。……高祖已釋奠，召博士徐文遠、浮屠惠乘、道士劉進喜各講經。德明隨方立義，徧析其要。帝大喜曰：『三人者誠辯，然德明一舉輒蔽，可謂賢矣！』賜帛五十匹。」德明妙擅玄理，而能洞悉三教奧窔，遂爲當時學界最高標準。蓋老莊玄學可與道教結合，而道遜其精微；可與佛家爭衡，而佛理未能遽勝。儒生挈此鈐鍵，遂可以權衡三教而無悶，斯所以隋唐之間玄義大昌也。黃師錦鋐曰：「思想意識上，北朝是佛家和道教的天下，有讖緯的經學，雖然流傳下來，然而是不能和佛道競爭的。隋唐統一以後，老莊玄學一方面可以和道教結合，同時有力和佛教競爭，因此南朝的學術傳統，是中唐以前普遍的看法。」《五經正義》頗用讖緯，可覘其調融南北之迹，然說義仍以南學玄理爲主，則三教皆然。〔註15〕黃師此說，能就三教爭衡處，窺測其擇用老莊之故，精識密察矣。呂思勉曰：「世皆以漢世儒學盛行，魏晉以後，玄學佛學起而代之，其實非是。此時之儒家，實裂爲二派：有思想者，與玄學佛學合流；無思想者，則仍守其碎義逃難之舊耳。」（《隋唐五代史》，第二十一章第三節）與玄佛合流者，括中晚唐而言之，初唐則與玄相合者多，與釋相親者尠也。文中子號能繼聖，以佛老爲堯、舜之蠹，〔註16〕而司空圖〈文中子碑〉反謂其宗本道家，其餘可知矣。一時好言名理者，如陳希烈，史稱其「精玄學」；韓思復，史言其「好玄言」；李勉，史云其「宗於玄虛」；張知謇，史言其「曉於玄理」；陸德明，史稱其「善言玄理」；李玄植，史言其「博涉史漢及老莊諸子之說」；尹知章，史云：「雖居史職，居家則講授不輟，尤明《易》及莊老玄言之學，遠近咸來受業。所注《孝經》、《老子》、《莊子》、《韓子》、《管子》、《鬼谷子》，頗行於時。」（俱見《舊唐書》本傳）凡此皆一時儒宗，如張知謇以明經傳家；陸德明爲太學博士；李玄植高宗時屢被召見，與道士沙門在御前講說經義。以儒門之代表，善老莊之玄言，其中消息，甚可味也。彼或

─────────────────────

〔註15〕沈曾植《海日樓札叢》「南北佛教」條：「禪宗、淨土宗、戒律宗，爲北方實際的佛教；三論、天臺，爲南方理論的宗教。北華嚴爲緣起論宗，南法華爲實相論宗。華嚴五教十宗、天臺五時八教，此論影響，然南北風尙不同，佛學原與儒學不異。」

〔註16〕宋・石介〈錄蠹書魚辭〉曰：「佛老之道行而堯舜之道替。斯則《易》，其九師之蠹乎！《春秋》，其三傳之蠹乎？」見《石徂徠集》。

任職國學、或講授私家,化身千億,其影響復何如耶?此其一。

如前所述,陸德明等,咸於御前講辯三教密義。〔註17〕斯儀也,雖肇端於北周,而實爲唐室獨有之奇觀,關係學術至鉅。蓋一本之說,爲玄學佛法所共信。玄風飆起,即有殊途同歸之談,故向子期以爲儒道爲一,應吉甫謂孔、老可齊,《梁書・徐勉傳》亦曰:「勉以孔釋二教殊途同歸,撰《會林》五十卷。」以調融三教爲職事者,代有其人。雖云迹有左右,教成先後;而終知理歸一極,致本則同。如《南齊書》卷四十所載,張融臨終猶左手執《孝經》、《老子》,右手執《小品法華經》者,固不尠也。史冊斑斑,不煩縷述。但有調融,亦有批判,且人情所偏,不無優劣軒輊於其間。所見互殊,爭閧即起;兼以佛教信奉者日盛,道士者流,恐奪其衣食,競爭尤烈。杜撰經典,以供訕笑,如《廣弘明集》卷九所錄〈笑道論〉,及道士所撰〈道笑論〉等(見俞正燮《癸巳類稿》引)。毀謗諷嘲,靡所不至。凡茲兩類,俱盛於南北朝,而隋唐仍其舊焉。故有顏之推之崇佛,即有王通之右儒。《顏氏家訓・歸心編》:「萬行歸空,千門入善,豈徒七經百氏之博哉?明非堯、舜周孔所及也!」《中說・周公篇》則云:「或問佛,子曰:聖人也。曰其教如何?曰:西方之教也,中國則泥,軒車不可以適越,冠冕不可以之胡,古之道也。」此其持論,顯有差越。王通所論,更有一三教合一之基礎在,〈問易篇〉曰:「子讀《洪範讞議》曰:三教於是乎可一矣!程元魏徵進曰:何謂也?子曰:使民不倦!」是則三教合一,爲一時之共同主張;唯其合一之基礎,應爲儒爲釋抑爲道,則言人人殊,各具立場,爭議於是乎作矣。循是以往,故有周武帝召集百僚及三教名德,共同聆講,與辨釋三教先後之舉。然其初猶重在講經,且爲時較暫。至於李唐,始以辯議爲風尙,冀使三教互爲觀摩,商榷意旨,以供融匯之發展,勿爲私相攻擊而已。故常於國子監釋奠之後,或帝王誕辰時爲之。《新唐書・高祖本紀》:

　　武德七年,二月丁巳,帝幸國子學,觀臨釋奠。引道士沙門,有業

〔註17〕陶弘景〈茅山長沙館碑〉:「百法紛奏,無越三教之境。」以儒道釋爲三教,固魏晉以後之通稱也。而儒家亦不僅爲一學說而已。不特有祭天、拜祖、祀孔等宗教性活動,所謂天人感應,陰陽災異,尤具宗教色彩。牟宗三《中國哲學的特質・作爲宗教的儒家》:「宗教的責任有二:(1)它須盡日常生活軌道的責任,如基督教之祈禱、禮拜、婚喪禮節;佛教之戒律,在中國儒教之爲日常生活軌道即禮樂與五倫等是。(2)宗教能啓發人的精神向上之機,基督佛教與儒家都有此能力。」另詳馮友蘭《新原道・漢儒》、胡適《中國中古思想小史・儒教》、康有爲《孔子改制考・敘》、梁啓超《飲冰室文集・保教非所以尊孔論》等等。

舉者,與博士相雜駁難。久之乃罷。因下詔曰:「自古爲政,莫不以學;則仁義禮智信五者俱備,故能爲利溥深。朕今欲敦本息末,崇尚儒宗,開後生之耳目,行先王之典訓。而三教雖異,善歸一揆。」以儒爲宗,實即初唐風尙,已詳第二節中。然當時之主導理念既爲混雜老莊之儒學,而高祖本人亦篤信道教,故講論席次,仍以道士居首,沙門殿後。唐京師西門寺僧所撰《集古今佛道論衡》卷丙云:「武德八年,歲居協洽,駕幸國學,禮陳釋奠,堂列三座,擬敍三宗。天子下詔曰:老教孔教,此土元基;釋教後興,宜崇客禮。今可先老次孔,末後釋宗。……時太宗爲秦王,躬臨席位。」此與玄宗以後,講論席次,道士已居沙門之下者迥異。於此可以覘其流變焉。唐釋彥悰〈護法沙門法琳別傳〉,載貞觀十一年正月太宗詔曰:「朕夙夜寅畏,緬維至道。思革前弊,納諸軌物。況朕之本系,出自柱下。鼎祚克昌,既憑上德之慶;天下大定,亦賴無爲之功。宜有解張,闡茲玄化。自今以後,齊供行立。至於講論,道士女冠,宜在僧尼之前。」儒生既善玄理如彼,帝王復崇老氏若此,其於學風,蓋可知矣。此其二。〔註18〕

〔註18〕 歐陽修《新唐》本紀頗有以太宗弘佛爲非之意。其實高祖、太宗皆非崇佛之主也。武德末,傅奕致力詆佛,頗傾一時觀聽,〈法琳別傳〉之作者彥悰亦云當時禿丁之誚,閭里甚傳;胡鬼之謠,昌言酒席。禿丁、胡鬼皆傅奕語也。據《舊唐書》武德九年五月,高祖曾詔沙汰僧尼(《新唐書》作四年),六月而高祖退位,太宗攝政,大赦天下,事乃不行。然太宗雖未毀法,貞觀初檢校仍嚴,《續高僧傳・智實傳》曰:「貞觀元年勅遣治書御史杜正倫檢校佛法,清肅非濫。」是其證焉。時清虛觀道士李仲卿、劉進喜又撰〈十異九迷論〉、〈顯正論〉等,訕謗浮屠。釋法琳撰《辯正論》八卷應敵;而太子中舍辛謂著〈齊物論〉破難佛家,慧淨法琳又復作答。至貞觀十四年,道士秦世英指斥《辯正論》謗及皇室,帝遂下詔汰沙門,並拘琳入獄。後雖免其死罪,然太宗之不敬佛法甚顯。《廣弘明集》卷八曰:「貞觀六年傅奕上書,令僧吹螺,不合擊鐘」,又《舊唐書》奕傳載奕之言曰:「佛是胡中桀黠,欺誑夷狄。初止西域,漸流中國。遵尚其教,皆是邪僻小人。模寫老莊玄言,文飾妖幻之教耳。於百姓無補,於國家有害。」太宗頗然其言。以佛法無益於治,故貞觀三年語侍臣曰:梁帝好釋老,足爲鑒戒。貞觀五年又詔僧道致拜父母。其用心可知矣。然唐初之所謂文治,適如王珪所云老莊無爲清靜而已。故太宗亦自稱政教得老氏無爲之效,由是以推,其於佛教之恩爲愈寡矣。《舊唐書》卷六三,貞觀二十年手詔斥蕭瑀曰:「朕以無明於元首,期託德於股肱。思欲去僞歸眞,除澆反朴。至於佛教,非意所遵。……何則?求其道者,未驗福於將來;修其教者,翻受辜於既往。至若梁武窮心於釋老,簡文銳意於法門,傾帑藏以給僧祇,殫人力以供塔廟,及乎三淮佛浪,五嶺騰烟,……子孫覆亡而不暇,社稷俄頃而爲墟。報施之徵,何其謬耶?」據此而論,太宗不特無意於崇佛,亦且疑之甚矣。睿宗時辛替否上疏:「太宗……不多造寺觀而福

矧道教一門，在隋屢爲僧徒所欺，《續高僧傳》卷二、卷三、卷九、卷十一、卷二十八等等，載道士不敵沙門事甚夥。際此講論之會，挾老莊以與浮屠抗，亦事所必至。然余嘗考之矣：儒生兼通老莊，已如前述；而隋唐道士，亦兼習儒業，則世猶未知也。《續高僧傳》卷九〈羅雲傳〉曰：「時松滋有道士姓俞者，學冠李宗，業該儒史。常講莊老，私用內經。」夫講老莊而暗用佛理，南朝多有之，皇侃《義疏》即其類也。唐儒之學，不特與道士玄言相雜，且暗含浮屠義，密取其理，陽拒其迹，前則孔穎達《正義》，後則李翱〈復性書〉是已。下開理學先河焉。蓋講論駁辯既盛，瞭解益深，不免互有糅雜，如孔穎達《周易正義》排擊佛義，而釋「觀」則暗用其理（見第四章第貳節）。若斯之比，或非竊取，但不自覺受其影響而已。此其三。〔註19〕

　　《五經正義》，爲孔穎達所主纂，居此風氣下之孔沖遠，其本身態度如何，無寧爲直接影響《正義》內容之重要關鍵。據《集古今佛道論衡》卷丙所載，則穎達亦黨於道者也：

> 貞觀十二年，皇太子集諸宮臣及三教學士於弘文館開明佛法。紀國寺慧淨法師預斯嘉會。有令，詔淨開《法華經》。奉旨登座，如常序胤。道士蔡晃，講道論妙，獨冠時英，下令遣與抗論。……有國子祭酒孔穎達者，心存道黨，潛煽斯語曰：「承聞佛家無諍，法師何以構斯？」……淨啓：「常聞君子不黨，豈知祭酒亦黨乎？」皇儲怡然大笑，合座歡躍。

案：三教論辯，必有勝負優劣；然道士僧徒所記，多不可信。《續高僧傳》與《集古今佛道衡論》所錄，僧必廣辭博辯，儒道必支絀折角。反之亦然。〔註20〕如高祖時三教講議，史冊所載，明以陸德明爲冠。而僧徒所記，則漫夸浮屠能夾

德自至；不多度僧尼而殃咎自滅」者，非虛言也。至於太宗暮年竝信方士藥石，且稍留心佛法，又甚敬玄奘等等，亦非崇佛，詳湯用彤〈唐太宗與佛教〉一文（《學衡雜志》，第七五期）。

〔註19〕張說〈唐玉泉寺大通禪師碑銘〉記神秀和尚，少爲諸生，遊問江表，《老》《莊》玄旨，《書》、《易》大義，竝皆精熟。既可見唐代國子學諸生所學雜於老莊，亦可知三教論講，實有融通三教之效。

〔註20〕《唐代叢書》所收張鷟《朝野僉載》記「孝和帝令內道場與道士各述所能，久而不決。玄都觀葉法善取胡桃三升，並殼食之竝盡，僧仍不服。法善燒一鐵鉢，赫赤兩手，欲合老僧頭上。僧喝賊，袈裟掩頭而走。孝和撫掌大笑。」孝和帝唐中宗也。大抵魏晉以至隋唐，佛道爭鬨，互有勝負，若但據沙門所記以考覈古昔，實多紕繆。

以二事，雙徵兩教，宏辭博喻，使道忸怩。其爲不可信也如此。此段所云開明佛法，合座歡躍云云，亦不可據。蓋三教講論之會，非僅爲開明佛法而設，其爲夸誕可知。然慧淨本趙郡房氏，家世儒宗，流略本所素習，又玄儒竝務，故講論之際，所嚮辟易矣。穎達時爲太學祭酒，侍講東宮，數責太子之非（見《唐書》本傳），爲太子所忌怨。故講論之際，亦以美名歸諸釋氏。其實穎達所駁，與慧淨所辯，持理相同，本無優劣可言也。其後太子承乾以事廢爲庶人，高宗即位，另有僧靜泰與道士李榮等講論三教。據《集古今佛道論衡》卷丁所載，靜泰嘗譏「無知祭酒，輒事毀譽」。此時穎達已死，此祭酒不知誰指，然與前引慧淨君子無黨一語合觀，則當日儒家，實與道士聯合以抗佛；穎達態度尤爲鮮明。黨玄，故《周易正義》以輔嗣爲獨冠古今，又雜引老莊以釋《易》。拒佛，故《周易正義·序》昌言排斥，以其不與仲尼爲同科。唯此間或拒或迎，或駁或納，皆須深明彼方之教義乃可。穎達及諸儒於玄理接觸較多，於佛法則不免有排斥之心；且講論初興，猶難深知，故其《周易正義》論佛家處，頗有誤會（詳後）。今茲考論《正義》者，不究三教講論之實，何以知《正義》思想內容之優劣得失及其淵源脈絡耶？

近世治隋唐史者，以陳寅恪爲最著，然其論當時佛教與《正義》之關係云：「南北朝後期，及隋唐之僧徒亦漸染儒生之習，詮釋內典，襲用儒家《正義》義疏之體裁，與天竺詁經之方法殊異。如禪學及禪宗最有關係之三論宗大師吉藏、天臺宗大師智顗等之著述，與賈公彥、孔穎達諸儒之書，其體裁適相冥會。」〔註21〕不知《正義》及隋唐僧徒注疏，俱自南北朝僧人之講論及道安之科分而來，故有此倒植之說，眞相霾矣。至其所謂：「凡新儒家之學說，似無不有道教或與道教有關之佛教爲之先導。如天臺宗者，佛教宗派中道教意義最富之一宗也。其宗徒梁敬之與李習之關係，實啓新儒家開創之動機。」（馮友蘭〈中國哲學史審查報告三〉）既能得唐代三教逐次融會之實，亦可以見經由老莊玄言前合道教，下會佛法，以開理學精義之迹。則與本文所論，義無參商，足供佐驗也。此其四。

三教講論，老莊玄言，與《五經正義》之關係如此。昔賢所論，旨意雖

〔註21〕見所著〈論韓愈〉一文（全集頁 1283）。又〈楊樹達論語疏證序〉云：「經部之作，其體例則未見有受釋氏之影響者。惟皇侃《論語義疏》引論釋以解公治長章，殊類天竺譬喻經之體，殆六朝儒學之士漸染於佛教者至深，亦嘗襲用其法，以詁孔氏之書耶？」此說已近眞相，惜寅恪不敢自信，故有〈論韓愈〉一文之顚倒見。

繁，罕陳其要；論理學者，尤多差忒不經，不解流嬗之故，迺有窒礙之談。
今總敘厓略，以見指歸；至其枝歧蛻嬗之詳，不能盡也。

三、諸儒辯義

世崇講論，遂多辯難，講經盛而義疏起，論議繁則定本出。相反相成，
一翕一闢，自然之理勢也。三教間既有講論駁辯；諸儒之間，何能獨無？史
冊所載，諸儒好善玄談者甚眾，其清言霏霏，弗遜江左；講授不絕，以開儒
業，稽之典記，尤繁有徒。《隋書‧元善傳》曰：

> （善）通博在何妥之下，然以風流醞藉，俯仰可觀；音韻清朗，聽
> 者忘倦。由是爲後進所歸。妥每懷不平，心欲屈善。因善講《春秋》，
> 初發題，諸儒畢集。善私謂妥曰：「名望已定，幸勿相苦！」妥然之。
> 及就講肆，妥遂引古今滯義以難善。多不能對。善深銜之。二人由
> 是有隙。

風流吐屬，時論乃歸，一也。講經釋義，首重開題，二也。辯辭蜂起，善爲
應敵，故爲老師，三也。準茲三例，殆可以見其學風矣。《隋書‧王頍傳》云：
「開皇五年，授著作郎，尋令於國子講授。會高祖親臨釋奠，國子祭酒元善
講《孝經》，頍與相論難，辭義蜂起，善往往見屈。高祖大奇之。」足證屈善
者不僅一忌忮之何妥而已。據《隋書‧經籍志》，何妥撰有《周易講疏》十三
卷及《莊子》、《孝經》義疏，是亦以儒通玄者。孔穎達《周易正義》引《何
氏易》凡九條，而先甲三日後甲三日，何用鄭義不採王《注》。足證其言玄者
必未法王。《正義》用王而不廢漢儒之說，蓋風氣使然。且據何氏先甲及八月
有凶等言之，其書與王《注》或合或否，是即《正義》調融南北之前驅也。
又，《隋書‧楊汪傳》曰：

> 煬帝即位，歲餘，拜國子祭酒。帝令百僚就學，與汪講論，天下通
> 儒碩學多萃焉。論難鋒起，皆不能屈。帝令御史書其問答奏之。省
> 而大悅，賜良馬一匹。

升座講經，遠同浮屠之制；書其問答，即成義疏之體。以《公羊》疏爲例：
隱公第一，疏曰：問曰：「公羊之意，據何文作春秋？」答曰：「……據百二
十國寶書也。」……問曰：「……公經止有五十餘國。……何言百二十國乎？」
答曰：「其初求也，實得百二十國史。但有極美可以訓世，有極惡可以戒俗者
取之。若不可爲法者，棄而不錄」。問曰：「若言據百二十國寶書以爲春秋，

何故春秋說云據周史立新經乎？」答曰：「……周爲天子，雖諸侯史記，亦得名爲周史矣。……」層層剝打，駁辯弗窮，非自設問答以支離其辭也。至於帝王愛賞，尤能助長此風，《隋書‧褚輝傳》曰：「煬帝時，徵天下儒術之士，悉集內史省，相次講論。輝博辯無能屈者，由是擢爲太學博士。」名利所歸，正與楊汪之獲賜良馬同。世崇講論，兼雜利祿，故碩學舌辯於上，學子磨脣於下。北朝篤實之學難入，而儒門遂以玄言爲多矣。隋唐之際，北學南折，此亦重要因素。劉焯北人，而《隋書》稱其「與楊素等於國子共論古今滯義，前賢所不通者。每升座，論難鋒起，皆不能屈。素等莫不服於精博。」是人無間南北，凡爲碩儒擅高名者，靡不以講論難辯爲貴也可知。即以主修《正義》之孔穎達爲例，《新唐書》本傳云：

> 煬帝召天下儒官集東都，詔國子、秘書學士與論議。穎達爲冠。老
> 師宿儒，恥出其下，陰遣客刺之，匿楊玄感家得免。

忌嫉不足，乃至暗殺，甚可噱也。穎達北人，而博辯如此，所撰《正義》，多採南學，非無故也。牟潤孫曰：「焦里堂有晉室南渡後，經學猶盛於北方之說。顧所謂盛者，僅能抱殘守闕，維繫傳統於不墜耳。所異乎南朝者，居留北方，多爲守兩漢家法之經生，罕見通玄虛脫之名士。其時，北士之儒，未習夫清談，使言名理則格格不能入；治經者亦只爲章疏之學。北齊、東魏之際，亦間有一二談玄之儒，然其風終不能遍及全體。僅如流星之突現而已。蓋社會尚未成爲風氣，要非一二人所能爲功。」（〈論儒釋兩家之講經與義疏〉）北學之篤固如此，當世崇講論，好尚玄言之際，惡足以爲南學敵？皮錫瑞《經學歷史》云北學之所以併入於南者：經本樸學，非顓家莫能解。俗目見之，初無可悅。北人篤守漢學，本近質樸；而南人善談名理，增飾華詞，表裡可觀，雅俗共賞。故雖以亡國之餘，足以轉移一時風氣（卷七）。若不知其擇南擇北，所以供講筵、拒辯難，則所謂雅俗共賞云云，亦皮相見耳。馬宗霍經學史辯之曰：「隋之官學，大抵操諸南人或爲南學者之手，則其經學之折入於南，不亦宜乎？」徒詳皮葉，未振本根。夫隋官多爲南學固矣。然南學何以遽能得勢耶？唐初撰修《五經正義》諸儒，如孔穎達、顏師古、司馬才章、王恭、王談、賈公彥、馬嘉運，無一而非北人，何以《正義》擇用南學爲多？若斯之比，蓋少綜覈之功，故多窈飾之辭。怳忽於講論之實，難覘其學術之情也。

以上論隋唐間之講論。至於李唐朝廷之上，商定經文，考議是非等，亦舉二事，以供詮證：

　　經學鴻儒，多屬玄言鉅子，隋唐之間，南方名理之學，彬彬稍盛矣。《舊唐書・儒學傳》曰：「世稱《左氏》有文遠，《禮》有褚徽，《詩》有魯達，《易》有陸德明，皆一時之冠。」夫此數氏，皆南人也。當隋之末，天下大儒，咸推劉炫、劉焯，名儒後進，質疑受業，不遠千里而至者，不可勝數。而史稱二劉出類拔萃，學通南北，且《書》、《易》、《左氏》亦宗孔、王、杜預，與《正義》所采擇者同。是其所謂學通南北者，已開唐人《正義》融會南北之先，而隱以南學爲權衡矣。唐貞觀四年，太宗以經籍去聖久遠，文字多訛，詔顏師古於秘書省考定五經，多所釐定。功畢，復詔房玄齡集諸儒重加詳議。時諸儒傳習師說，舛謬已久，皆共非之。異端蠭起。師古輒引晉宋以來古本，隨方曉答，援據詳明，皆出其意表，諸儒莫不嘆服。夫此猶當時諸儒論難之風也。然有極可注意者二事：學有師法，故多歧異一也。選擇板本，多從南朝二也。

　　前一事第一章論之綦詳，無煩縷計。至於新定五經，斷從南本，其故亦有二：師古之祖之推，所撰《家訓・書證篇》，所引江南、河北之本，咸以江南爲爲優。〔註22〕師古承其家學耳。又，宋初史館先有宋・臧榮緒、梁・岑之敬所校《左傳》，諸儒引以爲證；祭酒孔維上言：其書來自南朝，不可案據。章下明司檢討，杜鎬引貞觀四年勅：「經籍舛訛，今後並以六朝舊本爲正。」觀此，知定本五經之從南本，亦出於詔旨，非專由師古意也。蓋李唐宗室即慕南學聲華者，貞觀十四年表章先儒之詔，爲梁・皇侃、褚仲都；周・熊安生、沈重；陳・沈文阿、周弘正、張譏；隋・何妥、劉炫等。其中惟熊安生純爲北學，餘多南人或北人而通南學者。帝室所好如此，必有風偃之效焉。其中沈重曾於長安紫極殿講三教義，朝士儒生以及沙門道士至者二千餘人。而周弘正年十歲即通《老子》；張譏爲弘正弟子，入隋已七十有六，講《周易》、《老》、《莊》而教授焉，吳郡朱孟博、陸元朗皆傳其業。《北史・儒林傳》曰：「梁・張譏，好玄言。」又於武德殿講老莊。何妥亦撰有《莊子義疏》，是皆善言玄理者也。孔氏《正義》採擇此數家最多。《禮記正義・序》曰：「以熊比皇，皇氏勝矣。今奉勅刪理，仍據皇氏以爲本。」北地傳經之儒，大抵皆熊安生一系。然熊氏雖尊，仍下皇侃一等，推重南學之迹，於此可見。夫此

<hr>

〔註22〕如「詩云有秋之杜，江南本並木傍施大，而河北本皆爲夷狄之狄，讀亦如字，此大誤也。騄騄牡馬，江南書皆作牝牡之牡，河北本悉爲放牧之牧，恐失毛生之意。」

所謂南學，非粹然而南者，為三教講論、諸儒辯議以後之南。易言之，即以南學為權衡之調融南北。以《易》為例，義理可詮，先以輔嗣為本，而又雜用鄭注，混於讖緯。四庫館臣議之曰：

> 其書如〈復‧彖〉「七日來復」，王偶用六日七分之說，則推明鄭注之善；〈乾〉九二「利見大人」，王不用利見九五之說，則駁詰鄭義之非。

此非以王《注》為權衡而調合南北乎？且王弼不論讖緯，孔則雜用甚多，黃師錦鋐《隋唐學術論稿》曰：「義疏之學，雜引老莊以至《墨子》、《楚辭》，同時採用鄭注諸疏則發揮讖緯。從經學的整體看。這時已沒有南北之分」甚是。若不知其宗主南學而又混同南北，則《義疏》之貌，猶未全窺。世之知此者已尟，矧夫講論與《正義》南北學之關係耶？

士崇講論，辯難鋒起，若欲以矛陷盾，自須兼通諸義。觀顏師古之隨方曉答；劉焯之古今滯義，靡所不通。則知墨守無功，而兼通者博辯矣。茲所謂兼通，非無所宗本，第欲守欲攻，故須精彼我之條義而達諸方之旨歸。即此已有融合之效，《正義》一書，猶可考見當日論難攻守之風，如《周易正義》〈乾〉之〈彖〉曰：

> 夫子所作〈彖〉辭，統論一卦之義。或說其卦之德，或說其卦之義，或說其卦之名。故《略例》云：「彖者何也？統論一卦之體，明其所由之主。」案：褚氏、莊氏並云：「彖，斷也。斷定一卦之義，所以名為彖也。但此〈彖〉釋〈乾〉與元、亨、利、貞之德。」但諸儒所說此〈彖〉，分解四德，意各不同。今案：莊氏之說，於理稍密，依而用之。

先以己義釋經，後引王弼為證，繼而雜敘他家，裁斷簡擇。此《正義》之體也。褚即褚仲都，莊氏不詳。《正義》引二氏說〈彖〉為斷，又云此〈彖〉諸儒分釋四德互異。諸儒包褚、莊以外各家而言，如劉瓛《周易義疏》云：「彖者斷也，斷一卦之才也。」鄭玄注《乾鑿度》云：「彖，斷也。」等等。義理可詮，先以輔嗣為本，此則調融諸家也。然正因其調融諸家，故義亦歧於輔嗣。案：《易‧繫上傳》曰：「彖者，言乎象者也。」輔嗣義在掃象，故強謂之曰：「彖者，統論一卦之體，明其所由之主也。」〈履‧彖〉注：「凡彖者，言乎一卦之所以為主也。」與經相悖，弗可案據。故孔疏曰：「彖謂卦下之辭，言說乎一卦之象。」《正義》有託象明義、法象取義、以象釋義等例，且象數

之生，有其形上依據，故能說其德（詳第三章第壹節）。「或說其卦之義，或說其卦之德，或說其卦之名：統論一卦之義」，顯然與王弼所云「統論一卦之體」迥異。

　　以上自內容與體制兩端，論諸儒辯難對《正義》之影響。理無窮極而辯難興，法有繩墨而《正義》作，言雖繁碎，寧拙不巧，亦可以觀典型矣。述《正義》之纂修如次。

第三章 《周易正義》之編撰

壹、採擷南學之學術基礎

漢代立經學於學官，爲經學統一之始；唐代爲《五經》撰《正義》，則爲注疏統一之始。以經學論，未有統一若此之大且久者，又不僅僅唐宋以此取士而已。皮錫瑞《經學歷史》七：「夫漢帝稱制臨決，尚未定爲全書；博士分門授徒，亦非止一家數。以經學論，未有統一若此之大且久者。……朱子謂《五經》疏，《周禮》最好，《詩》、《禮記》次之，《書》、《易》爲下。其說亦不盡然。」大抵《正義》影響之鉅，人所共曉；至於五經義疏之優劣，則諸儒門庭限劃，聚訟爲多。鄭子尹〈寄莫友芝書〉云：「朱子謂經疏《周官》最好，細看果然。朱子說經市實明白，正是深此家法。」清儒服膺漢學，故於《正義》多所譏詆（詳後）。《周官》一部，徒以擇用鄭注，爲世所重耳。然據《清史稿・儒林傳》所記，鄭氏推尊孔、賈，以爲不下康成。則當時不以《正義》爲可棄廢也可知。王應麟《困學記聞》卷八曰：「考之《隋志》，王弼《易》、孔安國《書》，齊、梁始列國學。故諸儒之說，不若《詩》、《禮》之詳實。」義主翔實，故譏虛浮，其以《書》、《易》爲下，是亦不明唐初儒、玄合流及辯難蠭起之勢也。嘗試論之：

據張說〈唐玉泉寺大通禪師碑銘〉（《全唐文》卷二三一）所載，神秀少爲諸生，遊學江表時，能通「老莊玄旨、書易大義」。則二事應具相當關係；而《新唐書・柳公權傳》稱權：「博貫經術，於《詩》、《書》、《左氏春秋》、《國語》、《莊周書》尤邃。每解一義，必數十百言。」《隋書・元善傳》亦稱善講

《春秋》，初發題，即為何妥所難。此數人皆兼通儒玄，又多講《書》、《易》、《左氏》。則此數書，殆為當時清言所萃，旨供講論，非徵實之學也。擇用南學，遂來虛浮之誚，豈知當日正以此講辯虛浮為貴乎？皮錫瑞曰：「《易》主王弼，本屬清言，而疏文仍失於虛浮，以注本不摭實也。《書》主偽孔，亦多空詮。」此非當時學風使然歟？張說以《書》、《易》大義儷老莊玄旨，蓋不誣也。孔氏《周易義疏》之所以以形上學為綱紀者，亦非無故。此其一。

儒、玄合流，既已蔚為風氣，故唐人所撰《隋書・經籍志・三》述儒家曰：

> 儒者，所以助人君明教化者也。……《周官》，太宰以九兩繫邦國之人，其四曰儒，是也。

又敘道家曰：

> 道者，蓋為萬物之奧，聖人之至賾也。……夫陰陽者，天地之謂也。天地變化，萬物蠢生，則有經營之迹。至於道者，精微淳粹，而莫知其體，處陰與陰為一，在陽與陽不二。……聖人體道成性，清虛自守，為而不恃，長而不宰。……其玄德深遠，言象不測。先王懼人之惑，置于方外，六經之義，是所罕言。《周官》九兩，其三曰師，蓋近之矣。

所謂六經之義，是所罕言，實與「夫子之言性與天道，不可得而聞」同義。以儒道同出周官，一自師傳，一為儒後，故可融通也。《隋史》為孔穎達、魏徵等人合撰，此文即或不出穎達手，亦必為穎達所同意。《隋書・儒林傳》所稱：「大抵南人約簡，得其英華；北學深蕪，窮其枝葉。」雖不必即為定論，而其為穎達或史館諸儒之共同見解可知。立此基礎而纂疏五經，其以南學為本，亦勢所必至者也。此其二。

總此二因，一為當時學界之好尚，一為太學儒臣之見識。鉤牽影響，互為因果。故其撰疏之際，《書》、《易》用力，必倍他經。後儒昧此因緣，妄加訾議於其間，非信論也。

貳、《五經正義》纂修經過

據《唐書・藝文志》所述，唐太宗以儒學多門，章句繁雜，乃詔國子監祭酒孔穎達與諸儒撰定《五經義疏》，凡百八十卷。皮錫瑞《經學歷史》誤為百七十卷，非是。趙雲崧《陔餘叢考》引《舊唐書》云太宗嘗病經籍去聖久遠，文字多訛謬，詔顏師古於秘書省考定五經。遂以為《五經正義》之定，

師古實有大功（卷五十）。不知顏氏考定五經，事在貞觀四年；貞觀七年，頒其書於天下，命學者習之，是爲新定五經。而孔穎達所奉詔撰修者，遲至貞觀十六年始畢，稽延至於永徽四年，始頒於天下。二事迥異。蓋顏氏所定，以經籍文字多訛謬而作；孔氏所纂，則以章句繁雜而生。一校經文、一屬義疏。誤合爲一，非也。五經定本頒行在前，穎達義疏或即據此定本而撰，故時有徵引處。〔註1〕

　　然《五經正義》，實非穎達獨纂如師古之定五經也。蓋雜出眾手，聚博爲功，皮錫瑞曰：「穎達入唐，年已耄耋，豈盡逐條親閱；不過總攬大綱。諸儒分治一經、各取一書以爲底本，名爲創定，實屬因仍。書成而穎達居其功，論定而穎達尸其過。究之，功過非一人所獨擅，義疏並非諸儒所能爲也。……標題孔穎達一人之名者，以年輩在先，名位獨重耳。」（《經學歷史》七）〔註2〕今考《新唐書・藝文志》，則《周易正義》十六卷，爲孔穎達、顏師古、馬嘉運、趙乾叶、王恭、王談、于志寧等奉勅所撰。又馬嘉運嘗與王德韶等人覆審《春秋正義》三十六卷。是則《五經正義》之成，馬氏實有功焉。然據《舊唐書》卷七十三、《新唐書》卷一九八〈馬嘉運傳〉，則孔氏《正義》既成，馬嘉運嘗駁正其失，至相譏詆，有詔更令裁定。豈《正義》纂就，其中去取刪補，未必盡隨同修諸儒意乎？唯纂修之際，若知其謬失，何不補正？覆審之頃，若意有異同，何不辨析？必至書成而後譏詆駁難作，是其中纂著諸君，不盡如《唐志》所述之嚴明職守歟？抑穎達專恣，有以致之？

　　孔氏《正義》，既遭駁議，雖詔更定，功亦未就。永徽二年，復詔中書門下與國子三館弘文館學士考正之。長孫無忌、于志寧、高季輔、張行民諸氏參予增損。四年，迺頒《五經正義》於天下，每年明經，依此考試。自唐迄宋，一仍無改。故論者以爲經籍無異文、經義無異說，自漢以來，未有若斯之專且久也。衡揆前後，唯朱子所注《四書》，自元頒爲功令以來，遵行四百年者，可相頡頏；然終未如《正義》之博且多也。

　　《正義》初名「義贊」，詔改稱「正義」。今據《正義・序》所錄，條列其同修諸儒名氏於后：

　　《易》：馬嘉運、趙乾叶、蘇德融、趙弘智等。

〔註1〕另詳封演《見聞錄》。
〔註2〕皮鹿門此說實出臆測，非徵實之論。孔穎達諸經序文明謂逐條觀閱，另與某某共參議審定；非諸儒各治一經，孔氏垂手而取名者也。詳後。

《詩》：王德韶、齊威、趙乾叶、賈普曜、趙弘智等。

《書》：王德韶、李子雲、朱長才、蘇德融、隨德素、王士雄、趙弘智等。

《禮記》：朱子奢、李善信、賈公彥、柳士宣、范義頵、張權、周玄達、趙君贊、王士雄、趙弘智等。

《左傳》：谷那律、楊士勛、朱長才、馬嘉運、王德韶、蘇德融、隨德素、趙弘智。

案：孔氏之序《書疏》云：「非敢臆說，必據舊聞，謹與某某謹共詮敘。」與序《易疏》所稱：「考察其事，必以仲尼爲宗；義理可詮，先以輔嗣爲本。去其華而取其實，欲使信而有徵。其文簡，其理約，寡而制眾，變而能通。仍恐鄙才短見，意未周盡，謹與……（馬嘉逢、趙乾叶）等對共參議，詳其可否。」辭意迥殊。蓋《書疏》但據劉炫、劉焯舊疏，存是去非，削繁增簡而已，與諸儒共詮敘者也。《易》則自鑄新裁，規章孔、王，《義疏》已成，始與諸儒共參議詳其可否耳。遣辭下字，自有分疏。猶乎《禮記正義・序》曰：「仍據皇氏以爲本，其有不備，以熊氏補焉。必取文證詳悉、義理精審。窮其繁蕪，撮其機要。恐獨見膚淺，不敢自專，謹與某某等對共量定。」及《毛詩正義》序所稱：「焯炫所作《疏》，特爲殊絕，今奉勅刪定，故據以爲本。削其所煩，增其所簡，唯意存於曲直，非有心於愛憎。謹與某某等共討論、辨詳得失」辭意朗晢，顯與《書疏》一揆。名爲新義，實隨舊文，總攬刪定之功多，而精思獨運之能尟矣。皮錫瑞譏其《尚書》〈舜典〉、〈呂刑〉諸疏曰：「以唐人而稱大隋，此沿襲二劉之明證。是則作奏雖工，葛龔之名未去；建國有制，節度之榜猶存。」（《經學歷史》七）王鳴盛《尚書後案》亦云：「此《經疏》名雖繫孔穎達，其實皆取之顧彪劉焯劉炫。三人皆隋人，故未經刪淨處，原文猶有存者。」〔註3〕至於《左傳》，則劉毓崧《左傳舊疏考正》已謂其所刪定者，僅駁劉炫說百餘條，餘皆光伯舊疏。是亦與《書》、

〔註3〕潘重規先生《尚書舊疏新考》曰：「《尚書正義》實亦以劉炫爲本，其所駁正，無過十之一二，觀沖遠〈尚書正義〉序歷述諸疏，以二劉爲最詳雅，而小劉又刪大劉以造疏，是沖遠因光伯之本加以筆削而成新疏。研索全書，其迹象固未泯也。……觀《正義》自序，沖遠本不諱言所本。特以新疏既成，主名歸之沖遠；又經永徽諸臣刊削竄亂，於是劉君之說乃鬱焉不彰，而全書亦多滯晦而不可讀矣。」（學術季刊四卷三期）此文於劉毓崧、王鳴盛諸家所考之外，更舉數十條，以證尚書正義實本劉炫舊疏而成者。語俱精礦，又可據此以觀《詩》《禮》《左氏》等疏之體例。

《詩》、《禮記》同科,非《易疏》之比也。且據《唐書》本傳所載,穎達素習服氏《春秋傳》、鄭氏《尚書》。今《正義》書宗僞孔、《左》用杜預,是與其素所服習者相違。若非出於群儒共定,何以解釋此疑?〔註4〕

　　《周易正義》經義先以輔嗣爲本,旁引漢魏南北朝諸說以供參證,有駁有斷、有議有辯,與《書》、《詩》、《禮記》諸疏之參錯舊疏、雜出眾手者不同。其以輔嗣爲本,非即依循弗敢畔也;《詩》、《書》之全採二劉,猶多削拆,又何愛於一輔嗣?且劉焯固穎達師也。劉毓崧《周易舊疏考正》不知此理,以爲《書疏》既多舊文,《易疏》亦然;且未審義疏之由來,遂以爲疏不破注、孔不異王。於是《周易正義》中,凡義殊輔嗣,別加裁斷者,咸以爲非穎達筆,爲抄撮、爲盜襲、爲拼湊、爲矛楯。〔註5〕夫穎達在隋,受業於劉焯,宗奉師說,錄入《正義》,理所固然,本無可譏。且諸疏序文,明稱刪補二劉,不云創製殊裁,亦非攘善無恥之倫。劉炫嘗自狀其學曰:「《周禮》、《禮記》、《毛詩》、《尚書》、《公羊》、《左傳》、《孝經》、《論語》,孔、鄭、王、何、服、杜等注,凡十三家,雖義有精粗,竝堪講授。《周易》、《儀禮》、《穀梁》,用功差少。」《五經正義》唯《易》不用二劉,非無由也。劉毓崧昧於稽古,自出律令,遽云:「唐人作疏,例不破注。駁注者,皆是舊疏。」以此相繩,宜乎《周易正義》觸處皆爲舊疏矣。就其前者言之,《毛詩正義》以劉炫《毛詩述義》、劉焯《毛詩義疏》爲稿本,唐人作疏,例不破注,隋人舊疏亦不破注乎?儻二劉本未破注,《正義》如何破之?凡駁注者皆爲舊疏,則《正義》全採舊疏又何以獨不駁注?就其後者而論,《隋書・經籍志》言王劭於京師訪得《孔傳》,送至河間劉炫,炫迺序其得喪、述其義疏,講於人間,漸聞朝廷;後遂著令,與鄭氏竝立。是則始講《孔傳》,由於劉炫;孔疏但存是去非,刪煩增簡而已,何嘗有申注之例?孔疏若未駁注,則所謂駁注者皆是舊疏,豈非進退失據,矛楯自見乎?以《禮記》言之,《禮記正義》全本皇侃、熊安生,略加裁量耳。若云《正義》之例,疏不駁注,須先證晉宋南北朝義疏,皆規

〔註4〕馬宗霍云:「考《唐書》穎達本傳,則(穎達)固素習服氏《春秋傳》、鄭氏《尚書》,今《正義》於《尚書》、《春秋》傳宗孔、杜,是與其素所習者相違。後人因有以此爲疑者。不知《五經正義》乃官學,功令所懸,穎達固不得而異同也。」(《中國經學史》、頁96)案:此說未諦,《正義》未成,何來功令所懸?

〔註5〕劉毓崧《尚書舊疏考正》又云:「唐人作疏,不敢輕議注家,豈敢疑聖?⋯⋯以此疏推之,他疏凡疑本經、疑他經、疑聖人者皆六朝舊疏,非唐人筆也。」據此以論《書》、《禮》等疏,已屬未必,矧《易疏》耶?

－63－

矩一家，寸步不敢違異乃可。檢茲誼例，實已荒侈難徵，固難視爲圭鍼，亦何以知夫《五經正義》之情實哉？故曰不詳《正義》之序，不審義疏之來，恪遵謬說，徒成詭誕而已。黃侃〈漢唐玄學論〉曰：

> 南北義疏，蓋有特色四：訓釋儒言，頗變漢代經師拘守家法之習，
>
> 一也。參以玄言，二也。受浮屠之漸染，三也。自下新義，四也。

準茲四例，可以察《正義》之得失矣。調融南北，薈粹諸家，故用王而不固於王；參以玄言，故義理架構頗與老莊相通；漸染於浮屠，故排佛而用佛；自下新義，故有學術價值可言，非姝姝守一先生說者可比。述《周易正義》之內容如次：

參、《周易正義》之體裁與內容

案：唐人義疏之學，兼出眾手，不免駁雜；名宗一家，實采諸說。〔註6〕不無附會之弊，而亦足以破門戶之習。清儒於此書，頗致譏誚，則以義疏多用魏晉以來經說，非吳、皖二派之所謂漢學也。其說以爲漢勝六朝、六朝經學又勝隋唐；以六朝南北學相較，則北學又勝於南。以北人宗漢，而南學不盡爲漢儒緒燼也。〔註7〕臧琳《經義雜記》引江艮庭曰：「唐初陸（德明）、孔，專守一家，又偏好晚近。《易》不用荀、虞而用王弼，《書》不用鄭氏而用僞

〔註6〕劉師培《國學發微》云：「《正義》之學，乃專守一家，舉一廢百之學也。」斯猶蔽於疏不駁注之說，而未察其綜稽之實者。馬宗霍正之曰：「唐人義疏之學，雖得失互見，而瑕不掩瑜。名宗一家，實采眾說。固不無附會之弊，亦足破門戶之習。今就孔疏論之，《易》宗王、韓，誠多空詮，然于馬、鄭、荀、虞諸家之古義，間亦有所援引，其取以補輔嗣之闕病者，固可以存漢學；即其祖王而以古說爲非者，亦未嘗不可辨其非而觀其是也。至所引莊氏張氏諸氏之說，雖無當於奧旨，亦足以廣護聞。」（《中國經學史》、頁98）孔疏兼采諸家之迹，例詳第三節。

〔註7〕閻若璩曰：「秦漢大儒，專精讎校，訓詁聲音。魏晉以來，頗改師法，《易》有王弼、《書》有僞孔、杜預之《春秋》、范寧之《穀梁》、《論語》何晏解、《爾雅》郭璞注、皆昧於聲音訓詁，疏於校讎者也。疏於校讎，則多訛文脫字，而失聖人之本經。昧於聲音訓詁，則不識古人語言文字，而失聖人之真意。若是則學者之大患也。隋唐以來，如劉焯劉炫陸德明孔穎達等，皆好尚後儒，不知古學，於是爲義疏、爲釋文，皆不能全用漢人章句，而經學有不明矣。」（臧琳《經義雜記》序引。方東樹以此文僞作，恐未必然）百詩此說，意甚偏宕，然乾嘉以下，吳皖二派，受此觀點影響甚鉅，段玉裁曰：「魏晉間師法尚在，南北朝間說經者雖多，而罕識要領；至唐人作《正義》，自以爲六藝所折衷，其去取甲乙，時或倒置。」即此一論點之再發展。

孔，《左氏春秋》則舍賈服而用杜預。漢學之未墜，惟《詩》、《禮》、《公羊》
而已。《穀梁》退麋氏而用范氏解猶可也。《論語》用何晏而孔、包、周、馬、
鄭之注僅存。……承斯學者，欲正經文，豈不難哉？」江藩《漢學師承記》
自序亦云：「唐太宗命諸儒萃章句爲注疏，惜乎孔沖遠之徒，妄出己見，取去
失當，《易》用輔嗣而廢康成；《書》去馬、鄭而信僞孔；《穀梁》退麋氏而進
范寧；《論語》專主平叔。棄珠玉而收瓦礫。」……若斯之儔，匪可殫錄。蓋
皆固蔽於門戶，非有眞知於古昔者也。章太炎曰：

> 漢學者，或上應古文本書，或無所引據，起於博士俗說，讖書妄作，
> 故瑕瑜參者也。（《文錄續編》卷一，〈漢學論〉上）
>
> 故漢學二字，不足爲說經正軌（〈經學略說〉）
>
> 校漢世之學，則魏晉有卓然者矣！（〈漢學論〉下）
>
> 下逮梁陳，義疏繁猥，而皆篤守故常，無叛法故。……唐初《五經
> 正義》，本諸六代，言雖繁碎，寧拙勿巧，足以觀典型。（《檢論》卷
> 四，〈案唐〉）

皆可以破其誣罔矣！夫退北用南，繫乎一時風會；時代推移，好嗜遂殊，惡
可據此詰彼，轉相譏詆？況清儒所病《正義》者，在於專守一家，此則清儒
自不能熟玩精察，窺其兼采眾說之實，於《正義》何譏焉？特經義既定，學
統斯一，馴致人不樂學，家擁定本以相高，而往古義訓之不與義疏同者，悉
棄荒滅，爲大病耳。劉申叔《國學發微》論之曰：

> 廢黜漢注，固爲唐人《正義》之大疵，然其所以貽誤後生者，則專
> 主一家之故也。夫前儒經說，各有短長。漢儒說經，豈必盡是？魏
> 晉經學，豈必盡非？即其書盡粹言，豈無千慮而一失？即其書多曲
> 說，亦豈無千慮而一得乎？西漢儒林，雖守家法；然眾家師說不同，
> 紛紜各執，學官所立，未嘗偏用一家言也。……至（孔）沖遠作疏，
> 始立「正義」之名。夫所謂「正義」者，即以所用之注爲正，而捨
> 所用之注爲邪！故定名之始，已具委棄舊疏之心。……故自有《正
> 義》而後六朝之經義失傳，且不惟六朝之說廢，即古說之存於六朝
> 舊疏者，亦隨之而竟泯！況《正義》之書，頒之天下，凡試明經，
> 悉衷《正義》。是《正義》之所折衷者，僅一家之注；而士民之所折
> 衷者，又僅一家之疏。故學術定於一尊，使說經之儒不復發揮新義，
> 眯天下之目，錮天下之聰。……欲使天下士民奉爲圭臬，非是則黜

爲異端，不可謂非學術之專制矣。故孔沖遠《五經正義》成，而後經書無異說；顏師古五經定本立，而後經籍無異文。非惟使經書無異說也；且將據俗說以易前言。非惟使經籍無異文也，且將據俗文以更古字。後之學者，欲探尋古義，考證古文，不亦難哉？……邢昺疏《爾雅》、《論語》、《孝經》，咸簡質固陋，以空言相演，至與講章無殊。不可謂非孔氏啓之也（《劉申叔先生遺書》乙類第一種）。

劉氏源本家學，仍遵劉毓崧之故步，以爲疏不破注，《易》、《書》、《詩》疏體例一揆，故未能知《正義》之實。然其所稱邢疏依昉孔書，空言相演，類似講章；則與余所謂儒玄合流，以講章爲義疏之論相通。且劉說所謂專守一家者，亦有二義：纂作之初，擇一底本以爲據；而成書以後，讀者亦唯定本是式。兩者皆出必然之勢，故亦有必致之病。學多殽亂、義遵一本，其病維均。然當太宗、高宗之世，果可無此一冊以爲程準乎？諺稱天下大勢，合久必分，分久必合。驗之於學術亦然。論孔疏者當識此義。矧劉氏所謂定學術於一尊，使諸儒不復創發新義，眯目鉗聰云云，徵諸前史，亦不盡然，唐人《易》學書如崔憬《周易探玄》、李鼎祚《周易集解》等皆與孔疏塗轍相殊，自成馨異，何嘗使經書無異說？又何嘗據俗說以易前言乎？至於孔疏直尋經旨，澡淪精神，自下新義，不拘家法，則尤宋人疑古開新之先導。若有達者，必不以斯言爲河漢也。

一、卷　數

《周易正義》，孔穎達〈序〉云十四卷，《新唐書·藝文志》云十六卷，世傳《十三經注疏》本則題爲「周易兼義」，凡九卷。《四庫全書總目提要》曰：

> 此書初名「義贊」，後詔改「正義」，然卷端又題曰「兼義」，未喻其故。序稱十四卷，《唐志》作十八卷，《書錄解題》作十三卷。此本十卷，乃與王、韓注本同，殆後人從注本合併歟！

案：《正義》書本單行，不與經、注相合。蓋經文在唐，紛紜雜亂，不如《正義》之統一。王靜安〈五代監本考〉曰：「唐石經專刊經文，監本則兼經、注。監本是非，世無定論，與開成石經略同。然寫本歧誤，究甚於刻本。封氏《見聞記》謂經籍年代浸久，傳寫不同；開元以來，省司將試舉人，皆先納所習之本。文字差謬，輒以習本爲正。義或可通，雖與官本不合，上司務於收獎，即行放過。至天寶十年頒《字樣》，始停納習本（原註：此條在卷二石經條前，馮己蒼鈔本有之，刻本所無。）知唐時寫本經傳，至不劃一。今日所傳唐寫

本，足以證之。自開成石經出，而經文始有定本；自五代監本出，而注本始有定本。雖文字不無差謬，然比之民間俗本，固有優無絀。」監本經文皆依開成石經，而舊紀稱石經：「立後數十年，名儒皆不窺，以爲無累甚矣。」經傳既多差謬，又無定準，諸儒所共誦習者，唯《正義》而已。自監本出，後始有合注、疏爲一書者；自注、疏合刊，後始有割裂原書重爲秩序者。故其卷數次第，出入極大。先儒於此聚訟紛紜，莫衷一是。

今本《周易正義》十卷，乃合上下經《周易兼義》九卷，及上經前之卷首〈周易正義八論〉一卷而言，十行本、李元陽九行本、毛氏汲古閣本皆如此。十行本《周易兼義》九卷，附王弼《略例》一卷，《釋文》一卷。九行明嘉靖李元陽刊本《周易兼義》，經文亦九卷，《釋文》與《略例》合爲一卷。汲古閣本則九卷之外，附〈周易略例序〉及《略例》。相臺岳本與涵芬樓本則以經文九卷合《略例》一卷而成十卷。亦有僅作九卷，不兼《略例》、《釋文》或〈孔序〉及〈八論〉等，如日本足利學所藏之宋板《正義》是也。《直齋書錄解題》謂《正義》十三卷，引《館閣書目》云今本正十三卷。與但山井鼎之《七經孟子考文補遺》所載宋版《周易注疏》同。據孔穎達《正義·序》云：「爲之正義，凡十有四卷，庶望上裨聖道，下益將來。」《新唐志》及《郡齋讀書志》同之。宋監本《周易正義》正爲此數，足證其作九、十、十三者，皆後人拼湊割裂之數，非其原貌。傅增湘宋監本《周易正義》識語曰：

> 殿本《易》疏，朱良裘跋謂「廣羅舊本，得《文淵閣書目》所藏《易》疏殘帙。知孔疏王《注》分卷爲十卷，合之韓注三卷而十三卷自備。固注疏合刻之始，體例未完，故爾乖違。」其說殊爲未審。至陳仲魚得八行祖本，亦十三卷，乃爲之說曰：「原本止十三卷，今云十四卷者，乃兼《略例》一卷而言。」其說尤爲差謬。蓋孔氏爲王《注》作《正義》，於《略例》邢璹注未嘗加以詮釋，何緣併爲一談？今得宋本觀之，第一爲〈八論〉，第二〈乾〉、第三〈乾〉、遞推至第十四爲〈說卦〉、〈序卦〉、〈雜卦〉。則十四卷之數，犁然具在。然後知朱陳諸氏自來懷疑未決者，可以迎刃而解。夫目不觀原書，而虛擬懸測，以求合其數，宜其言之無一當也。今考《唐書》及《郡齋讀書志》皆謂十四卷，此當是《周易》未分歧之舊觀也。

凡後人所稱九、十、十三等數，皆與王、韓注併合割裂之後所得者，傅識論之綦詳，無俟贅敘。

二、書 名

此書《十三經注疏》本，除所錄《正義·序》題爲「正義」外，上下經則改稱「兼義」。一書二名，前後參差，《四庫提要》曰：「此書初名「義贊」，後詔改「正義」，然卷端又題曰「兼義」，未喻其故。」案：《周易兼義》上乾傳第一，石經《釋文》、岳本考文引古本足利本題「《周易》上經乾傳第一」，足證其題爲「兼義」者，非本來面目。阮元《周易注疏校勘記》曰：「『兼義』乃合刻注、疏者所加，取兼併《正義》之意也。蓋其始注、疏無合一之本，南、北宋之間，以疏附於經、注者，謂之某經兼義。至其後則直謂之某經注疏，此變易之漸也。」然其他各經疏皆作「附釋音某經注疏卷第某」，何以獨《易》有兼義之名？且錢本考文所據宋本亦題爲「《周易注疏》卷第某」，則所謂兼義者，非兼《正義》之意可知。《鐵琴銅劍樓書目》云：「曰『兼義』者，阮氏謂兼義併注兼而刻之，以別於單注本；陳仲魚氏以爲他經音義附於每節注後疏前，獨《周易》總附於卷末之後，故題爲『周易兼義』而不稱附音。是說較長。」（陳氏云：「至於音義，舊皆不列本書。附刻音義，又在慶元以後，即十經三傳所謂建本有音釋注疏是也」）音義總附卷末，上下經文僅有注疏所釋之義而無音義，故稱「兼義」。至於孔氏〈八論〉，無注無音，則仍題爲「正義」焉。其書又名「要義」，胡玉縉《四庫提要補正》云：

> 《經義考》曰：「案葉氏《菉竹堂書目》有長孫無忌《周易要義》五冊，凡十八卷。無錫秦對巖前輩今有其書。大略與《正義》相同。考《正義》即係無忌刊定，非別一書也。」是篇卷一分上中下三卷，卷二至七俱分上下兩卷，惟卷八、九、十各爲卷。核之朱氏所稱十八卷，其數相符。此爲曹氏倦圃舊藏鈔本。據此，則《正義》亦曰《要義》。

三、通玄排佛

《周易正義》孔穎達〈序〉曰：

> 及秦亡金鏡，未墜斯文；漢理珠囊，重興儒雅。其傳《易》者：西都則有丁、孟、京、田；東都則有荀、劉、馬、鄭。大體更相祖述，非有絕倫。唯魏世王輔嗣之《注》，獨冠古今。所以江左諸儒，竝傳其學；河北學者，罕能及之。其江南義疏十有餘家，皆辭尚虛玄，義多浮誕。……若論住內住外之空、就能所之說，斯乃義涉於釋氏，

非爲教於孔門也。既背其本，又違於《注》。……輔嗣注之於前，諸
儒背之於後，考其義理，其可通乎？……今既奉勅刪定，考察其事，
必以仲尼爲宗；義理可詮，先以輔嗣爲本。

是則《正義》所據，於漢魏南北諸家獨宗江左；江左諸氏，又以輔嗣爲本。
以爲欲明仲尼之旨趣，宜自王《注》始，故詮義先本王《注》，遂爲清儒所訶。
然宋、明學者如二程教人，仍以王《注》爲先，是亦與孔氏同風也。《正義》
行而衆說微，《隋書・藝文志・易類》稱鄭學浸微，今殆絕矣。蓋長孫無忌等
作〈志〉之時，在《正義》既行之後也。

　　今考孔穎達序所謂輔嗣之《注》獨冠古今，而江左傳習，河北莫及云云，
前者繫乎好尚及一時風會，後者亦非碻說，何耶？《隋書・經籍志》曰：

　　　（易）梁陳鄭玄、王弼二注，列於國學。齊代唯傳鄭義。

是爲南朝不專尚王《注》之證。非惟不專用弼義，甚且廢王而傳鄭。馬宗霍
曰：「南北朝經學，據《北史・儒林傳》言，所爲章句，好尚互有不同，江左
《周易》則王輔嗣；河洛《周易》則鄭康成。此蓋就其大較言之也。一加尋
索則有不盡然者。《詩》、《禮》既同，姑不具論。《易》則宋元嘉建學之始，
鄭玄、王弼兩立。下及梁、陳，鄭、王二注，猶併列于國學。是南朝於《易》，
非專崇輔嗣也。北朝諸經，信皆漢學，然《易》則王肅《易》亦間行焉。河
南及青、齊之間，儒生又多講王輔嗣所注。」（《經學史》八）《北史・儒林傳》
所稱河南青、齊一帶，皆北朝地也。所記適與孔序相反。此間矛盾，皮錫瑞
知之，遂遁而謂曰：「南學北學，以其所學之宗主分之，非以其人之居址分也。」
（《經學歷史》七）然不以居址分，何以有南北之別？其學既分而後，或南人
而爲北學，或北人而爲南學，兩相紊秩，故多通假；溯源厥始，則固不可不
以居址分。皮氏倒植而說，亦非誠論也。劉申叔《國學發微》曰：「自晉立王
弼《易》於學官，雖南齊從陸澄之言，鄭、王並置博士，然歷時未久，黜鄭
崇王。說《易》之儒有伏曼容、朱異、孔子袪、何充、張譏、周弘正，然咸
以王《注》爲宗。」案：晉所立者爲王肅《易》；且黜鄭崇王，事在宋・顏延
之爲祭酒時，劉氏之說未碻。〔註8〕至於張譏、周弘正等，亦非咸宗王《注》
者。以張譏《周易講疏》爲例，考其佚文，多異王同鄭，陸德明傳其學焉。《釋

〔註8〕《南齊書》卷三十九〈陸澄傳〉：「陸澄與王儉書云：晉大興四年，大常荀崧
　　　請置《周易》鄭玄注博士，泰元立王肅《易》，當以肅在玄、弼之間。元嘉建
　　　學之始，玄、弼兩立。逮顏延之爲祭酒，黜鄭置王，意在貴玄。」

文》稱師說者，即譏也。洪頤煊《讀書叢錄》云：

> 故君子之道鮮矣，《釋文》：「鮮，師說云盡也」頤煊案：《詩·瓠葉》：
> 「有兔斯首」鄭箋：「斯，白也」今俗語斯白之斯作鮮，齊魯之間聲
> 近斯。《爾雅·釋詁》：「鮮，喜也」《釋文》：「本或作謺，沈云古斯
> 字」，《詩·皇矣》：「王赫斯怒」鄭箋：「斯，盡也」故師說從之。

委曲旁通，以闡鄭說，有如是者。蓋六代傳《易》，於鄭有守有畔，於王亦然。
《隋書·經籍志·易類》載：「《周易難王輔嗣義》一卷、晉揚州刺史顧夸等
撰。」《冊府元龜》卷六〇六曰：「顧悅之《難王弼易義》四十餘條。（關）康
之申王難顧，遠有情理。」駁詰不休，在南朝已然。豈能如劉申叔所云披靡
一世哉？孔〈序〉謂江南義疏十餘家，大多違《注》背本，適可見其不以王
弼爲局限之迹。

故曰江左、河北之分，未得理實；而王弼所注，亦非江南義疏家之宗本。
是則《正義·序》云：「江南義疏十有餘家，皆辭尚虛玄、義多浮誕。……若
論住內住外之空、就能就所之談，斯乃義涉於釋氏，非爲教於孔門也。」所
謂辭尚虛玄、義多浮誕者，明以其雜於浮屠者當之，非謂輔嗣之流裔也。蓋
東漢以降，談辭雲起，魏晉玄學，實與經學合流（詳第一章）。湯用彤曰：「劉
宋以後，儒學漸昌，且受朝廷之獎勵，士大夫玄談所資，亦不僅瀨鄉，兼及
洙泗。然時人所研讀之材料雖不同，然其談儒術，仍沿玄學之觀點，與王弼
注《周易》、何晏解《論語》固爲一系」（《漢魏兩晉南北朝佛教史》，頁 39）
孔穎達偏黨柱下，好尚玄言，故所持立場，近於此一系統，以輔嗣爲獨冠古
今也。至於般若談空，與二篇虛無之旨，駢行爭馳於中原，謝靈運〈辨宗論〉
所謂佛主一極，孔言能至，合之而有頓悟之說者，爲另一系。〔註9〕如梁·皇
侃所撰《論語集解義疏》，刻劃毗曇，唐突洙泗（詳黃侃〈漢唐玄學論〉）；又，
《齊書》稱劉瓛「承馬、鄭之後，一時學徒以爲師」，而時與僧人往還。如講

〔註9〕 以經學、佛學結合比論者，爲南北朝學術大勢，如杜弼嘗注《周易》、《老》、
《莊》，而帝詔答有曰：「卿棲息儒門，馳騁玄肆，既啓專家之學，且暢釋老
之言。」蓋北魏信佛，始於道武，而道武即重經學；北方佛義之興，由於孝
文，而崇倡儒化最甚者亦爲孝文。儒風極盛之區，亦即佛教義學流行之域，《續
高僧傳》曰：「僧範旋趾鄴都，可謂當時名匠。遂使崔覲注《易》，諮之取長；
宋景造歷，求而捨短。」釋僧範，地論大師也。崔覲注《易》，諮之緇流，則
大《易》奧旨，有與象教相合者矣。又，沙門明藏〈佛性論〉稱崔遷頗好佛
經，而《北史》本傳乃謂名僧曇遷曾從遷學《易》。斯則南北朝《易》學雜於
浮屠之顯例也。事詳湯用彤《漢魏兩晉南北朝佛教史》，頁 77～81、37～40。

《法華》之慧基，瓛與張融竝申之以師禮，崇其義訓；講《涅槃》、《成實》之法安，瓛與張融何胤等竝稟服文義，共爲法友。瓛有《周易講疏》、何胤有《毛詩隱義》等作。它如宋文帝以雷次宗主儒學館，而次宗即爲慧遠弟子；王儉論《易》，兼采鄭、王，而奉法瑗爲師、舉曇濟以自代。……若此類者，盛於江南（北朝亦有之），《高僧傳·肆·義解一·晉高邑竺法雅傳》云：

> 法雅，河間人，少善外學，長通佛義，衣冠仕子，咸附諮禀。時依
> 雅門徒，竝世典有功，未善佛理。雅乃與康法朗等，以經中事數，
> 擬配外書，爲生解之例，謂之格義。及毗浮、曇相等，亦辯格義，
> 以訓門徒。

方斯時也，既善外學復通佛義者多，取便講貫，佛徒時或徵引儒書以爲連類，反之亦然，故論《易經》而有語及內住外住之空者。穎達深惡之，陳蘭甫《東塾讀書記》曰：「孔沖遠等作《正義》，用王輔嗣《注》。近人詆王《注》，並詆《正義》。此未知《正義》之大有功也。江左說《易》者，不但雜以老氏之說，且雜以釋氏之說，沖遠皆掃棄之，大有廓清之功也。」不悟穎達用王，已是玄言，豈能竝老莊而去耶？南北朝儒生有此二派，穎達據此駁彼而已。至於南朝之專祖老莊虛無者，〈正義序〉不過議其「《易》理難窮，雖復玄之又玄；至於垂範作則，便是有而教有」，仍屬調和儒、道之立場，與排拒佛義者不同。前儒於此，昧於萌柢，未及鉤甄，以致襃貶無當，迭有差失，故今言之較詳。

四、宗本王《注》

孔疏詮義，先以輔嗣爲本，世所共知，《四庫提要》所謂：「顯然偏祖……雖弼所未注者，亦委曲旁引以就之」者，通檢全書，其例匪尠。如〈坤〉上六〈文言〉、〈屯〉之〈象曰〉、〈乾〉九二、〈豫卦〉辭、〈蠱卦〉辭、〈咸〉上六〈象曰〉、〈大壯〉六五、〈晉〉之〈象曰〉……諸疏，皆其選例，觀翫自見。其文例有「諸儒不顧輔嗣注旨，妄作異端，非也」、「觀文驗注，某說爲長」、「某某云某爲某字，非王本意」、「王《注》義得兩通，未知誰同其旨」、「恐某氏之言，非王氏之本意，今所不取」、「王輔嗣注云如何如何，而某氏以爲如何，其義非也」等等。其中不乏專輒之詞、窒礙之說，故四庫館臣議之曰：「於『見龍在田時舍也』，則曰：『經唯云時舍，注云必以時之通舍者，則輔嗣以「通」解「舍」，「舍」是「通」義也。』而不疏「舍」之何以訓「通」。於『天玄而地黃』，則曰：『恐莊氏之言，非王本意，今所不取。』而不言莊

說之何以未允。如斯之類，皆顯然偏祖。」今案：孔穎達〈序〉稱《易》唯
輔嗣所《注》獨冠古今，則撰作之先，已具此觀念；撰作之際，亦遂以王義
爲標準，權衡眾說。然詳考其書，所謂本之王氏者，除宗王外，尚有申王、
補王、正王諸例，宗王已如前述，說其餘者於次：

（一）申　王

　　申王，謂王所未言或言而未詳者，申敘其義。如〈說卦〉：「帝出乎震，
齊乎巽，相見乎離，致役乎坤，說言乎兌，戰乎乾，勞乎坎，成言乎艮。」
疏曰：

> 康伯於此無注，然〈益卦〉六二：「王用亨于帝，吉」，王輔嗣注云：
> 「帝者，生物之主，興益之宗，出震而齊巽者也。」王之注意，正
> 引此文，則輔嗣之意，以此帝爲天帝也。帝若出萬物，則在乎震；
> 絜齊萬物，則在乎巽。

案：蔡邕〈獨斷〉曰：「《易》曰：帝出乎震。震者木也。言宓犧氏始以木德
王天下也。」《漢記·高祖紀》亦云：「及至劉向父子，乃推五行之運，以子
承母，始自伏犧，以迄於漢，宜爲火德。其序之也，以爲《易》稱帝出乎震，
故太皥始出于震，爲木德，號曰伏犧氏。」孔穎達不用五德終始義，而王、
韓於此無注，遂不得不引〈益〉六二王《注》爲說。實則二者於古義非一律
也。蔡邕〈集明堂月令論〉曰：「《易》正月之卦曰〈益〉，其經曰：『王用亨
於帝，吉』〈孟春令〉曰：『乃擇元日，祈穀於上帝』。」王《注》所云，與此
略同，但隱去消息義耳。孔疏：「帝，天也。王用此時，以亨祭於帝，明靈降
福，故曰『王用亨於帝吉』也。」尤與伯喈所釋相合。推此意以至於〈說卦〉，
文曰申王，其實則自出新意者也。

　　〈說卦〉又曰：「神也者，妙萬物而爲言者也。」王《注》：「于此言神者，
明八卦運動、變化、推移，莫有使之然者。神則無物，妙萬物而爲言者。明
雷疾風行、火炎水潤，莫不自然相與爲變化，故能萬物既成也。」孔疏釋之，
意遂異王：

> 「神也者」至「成萬物」也。此一節別明八卦生成之用。八卦運動，
> 萬物變化，應時不失，無所不成，莫有使之然者。而求其眞宰，無
> 有遠近，了無晦迹，不知所以然而然。況之曰神也。

王氏以「神」明八卦之運動變化，而孔疏則以爲「神」指萬物之變化無失、
無所不成，其意迴殊。王云八卦之自然相與變化，而孔謂此一節明八卦生成

之用。〈齊物論〉曰:「夫吹萬不同,而使其自已也,咸其自取,怒者其誰耶?」孔疏用此意也。故曰孔固申王,然二人基本學術立場互殊,故有申而同、申而異者,匪可一例相量。

(二) 補 王

至於補王者何?《易》理多塗,輔嗣所得者隘,王意所無,《易》理應有,釋而補之,以救其闕也。如〈恒〉:「亨,無咎,利貞。」注:「恒而亨,以濟三事也。恒之爲道,亨乃『無咎』也。恒通無咎,乃利正也。」疏曰:

> 褚氏云:「三事,謂無咎、利貞、利有攸往」,莊氏云:「三事者,無咎一也,利二也,貞三也」,周氏云:「三事者,一亨也,二無咎也,三利貞也。」《注》不明數,故先儒各以意說。

又,〈渙〉之〈象〉曰,疏云:「先儒皆以此卦坎下巽上,以爲乘木水上涉川之象,故言乘木有功。王不用象,直取況喻之義,故言此以序之也。」又〈象〉曰疏云:「『風行水上,渙』者,風行水上,激動波濤,散釋之象,故曰『風行水上,渙』。」甃論象數,皆王《注》所無,言以補之也。餘如〈損〉六五,疏云:「『朋,黨也』者,馬、鄭皆案:《爾雅》云:『十朋之龜者,一曰神龜、二曰靈龜、三曰攝龜、四曰寶龜、五曰文龜、六曰筮龜、七曰山龜、八曰澤龜、九曰水龜、十曰火龜。」〈益〉之〈象〉,疏云:「《子夏傳》云:『雷以動之,風以散之,萬物皆盈。』孟僖亦與此同其意。言必須雷動于前,風散于後,然後萬物皆異。如二月啓蟄之後,風以長物;八月收聲之後,風以殘物。」等等,不可縷舉。大抵博縱自恣,非王《注》所能侷限之者。

(三) 正 王

三曰正王,王所忽略謬失者,補而諟正之,與補王略同,而義與王殊,非僅在王之基礎上稍事補苴而已。如〈乾〉:「初九:潛龍勿用」,〈文言〉:「初九曰『潛龍勿用』,何謂也?子曰『龍德而隱者』也,不易乎世。」王《注》:「不爲世俗所移易也。」孔疏則云:「『子曰龍德而隱者也』,此夫子以人事釋『潛龍』之義。」驟視之,孔義似與王同,其實不然。蓋孔云以人事釋之者,咸非卦象本誼,但取於譬況而已,故曰:「聖人以人事託之」,與卦象之義不屬同一範疇,不可比合而論。其解初九之爻象疏云:「龍者,變化之物。言天之自然之氣,起於建子之月,陰氣始盛,陽氣潛在地下,故言『初九潛龍』也。此自然之象。」王《注》未嘗論及此一層次,故與穎達殊路。異在根本,非關枝脈,而世猶未

及察也。又案：馬融曰：「物莫大於龍，故借龍以喻天之陽氣也。初九，建子之月，陽氣始動於黃泉，既未萌芽，猶是潛伏，故曰潛龍也。」孔疏本此，與王《注》之決不言陰陽及卦象者迥異。〔註10〕且《漢書·魯恭王傳》引《易》曰：「潛龍勿用，言十一月、十二月陽氣潛藏，未得用事。」與唐僧一行〈大衍曆議〉引孟喜卦氣說同。殆其遺說也。詳第四章第貳節。又，〈文言〉：「『終日乾乾』，與時偕行。」《注》：「與天時俱不息」疏曰：

> 「與時偕行」者，此以天道釋爻象也。所以九三乾乾不息，終日自戒者，同於天時，生物不息，言「與時偕行」也。偕，俱也。諸儒以爲建辰之月，萬物生長，不有止息，與天時而俱行。若以不息言之，是建寅之月，三陽用事，三當生物之初，生物不息，同於天時生物不息，故言「與時偕行」也。

據十二月消息卦，建辰當春三月，建寅當春正月，義非輔嗣所有，且用諸儒之說爲釋，孔之異王者顯然。世或不察，遽訾其曲徇《注》文、墨守專門，不知其書於王有承有變，以時異體，劃然勿紊，豈終始相維，不復轉移者哉？焦循《周易補疏·序》曰：「夏月啟書塾北窗，與一二友人看竹中紅薇白菊，因言《易》及趙賓解箕子爲荄茲，或詆其說曰：非王弼輩所能知他。余笑而不答，或曰何也？余乃取王弼《注》示之曰：弼之解箕子，正用趙賓說，孔穎達不能申明之也。眾唯唯退。門人進曰：《正義》者，奉王弼爲準繩者也，乃不能申弼如是乎？」是亦以爲孔疏之作用與價值，唯在申王而已，爲一「偶然之存在」。〔註11〕其然，豈其然乎？

五、間雜南北

馬宗霍《中國經學史》謂孔疏注宗王弼，疏則無所主，甚是。然義疏之

〔註10〕焦循《周易補疏》謂王《注》：「弼天資察慧，通儒卓出，蓋有見於說《易》者支離傅會，思去僞以得其眞，故知五氣之妄而用十二辟。」其實以十二消息卦論《易》者，爲孔穎達，非王弼也。詳第四章。

〔註11〕案：據黑格爾（Georg Friedrich Wilhelm Hegel, 1770-1831）之說，唯能具顯其本質者，方爲眞實之存在，存在始有必然性，否則即僅爲一時空中之「偶然之存在」。本質（Essence）主要指某物「是什麼」（Whatness＝Quidditas），而黑格爾此處所言之本質，則略偏於形上本質（Metaphysical Essence）。今推此說，孔疏若僅爲詮解王注而存在，則依他起性，實無自體，故亦無存在之本質可言；既無存在之本質，則其存有即爲一偶然時空因素中錯綺幻生之存有，無存在之必然性，故其自身亦無價值與意義可言。

學，在六朝實與漢儒章句注解之體同科。孔疏雜引漢魏南北朝諸儒《易》注
講疏以釋經旨，非專爲弼義解詁也。馬氏分別注與疏，既不協於《正義》不
附注文之實，又勿合於經注義疏不異之理。孔氏不守一家之迹，亦幾因此而
晦矣。簡博賢《唐代經學遺籍考》云：「孔氏雖名宗王《注》，實雜采眾說。
故疏大衍之數五十，其用四十有九一節，歷引京房、馬季長、荀爽、鄭康成、
姚信之說，而云未知孰是。且不僅以王、韓爲主，抑又雜引眾說，而無所審
擇。」（第二章第一節）案：孔疏釋大衍之數，以義有多家，各有其說，未知
孰是；而王弼之說，意與諸儒不同，唯顧歡說與王相類。凡眾說紛紜，無從
裁正者，孔疏皆依用弼義，《正義·序》所謂義理可詮，先以輔嗣爲本者是也。
非雜引眾說而無所審擇者。簡說未碻，然其謂孔疏雜錄眾說，是爲《正義》
特色。其所以調合南北、權衡上下者，不在於本王，而在於博收。凡漢魏南
北朝遺文佚說之見諸《正義》者，凡二十六家，一六七條：〔註12〕

《子夏易傳》	十 條
薛虞《周易記》	一 條
孟喜《周易章句》	二 條
京房《周易章句》	一 條
馬融《周易注》	十五條
鄭玄《周易注》	廿七條
荀爽《周易注》	二 條
劉表《周易章句》	二 條
虞翻《周易注》	二 條
陸績《周易注》	四 條
姚信《周易注》	五 條
王肅《周易注》	十二條
何晏《周易解》	一 條
董遇《周易章句》	二 條
向秀《周易義》	一 條
王廙《周易注》	三 條
孫盛〈易象妙於見形論〉	一 條
劉瓛《周易義疏》	二 條

〔註12〕詳見王忠林《周易正義引書考》（《師大國文研究所集刊》第三號）

顧歡、王弼《易二繫注》　　　　　　一　條

褚仲都《周易講疏》　　　　　　　　十九條

周弘正《周易講疏》　　　　　　　　十四條

張譏《周易講疏》　　　　　　　　　六　條

何妥《周易講疏》　　　　　　　　　九　條

崔覲《周易注》　　　　　　　　　　一　條

盧氏（疑即盧景裕）《周易注》　　　一　條

莊氏《周易注》　　　　　　　　　　廿三條

凡茲采擇，或以證成其義，或以訓說其字，或補正王《注》之未審，或訓詁文義之未晰。旁沛百家，廣徵南北，亦淵淵可觀也已。〔註13〕各舉一例以覘其概。

（一）引文說經

〈屯〉六二：「屯如邅如，乘馬班如。」疏引《子夏傳》云：「班如者，謂相牽不進也。」又引馬融云：「『班，班旋不進也。』言二欲乘馬往適於五，正道未通，故班旋而不進也。」經意不明，雜引諸說以釋之，二欲乘馬往適於五，義關爻象，非僅訓詁而已，此引文說經之例也。

（二）補正王《注》

孔疏於王《注》有補有正，已如前述，凡補正者多引他家之義。如〈益·象〉曰：「風雷，益。君子以見善則遷，有過則改。」《注》曰：「遷善改過，益莫大焉。」《正義》曰：「六子之中，並有益物，猶取雷風者，何晏云：『取其最長可久之義也』。」王《注》隨文順釋而已，未及闡發風雷何以能有益義，孔疏引何晏說以補之。又，〈咸〉九五：「咸其脢」王《注》：「『脢』者，心之上、口之下。」疏曰：「『心之上、口之下』者，《子夏易傳》曰：『在脊曰脢』，馬融曰：『脢，背也』，鄭玄云：『脢，脊肉也』，王肅云：『脢在背而

〔註13〕孔疏雖以南學爲主，然其精神則自諸儒論難之傳統而來，故實不可能拘限地域，錮於師法。不特《周易正義》有兼擷南北之迹，佗疏亦然。《左傳春秋》序疏曰：「案：晉宋古本及今定本並云〈春秋左氏傳序〉，今依用之。南人多云此本釋例序，後人移之於此，且有題曰〈春秋釋例序〉，置之釋例之端。今所不用。晉大尉劉寔與杜同時人也；宋大學博士賀道養去杜亦近，俱爲此序作注，題並不言釋例序，明非釋例序也。」所謂晉宋古本及今定本，即顏師古所定之本。孔疏據事言理，未嘗獨據南學之精神，於此可案。雜引南北朝諸家學說，猶其餘事也。

夾脊』，《說文》云：『胂，背肉也』，雖諸說不同，大體皆在心上。輔嗣以四爲心神，上爲輔頰，五在上四之間，故直云『心之上口之下也』。」王《注》所云，莫知所指，即如穎達所釋，王義亦與諸儒不同，故孔疏雜引諸說以補之也。

（三）證成義理

　　所謂證成義理者，或全王意，或張己說，而皆申駁互用。前者如〈乾〉九二：「見龍在田，利見大人。」疏曰：「龍見在田之時，猶似聖人久潛稍出，雖非君位而有君德，故天下眾庶利見九二之『大人』。故先儒云：若夫子教於洙泗，利益天下，有人君之德，故稱『大人』。案〈文言〉云：『九二德博而化』，又云：『君德也』，王輔嗣注云：『雖非君位，君之德也』，是九二有人君之德，所以稱『大人』也。輔嗣又云：『利見大人，唯二五焉』，是二之與五，俱是『大人』，爲天下所『利見』也。而褚氏、張氏同鄭康成之說，皆以爲九二利見九五之大人，其義非也。且『大人』之文，不專在九五與九二，故〈訟卦〉云：『利見大人』。又〈蹇卦〉：『利見大人』。此『大人』之文，施處廣矣。故輔嗣注謂九二也，是『大人』非專九五。」稽尋本經，籀繹王意，而雜引諸家以供詮識，或黜或否，一以《周易》全書理義爲斷，竝證解王《注》注意。焦理堂謂發揮王《注》最精者爲穎達《正義》，雖屬不知疏不承注之詖談，然依孔疏考之，頗有王《注》晦悶其辭，而孔疏委曲疏通，以致首尾粲然者。夫王《注》固精，苟無穎達爲之表章說明，終將減價。且孔疏雜引諸說，或與王《注》參合互證，或據經傳以察王《注》所以勝於他家之故，而王《注》之眞精神與眞價值愈顯。故曰孔穎達《正義》，匪獨爲王《注》之功臣，亦《易》學之津梁也。

　　至於申張己說，以詮經旨者，則如〈蠱〉之〈彖〉曰：「蠱，剛上而柔下，巽而止。蠱。」疏曰：「褚氏云：『蠱者惑也。物既惑亂，終致損壞，當須有事也。有爲治理也，故〈序卦〉曰：『蠱者，事也』謂物蠱必有事，非謂訓蠱爲事。』義當然也。」蓋引他文以爲己意，與取供擷注，恃爲重言者異。〈乾〉上九亢龍有悔，疏云：「以人事言之，似聖人有龍德，上居天位，久而亢極，物極則反，故『有悔』也。純陽雖極，未至大凶，但有悔吝而已。〈繫辭〉云：『悔吝者，言乎其小疵也』，故鄭引堯之末年，四凶在朝，是以有悔，未大凶也。」

（四）訓詁文義

夫文字有繁簡之殊，聲韻常乖離而異，歷年彌禩，歧誤滋多，訓釋經籍，宜明其文字。而字或異訓，文或異施，解詁者未詳本怡，故多踳謬。自非論辨疏釋，無以知其朔義矣。孔氏《正義》猶有漢儒詁經法度，尋覈字義，極究音讀。前者如〈震〉：「不喪匕鬯」《注》曰：「匕，所以載鼎食；鬯，香酒，所以奉宗廟之盛也。」疏曰：

> 「匕，所以載鼎食；鬯，香酒」者，陸績云：「匕者，棘匕，橈鼎之器。」，先儒皆云：匕形似畢，但不兩歧耳。以棘木爲之，長三尺，刊柄與末。《詩》云：「有捄棘匕」是也。用棘者，取其赤心之義。祭祀之禮，先烹牢於鑊，既納諸鼎而加冪焉。將薦，乃擧冪，而以匕出之，升于俎上，故曰「匕所以載鼎食」也。鬯者，鄭玄之義，則爲秬黍之酒，其氣調暢，故謂之鬯。《詩傳》則云鬯是香草。案：王度《記》云：「天子鬯，諸侯薰，大夫蘭」。以例而言之，則鬯是草明矣。今特言「匕鬯」者，鄭玄云：「人君於祭祀之禮，尚牲薦鬯而已，其餘不足觀也。」

案：孔疏於此訓《釋文》義，整贍詳明；且力駁王《注》以鬯爲酒之論，尤足以破千古疏不駁注之謬說。其意又見《書·洛誥》，疏云：「〈釋草〉云：秬、黑黍。〈釋器〉云：卣，中尊也。以黑黍爲酒，賣鬱金之草，築而和之；使芬香調暢，謂之秬鬯。鬯酒二器明潔致敬，告文王、武王以美享。」又曰：「王入廟之大室。行裸鬯之禮。……裸獻鬯酒以告神也。裸者灌也。王以圭瓚酌鬱鬯之酒之獻尸，尸受祭而灌於地。」又，〈文侯之命〉疏曰：「李巡曰：黑黍一名秬。《周禮》鬱人掌和鬱，鬯以實彝而陳之。鄭云：鬱，鬱金香草也，築鬱金賣之以和鬯酒。鄭眾云：鬱爲草，若蘭。又有鬯人掌供秬鬯，鄭玄云：鬯，釀秬爲酒，芬香調暢於上下也。如彼鄭說，釀黑黍之米爲酒，築鬱金之草賣以和之。此傳言釀以鬯草，似用鬯草合釀，不同者，終是以鬯和黍米之酒或先或後言之耳。」考證字義，殆與《易》疏一揆。

孔疏亦有考辨音讀者，如〈井·象〉曰：「巽乎水而上水，井。」《注》云：「音擧上之上」，疏曰：「嫌讀爲去聲，故音之也。」又，〈解卦〉：「解，利西南」，疏：「解有兩音，一音古買反，一音胡買反。」又，〈乾·象〉曰：「『飛龍在天』，大人造也。」疏曰：「人事言之，『飛龍在天』，猶聖人之在王位。造，爲也。唯大人能爲之而成就也，姚信、陸績之屬，皆以「造」爲造

至之「造」。今案：〈象〉辭皆上下爲韻，則姚信之義，其讀非也。」此所謂考析音讀。其所云〈象〉辭皆上下爲韻云者，發明義例也，詳後。

（五）存錄異說

《易》之爲書，廣大悉備，故諸家各以意爲說，論釋繁而眞意晦，考辨滋多，義理難齊。既不能謬執謏言，奉爲圭臬；則必須旁搜博采，以觀會通。符寧闕之義，達多聞之實。如〈繫上〉：「辯吉凶者存乎辭」，疏曰：「（注）云『故下歷言五者之差』者，謂於吉凶下歷次言五者之差別數。五者，謂吉一、凶二、悔三、吝四、無咎五。『然諸儒以爲五者，皆數列貴賤者存乎位』，是其一也。『齊小大者存乎卦』，是其二也。『辯吉凶者存乎辭』，是其三也。『憂悔吝者存乎介』，是其四也。『震無咎者存乎悔』，是其五也。於《經》數之爲便，但於《注》理則乖；今並存焉，任後賢所擇。」此一類也。〈繫上〉疏釋大衍之數五十所謂「五十之數，義有多家，各有其說，未知孰是」者，爲又一類。穎達不能自我判斷之狀況中始能發生者，〈繫上〉又云：「河出圖，洛出書，聖人則之。」疏曰：「如鄭康成之義，則《春秋緯》云：『河以通乾，出天苞；洛以流坤，吐地符。河龍圖發，洛龜書感，《河圖》有九篇，《洛書》有六篇。』孔安國以爲《河圖》則八卦是也，《洛書》則九疇是也。輔嗣之義，未知何從？」案：《書·洪範》，疏云：「《漢書·五行志》，劉歆以爲伏犧繫天而王，河出圖，則而畫之，八卦是也。禹治洪水錫洛書，法而陳之，〈洪範〉是也。先達共爲此說。龜負洛書，經無其事，中侯及諸緯多說黃帝、堯、舜、禹、湯、文、武受圖書之事，皆云龍負圖、龜負書。緯侯之書，不知誰作；通人討覈，謂僞起哀平。雖復前漢之末，始有此書；以前學者，必相傳此說。故孔以九類是神龜負文而出，則於背有數，從一而至於九。」穎達於緯書或信或否，而於《河圖》、《洛書》則據《僞孔傳》說以爲即八卦、九疇，以弭《注》無說，故錄以存疑也。夫《易》合萬象，所託多塗（見〈乾〉初九疏），爲之義疏者，但取於釋義詳晰而已，奚必以專家之學爲貴乎？

凡茲引錄，不拘一式，有引某人某書者，有引人名而不稱書名者。所引人名又有本名、字號、某氏之別。所稱先儒、諸儒而無專指者尤多，不可殫錄。其中但舉姓氏者，除褚氏、周氏、張氏、何氏爲可考外，如莊氏、盧氏等，俱不知其爲誰。史佚書闕，無從質定矣。

六、發明義例

　　撢研文例者，舉眾理、推條例，比類合誼，以見指撝。良以經籍中創義出辭，咸有統緒。研覈者若能求義例以明倫類，則綱紘既舉，條理易得，凡在注疏之家，尤多措義於茲，孔疏所得，比於他家爲獨多。或明文例、或詳卦例，分述如次，舉例以明之。〔註14〕

（一）文　例

　　凡言文例者，包詞語、音讀而言，後者如「〈乾〉之〈象〉曰」，疏論〈象〉辭上下爲韻者是已。至於詞語例者，或發明一字之例、或籀釋一辭之例，如〈乾〉上九：「亢龍有悔」，疏云：「凡悔之爲文，既是小疵，不單稱悔也，必以餘字配之。其悔若在，則言『有悔』，謂當有此悔，則此經是也。……其悔雖亡，或是更取他文結之，若〈復卦〉初九：『不遠復，無祗悔』之類是也。」又〈乾・象〉：「天行健，君子以自強不息」，疏云：「言『君子』者，言君臨上位，子愛下民，通天子諸侯，兼公卿大夫有地者。凡言『君子』，義皆然也。……若卦體之義，唯施於天子，不兼包在下者，則言『先王』也。若〈比卦〉稱『先王以建萬國』；〈豫卦〉稱『先王以作樂崇德』；〈觀卦〉稱『先王以省方觀民設教』；〈噬嗑〉稱『先王以明罰勑法』；〈渙卦〉稱『先王以亨于帝立廟』；〈泰卦〉稱『后以財成天地之道』；〈姤卦〉稱『后以施命誥四方』。稱『后』兼諸侯也，自外卦竝稱『君子』。」

　　〈繫上〉：「是故吉凶者，失得之象也」，疏云：「《易》之諸卦及爻不言吉凶者，義有數等：或吉凶據文可知，不須明言吉凶者，若〈乾〉『元亨利貞』，及『九五，飛龍在天，利見大人』之屬，尋文考義，是吉可知，故不須云吉也。若其〈剝〉：『不利有攸往』；〈離〉之九四：『突如其來如、焚如、死如、棄如』之屬，據其文辭，其凶可見，故不言凶也。亦有爻處吉凶之際，吉凶未定，行善則吉，行惡則凶，是吉凶未定，亦不言吉凶。如……。又，諸稱無咎者，若不有善應則有咎，若有善應則無咎，此亦不定言吉凶也……。」又：「案上文繫辭而明吉凶，次文別序云：『吉凶者，失得之象』，『悔吝者，憂慮之象』，是吉凶之外，別生悔吝；是悔吝亦吉凶之類。大略總言吉凶，若細別之，吉凶之外，別有悔吝也。」若斯之屬，隨處可見。區別文理，詮解義趣，所得實不下於王弼《略例》。

〔註14〕此節引例較詳，然亦不能盡。蓋其性質與價值，不啻另一部《周易略例》，其義理基礎亦多在是。

（二）卦爻例

1. 說〈彖〉

　　《易》者象也，辨小大者存乎卦，言乎變者存諸爻，列貴賤者存於位。〈繫上〉曰：「君子居則觀其象而玩其辭；動則觀其變而玩其占。」所有象辭變占，一皆以卦爻爲其本基。卦有誼而爻有例，孔疏所論者甚多。然疏曰：「夫子所作〈彖辭〉，統論一卦之義，或說其卦之德，或說其卦之名。」〈彖〉所以釋卦，故孔疏於論卦爻義類前，務先創通〈彖〉辭之倫例。

　　〈乾·彖〉曰，疏云：「夫子爲〈彖〉之體，斷明一卦之義，體例不同。莊氏以爲凡有十二體，今略舉大綱，不可事事繁說。莊氏云：『〈彖〉者，發首則嘆美卦』者，則此〈乾·彖〉云：『大哉乾元』；〈坤卦·彖〉云：『至哉坤元』。以〈乾〉、〈坤〉德大，故先嘆美之；乃後詳說其義。或有先疊文解義而後嘆者，則〈豫卦·彖〉云：『豫之時義大矣哉』之類是矣。或有先釋卦名之義，後以卦名結之者，則〈同人·彖〉云：『柔得位得中而應乎乾，曰同人』；〈大有·彖〉云：『柔得尊位大中而上下應之曰有』之例是也。或有特疊卦名而稱其卦者，則〈同人·彖〉云：『同人曰：同人於野，亨』。……此等之屬，爲文不同，唯〈同人〉之〈彖〉特稱『同人曰』，注又別釋，其餘諸卦之〈彖〉，或詳或略，或先或後，故上下參差，體例不同，或難具解，或易略解。若一一比並，曲生節例，非聖人之本趣。恐學者之徒勞，心不曉也。今皆略而不言，必有其義，於卦下而具說。」夫此所謂說〈彖〉，明〈彖〉辭之理類也。

　　至於〈彖〉辭之作用（目的性），則〈乾·彖〉又云：「夫子所作〈彖〉辭，統論一卦之義，或說其卦之德，或說其卦之義，或說其卦之名。故《略例》云：『彖者何也？統論一卦之體，明其所由之主。』」凡此可見穎達說〈彖〉，不遜輔嗣；雖采舊言，義則更新，另詳下章。

2. 論卦爻

　　易者象也，爻者，效天下之動者也。王弼《周易略例》於明象之後，繼之以明爻、明卦、明象。孔疏雖無細目，其義實與王弼不異。

　　說〈彖〉而後，必論爻卦；據象而言之，則卦爻異義也。〈繫下〉疏：「因此八卦之象，而更重之，萬物之爻，在其所重之中矣。然象亦有爻，爻亦有象。所以象獨在卦，爻獨在重者，卦則爻少而象多，重則爻多而象少。故在卦舉象，在重論爻也。」又：「『爻卦之義，所存各異』者，謂爻之所存，存乎已變之義，『因而重之，爻在其中』是也。卦之所存，存於未變之義，『八

卦成列，象在其中』是也。」

不惟此也，卦總上下體二象，爻則止明一爻之事，義亦不同。〈小畜〉卦辭〈象〉曰，疏：「卦總二象，明上體不能閉固下體，所以密雲不能爲雨。爻則止明一爻之事，上九能固九三，所以上九而有雨也。所以卦與爻其義異也。諸卦多然。若〈比卦〉云『比吉』；上六則云『比之無首，凶』也。〈復卦〉云『復亨』；上六云『迷復，凶』也。此皆卦之與爻義相違反。」此其一也。

〈訟〉九五疏：「一卦兩主者，凡諸卦之內，如此者多矣。五是其卦尊位之主，餘爻是其卦爲義之主。猶若〈復卦〉初九是〈復卦〉之主，『復』義在于初九也。六五亦居〈復〉之尊位，爲〈復卦〉尊位之主。如此之例，非一卦也。所以然者，五居尊位，猶若天子總統萬機，與萬物爲主，故諸卦皆五居尊位。諸爻則偏主一事，猶若六卿，春官主禮，秋官主刑之類，偏主一事，則其餘諸爻各主一事也，即六卿總歸于天子，諸卦之爻，皆以九五爲尊位也。……今此〈訟卦〉二既爲主，五又爲主，皆有斷獄之德，其五與二爻，其義同然也。故俱以爲主也。」一卦兩主，而卦爻異義之說，仍與前例相同，此其二也。

〈需・象〉辭疏：「凡卦之爲體，或直取象而爲卦德者，或直取爻而爲卦德者，或以兼象兼爻而爲卦德者。」又上六象疏：「六爻皆假他物之象以明人事，不可皆以人事曲細比之。易之諸爻之例並皆倣此。」論卦爻取象之例如此，固通全書而然者。此其三也。

其書論卦，有卦體、卦德之說，與輔嗣不同，詳下章。然〈乾・文言〉疏：「陰陽合會，二象相成，皆能有德，非獨〈乾〉之一卦。是以諸卦之中，亦有四德；但餘卦四德有劣於〈乾〉。故〈乾卦〉直云四德，更無所言，欲見〈乾〉之四德無所不包。其餘卦四德之下，則更有餘事，以四德狹劣，故以餘事繫之，即〈坤卦〉之類是也。亦有四德之上，即論餘事，若〈革卦〉云『巳日乃孚，元亨利貞，悔亡』也。由『乃孚』之後，有『元亨利貞』，乃得『悔亡』也。有四德者，即〈乾〉、〈坤〉、〈屯〉、〈臨〉、〈隨〉、〈無妄〉、〈革〉七卦是也。亦有其卦非善而有四德者，以其卦凶，故有四德乃可也。故〈隨卦〉有『元亨利貞，乃得無咎』是也。四德具者，其卦未必善也。亦有三德者，即〈離〉、〈咸〉、〈萃〉、〈兌〉、〈渙〉、〈小過〉凡六卦，就三德之中，爲文不一，或總稱三德於上，更別陳餘事於下，若〈離〉、〈咸〉之屬是也。就三德之中，上下不一，離則云『利貞亨』，由利貞乃得亨也。亦有先云『亨』，

更陳餘事，乃始云『利貞』者，以有餘事，乃得利貞故也。有二德者：〈大有〉、〈蠱〉、〈漸〉、〈大畜〉、〈升〉、〈困〉、〈中孚〉凡七卦。此二德或在事上言之；或在事後言之，由後有事，乃致此二德故也。亦有一德者：若〈蒙〉、〈師〉、〈小畜〉、〈履〉、〈泰〉、〈謙〉、〈噬嗑〉、〈賁〉、〈復〉、〈大過〉、〈震〉、〈豐〉、〈節〉、〈既濟〉、〈未濟〉，凡十五卦，皆一德也，並是『亨』也。或多在事上言之，或在事後言。……以前所論德者，皆於經文挺然特明德者乃言之也。其有因事相連而言德者，則不數之也。若〈需卦〉云：『需，有孚，光亨貞吉』，雖有亨、貞二德，連事起文，故不數也。……其所以然者，但《易》含萬象，事義非一，隨時曲變，不可為典要故也。……亦有卦善而德少者，若〈泰〉與〈謙〉、〈復〉之類。……亦有全無德者，若〈豫〉、〈觀〉、〈剝〉、〈晉〉、〈蹇〉、〈解〉、〈夬〉、〈姤〉、〈井〉、〈艮〉、〈歸妹〉，凡十一卦。大略唯有凶卦無德者，若〈剝〉、〈蹇〉、〈夬〉、〈姤〉之屬是也；亦有卦善而無德者，〈晉〉、〈解〉之屬是也。各於卦下詳之。凡四德者，亨之與貞，其德特行；若元之與利，則配連他事，……此四德非唯卦下言之，亦於爻下言之，但爻下其事稍少。」斯所謂德者，與《管子‧心術上》：「化育萬物謂之德」，《韓非‧揚榷》：「德者覈理而普至」，《大戴記‧主言》：「道者所以明德也；德者所以尊道也」等等不同。凡此諸家之言道與德者，皆用老聃義；自道之別於德而論，道為天地萬物之共同本始也；德則就道之關聯於分別之人物而言，即人物個體之所得於道者謂之德也。孔疏於此之所謂「德」實無與於此形上玄理，其義略同於俗稱之道德（Morality）或「道德之善」（Bounm morale）。其所謂或卦善而德少，或無德而卦凶云云，則道德之善不善與吉凶無必然因果關係（Causality）之說也。道德之善否，為價值觀念世界事；實然行事之吉凶，為非理想界域之疇範，《列子‧力命篇》曰：「彭祖之智不出堯、舜之上而壽八百；顏淵之才不出眾人之下而壽十八。仲尼之德不出諸侯之下而困於陳蔡，殷紂之行不出三仁之上而居君位。」亦即此義。孔疏以為君子當以成就道德為行，然得失毀譽隱現則應時而動，無庸措懷，故特揭此義，以告讀者。合實然與應然於一冶，蓋非輔嗣舊蹊矣。此其四也。

〈乾卦〉辭疏曰：「聖人名卦，體例不同，或以物象而為卦名者，若〈否〉、〈泰〉、〈剝〉、〈頤〉、〈鼎〉之屬是也。或以象之所用而為卦名者，即〈乾〉、〈坤〉之屬是也。……雖取物象，乃以人事而為卦名者，即〈家人〉、〈歸妹〉、〈謙〉、〈履〉之屬是也。所以如此不同者，但物有萬象，人有萬事，

若執一事，不可包萬物之象，若限局一象，不可總萬有之事，故名有隱顯，辭有蹖駁，不可一例求之，不可一類取之。」此論立卦取象之理，宜與次章觀《易》論象合參，此其五也。

3. 明卦象

孔疏論象有實象、假象之分，說詳下章。然孔疏覈論卦德，而卦又常借象明德（〈坤卦〉辭疏：「借柔順之象以明柔順之德」），故說卦名、卦德與卦爻異義之後，宜論卦與象以全其義。〈乾‧象〉疏：「凡六十四卦，說象不同，或總舉象之所由，不論象之實體，又總包六爻，不顯上體下體，則〈乾〉、〈坤〉二卦是也。或直舉上下兩體者：若『雲雷，屯』也、『天地交，泰』也、『天地不交，否』也、『雷電，噬嗑』也、『雷風，恒』也、『雷雨作，解』也、『風雷，益』也、『雷電皆至，豐』也、『洊雷，震』也、『隨風，巽』也、『習坎，坎』也、『明兩作，離』也、『兼山，艮』也、『麗澤，兌』也，凡此一十四卦，皆總舉兩體而結義也。取兩體俱成。或有直舉兩體上下相對者：『天與水違行，訟』也、『上天下澤，履』也、『天與火，同人』也、『上火下澤，睽』也。凡此四卦，或取兩體相違‧或取兩體相合，或取兩體上下相承而爲卦也，故兩體相對而俱言也。雖上下二體共成一卦，或直指上體而爲文者：若『雲上於天，需』也、『風行天上，小畜』也、『火在天上，大有』也、『雷出地奮，豫』也、『風行地上，觀』也、『山附於地，剝』也、『澤滅木，大過』也、『雷在天上，大壯』也、『明出地上，晉』也、『風自火出，家人』也、『澤上於天，夬』也、『澤上於地，萃』也、『風行水上，渙』也、『水在火上，既濟』也、『火在水上，未濟』也，凡此十五卦，皆先舉上象而連於下，亦意取上象以立卦名也。亦有雖意在上象，而先舉下象，以出上象者：『地上有水，比』也、『澤上有地，臨』也、『山上有澤，咸』也、『山上有火，旅』也、『木上有水，井』也、『木上有火，鼎』也、『山上有木，漸』也、『澤上有雷，歸妹』也、『山上有水，蹇』也、『澤上有水，節』也、『澤上有風，中孚』也、『山上有雷，小過』也。凡此十二卦，皆先舉下象，以出上象，亦意取上象，共下象而成卦也。或先舉上象而出下象，義取下象以成卦義者：『山下出泉，蒙』也、『地中有水，師』也、『山下有風，蠱』也、『山下有火，賁』也、『天下雷行，無妄』也、『山下有雷，頤』也、『天下有山，遯』也、『山下有澤，損』也、『天下有風，姤』也、『地中有山，謙』也、『澤中有雷，隨』也、『地中生木，升』也、『澤中有火，革』也。凡此

十三卦，皆先舉上體，後明下體也。其上體是天，天與山則稱『下』也；若上體是地，地與澤則稱『中』也。或有雖先舉下象，稱在上象之下者，若『雷在地中，復』也、『天在山中，大畜』也、『明入地中，明夷』也、『澤無水，困』也。是先舉下象而稱在上象之下，亦義取下象以立卦也。所論之例，皆大判而言之，其間委曲，各於卦下別更詳之。」〈坤〉初六疏嘗云：「凡《易》象也，以物象而明人事。」此其基本原理，至於各卦說象之異，則隨文稱施，誼例各別，孔疏言之詳矣。斯所謂說〈象〉。

〈豫‧象〉辭疏：「凡言不盡意者，不可煩文其說，且嘆之以示情，使後生思其餘蘊，得意而忘言也。然嘆卦有三體：一直嘆時，如『大過之時大矣哉』之例是也。二嘆時并用，如『險之時用大矣哉』之例是也。三嘆時并義，『豫之時義大矣哉』之例是也。夫立卦之體，各象其時。時有屯夷，事非一揆，故爻來適時，有凶有吉。人之生世，亦復如斯。或逢治世，或遇亂時，出處存身，此道豈小？故曰『大矣哉』也。然時運雖多，大體不出四種者：一者治時，頤養之世是也；二者亂時，大過之世是也；三者離散之時，解緩之世是也；四者改易之時，革變之世是也。故舉此四卦之時爲嘆，餘皆可知。言『用』者，謂適時之用也，雖知居時之難，此事不小，而未知以何而用之耳。故〈坎〉、〈睽〉、〈蹇〉之時，宜用君子，小人勿用：用險取濟，不可爲常。斟酌得宜，是用時之大略。舉險難等三卦，餘從可知矣。又言『義』者，〈姤卦〉注云：『凡言義者，不盡於所見，中有意謂』者也。是其時皆有義也，略明佚樂之世，相隨相遇之日，隱遯羈旅之時，凡五卦，其義不小，則餘卦亦可知也。……凡于〈象〉之末嘆云『大哉』者凡十二卦，若〈豫〉、〈旅〉、〈遯〉、〈姤〉凡四卦，皆云『時義』。」斯所謂嘆卦。立卦之體，各象其時，云義用與否，皆就時上發揮之，故十二卦中，稱時義者四，言時不言義用者亦四。

4. 辨中爻

〈繫辭下傳〉：「若夫雜物撰德，辯是與非，則非其中爻不備。」疏曰：「謂一卦之內而有六爻，各主其物，各數其德，欲辨定此六爻之是非，則總歸於中爻，言中爻統攝一卦之義多也。若非中爻，則各守一爻，不能盡統卦義；以中爻居一無偏，故能統卦義也。猶〈乾〉之九二『見龍在田，利見大人』，九五『飛龍在天，利見大人』，是總攝〈乾卦〉之義也。乾是陽長，是行利見大人之時，二之與五，統攝乾德。……卦爻雖眾，意義必在其中爻，要定此卦存之與亡、吉之與凶，但觀其中爻，則居然可知矣。……唯舉中爻，是約

是簡，存備六爻之義，是存博兼眾也。……一卦六爻，雜聚諸物，撰數諸德，而用一道以貫穿之，一謂中爻也。以其居中，於上於下，無有偏貳，故稱一也。」辨中爻之義者，或具於〈象〉，如〈蒙卦〉云：「蒙，亨。初噬告。」疏云：「能爲初筮，其唯二乎！」良以〈象〉辭已云：「初筮告，以剛中也」，剛而得中，故知是二。如此之例不一，要在善察明辨而已。

凡茲數類，大則總一部之指歸，小則明六爻之得失，錯綜文理，發明義例，雖無略例之名，實亦一略例也。以余考之，佛入震旦，始有科分品目之學，因明邏輯，運用日繁，論文者轉趨嚴飭，釋義者多別科目，分析密而精義出，未始非僧徒悉檀之功也。如佛家有義章之製，專撮諸經名相事數，分門別釋，如曇徽《六識指歸》、道安《三十二相解》之類，與孔疏集合卦爻，總述其例，一例之中，又別數等者，義固相邇，通稽前後，流衍可知矣。

七、考辨意旨

義疏之作，出於講論與辨難，詳第二章。一破一立，宗旨乃見。孔氏《周易正義》一書，既云「考案其事，必以仲尼爲宗；義理可詮，先以輔嗣爲本」，則考辨意旨，必有申駁。略考其例，殆有三類，一曰引書證義：

《正義》引書，作用不同，本章第四節第五段，論之亦詳。凡所徵引，除諸家《易》注外，引經二十八條，臚次於後：

《尚書》	三條（孔傳三條）
《詩經》	四條（毛傳一條、陸璣疏一條）
《周禮》	四條（鄭注二條、杜注一條）
《小戴禮》	三條（鄭注一條、王度記一條）
《大戴禮》	一條
《左傳》	九條（杜注二條）
《公羊傳》	一條
《論語》	三條（鄭注一條）

其中《大戴記》子張問入官篇引孔子語，穎達誤爲老子。又，穎達雜用緯書，以爲其中頗有出仲尼傳授者，《正義》所引緯書凡《乾鑿度》八條、《稽覽圖》一條、《通卦驗》一條，及不詳名類易緯二條，皆平實無譁者。又《禮緯含文嘉》及《稽命徵》各一條，春秋、孝經緯亦各一條，皆不名。此所謂徵引緯書。捨此而外，別有引小學書及史書、子書者如下：

1. 《正義》引小學書

《爾雅》	五條
《小爾雅》	一條
《說文解字》	三條
《字林》	一條
《勸學篇》	一條

2. 《正義》引史書

《史記》	一條
《漢書》	二條
《帝王世紀》	四條
《世譜》	一條

3. 《正義》引子書

《老子》	七條〔註15〕
《莊子》	三條
《列子》	一條
《孔子家語》	一條
《本草》	一條

凡此諸家遺文，具於原書，不能殫錄。然有一事宜論者：《四庫提要》嘗分古來《易》學爲兩派六宗，以爲宋之李光、楊萬里，始開參證史事一系。楊氏《誠齋易傳》二十卷，多本伊川而引史傳事參證之。今考〈明夷·象傳〉云「文王以之」、「箕子以之」，則是晚周即有此法，以史證義，鄭玄、干寶皆用其例，孫星衍《集解》引《後漢書》注錄鄭康成曰：「（用九見群龍無首）爻皆體乾，群龍之象，舜既受禪，禹與稷契咎繇之屬並在朝。」又孔疏〈乾〉上九亢龍有悔曰：「故鄭（康成）引堯之末年四凶在朝，是以有悔，未大凶也。」若此之類甚夥，孔疏不特引史籍以證義，亦有引史事以說義者，如〈乾〉九四疏：「若宋襄公與楚人戰而致敗亡是也。」九二疏：「若夫子教於洙泗，利益天下，有人君之德，故稱大人」等等，皆承此一傳統而來者。至於辨章前儒與自加裁斷二事，徵例不同，其法則與間雜南北、宗本王《注》二條無異，今特略之，勿使泛濫。

〔註15〕孔疏引老莊文義甚多，他經疏文凡引《易》處，多舉老莊以供參驗，甚可以見其宗旨。

八、流傳版本

《周易正義》既爲官修之書，流傳亦久，刊行校訂者多，今茲述其可得考見者於次：

《周易兼義》九卷附《略例》一卷《釋文》一卷

　　宋建刊元明補修十行本

《周易兼義》九卷附《略例》、《釋文》

　　明嘉靖李元陽刊本

《周易兼義》九卷（魏王弼、晉韓康伯注、孔穎達正義）

　　汲古閣《十三經注疏》本

《周易兼義》九卷附《略例》一卷《音義》一卷

　　十三經注疏（福建本）

　　十三經注疏（北監本）

《周易注疏》十三卷《略例》一卷附考證

　　《十三經注疏》武英殿本

《周易正義》十卷

　　《四庫全書》經部易類

《周易注疏》十三卷《略例》一卷

　　《摛藻堂四庫薈要》經部

《周易兼義》九卷附《音義》一卷《注疏校勘記》九卷《釋文校勘記》一卷（魏王弼、晉韓康伯注、唐孔穎達正義、唐陸德明音義、清阮元校勘記）

　　重刊宋本《十三經注疏》（南昌府學本　廣東書局本　江西書局本脈望仙館石印本　寶慶務書局石印本　點石齋石印本　掃葉山房石印本　錦章圖書局石印本　世界書局石印本　中華書局排印本）

　　四部備要（排印本、縮印本）經部《十三經注疏》　《周易校勘記》九卷《略例校勘記》一卷《釋文校勘記》一卷（阮元撰）

　　皇清經解（道光本、咸豐補刊本、鴻寶齋石印本、點石齋石印本）《十三經注疏校勘記》，《周易注疏校勘記》九卷《略例校勘記》一卷《釋文校勘記》一卷

《周易注疏校正》一卷　清盧文弨撰

　　《抱經堂叢書》（乾隆本、景乾隆本）群書拾補初編

　　《紹興先正遺書》第三集　群書拾補初編

　　　　《叢書集成初篇》、總類　群書拾補
　　　　《周易正義》十四卷附《校勘記》二卷　劉承幹校勘
　　　　《嘉業堂叢書·經部》

按：漢唐石經以後，至後唐長興三年始有刻板九經。宋刻十行注疏本，元明
遞有補修，明正德中其版猶存。嘉靖間用十行本而重刻者，謂之閩板。萬曆
中又據閩本重刻，是為監本。崇禎中又用監本重刻者，即汲古閣毛本是也。
輾轉翻刻，訛謬甚多。清阮元重刊宋十行本，並附校勘，書乃可讀。日人加
藤虎之亮氏《周禮經注疏音義校勘記》（日本昭和三十二年影印著者清稿本）
書首序說論阮氏《校勘記》云：「清儒校勘之書頗多，然其惠後學，無若阮元
《十三經校勘記》。凡志儒學者，無不藏十三經；讀注疏者，必並看《校勘記》。
是學者不可一日無之書也。」可謂推崇備至，然世有謂其書不可遽信者，葉
德輝《書林清話》卷九曰：「文達收藏既富，門客亦多，所刻諸經，當無遺恨。
然是年文達調撫河南，交替之際，不能親自校勘。公子福撰《雷塘盦弟子記》
云：此書尚未刻校完竣，即奉命移撫河南；校書之人，不能細心，其中錯字
甚多。有監本毛本不錯而今反錯者。《校勘記》去取亦不盡善，故大人不以此
刻本為善也。」傅增湘〈重景宋監本《周易正義》識語〉亦云：

　　　《易》疏行世，少善本。阮氏校勘《十三經注疏》，論者以《周易》
　　　為最劣。瞿氏書目嘗深訾之。緣其所據為十行《兼義》本，書屬晚
　　　印，補刊已多，訛奪自所不免。

宋監本《正義》十四卷單疏本，為傳世最古者；自清以來，相傳僅錢求赤校
宋本時，曾見此書。世間罕有，幾成曠世奇寶。今中央圖書館所藏，乃傅增
湘所重刊者也。其書既古，甚足以補阮所校之闕、正今本之訛。然據喬衍琯
〈跋宋監本《周易正義》兼論阮元十三經校勘記〉所考，單疏本與阮刻相出
入者千餘條，然皆無關大體，或為字形之增損、或為通借、或屬異體；其為
《校勘記》所未及且與文義有關者不盈百條，故所謂阮校多誤者，非也。本
書考案孔疏，壹以阮校為主，參取宋監本《正義》，蓋阮刻割裂疏文以就經注，
致使文義不屬，單疏本無此弊也。阮氏校勘記有《皇清經解》與《十三經注
疏》附刊本二種，附刊本經阮福補校，引錄宋本毛本甚多，實勝於《經解》
本，今亦取之。至於經文注疏各本之詳，馬定宇〈周易經文注疏校證〉（《師
大國研所集刊》第六號）論之綦備，今無贅焉。

第四章　《周易正義》之象數學

　　昔者宋咸嘗譏京房曰：「假《易》之名，以行其壬遁、卜祝、陰陽、術數之學；聖人之旨，則無有焉。」（朱彝尊《周易考》引）王通尤深諷之。而余於第一章中反謂其能溝通老莊、費氏二家之學者何耶？

　　京房象數之學，與費相類，固無俟再論；其釋義多本人事，則先儒或未之知也。〈觀〉上九：「觀其生，君子無咎。」《京氏易傳》曰：「言大臣之義，當觀賢知其性行，推而貢之；否則爲聞善不與。茲謂不智！」（《漢書·五行志下之上》）；〈大畜〉九三：「良馬逐，利艱貞。」京氏曰：「逐，進也。言大臣得賢者謀，當顯進其人；否則爲下相攘善。茲謂盜明。」（同上）皆歸本禮義，語綦平實。又如〈旅〉之上九，經曰：「鳥焚其巢」，諸家多牽錯趙飛燕焚巢殺子事以釋《易》。獨京氏云人君暴虐，鳥焚其舍；猶王莽貪虐而任社稷之重，卒成易姓之禍（《漢書·五行志中之下》）。此其釋經之法也，何詭誕之有哉？《漢書·谷永傳》曰：「臣聞三代所以隕社稷喪宗廟者，皆由婦人與群惡沈湎於酒。《易》曰：『濡其首，有孚失足。』秦所以二世十六年而亡者，養生泰奢，奉終太厚也。」〈郎顗傳〉曰：「王者之法，譬猶江河，當使易避而難犯也；故《易》曰：易則易知，簡則易從。」二氏皆學京氏學者，故其釋義之法如此。

　　〈繫辭〉曰：「君子居則觀其象而玩其辭；動則觀其變而玩其占。」卦象所居，爻辭繫焉。玩辭觀象，義理興矣；察變尚占，數術成矣。《易》既以變爲用，故有納甲、爻辰、飛伏、互體之目，其要在於卦變。其目與其術未必是，立目與術之意不可非，蓋《易》道本兼此二塗也。〔註1〕章太炎《國故論

─────────────
〔註1〕　《易》有聖人之道四，以卜筮者尚其占。然《易》家論占，亦有經學與術數之別，《北齊書》：「權會少受鄭《易》，探賾索隱。每爲人占筮，小大必中。

─91─

衡‧原經》：「《易》之爲書，廣大悉備，然常用止於別蓍布卦。《春官》：「太卜掌三兆之法，掌三易之法，掌三夢之法。……」仲尼贊《易》而《易》獨貴，其在舊法世傳之史，則筮書與卜夢等夷。〈數術略〉著龜家有《龜書》、《夏龜》、《巨龜》、《雜龜》；雜占家有《黃帝長柳占夢》、《甘德長柳占夢》。書皆別出，雖《易》亦然。是故〈六藝略〉有《易經》十二篇，〈數術略〉著龜家復有《周易》三十八卷，此爲周世既有兩《易》，猶《逸周書》七十一篇，別在《尙書》外也。」此兩《易》者，一學一術，截然分塗，通人固能兼習，傳世則未嘗相紊，劉師培《國學發微》論學與術亦云：「如陰陽家流列於九流之一，此指陰陽學之原理言也；陰陽若五行、卜筮、雜占，列於術數類中，則指其作用之方法言矣。……下學即西人之實科，上達即西儒之哲學。」其所分析下學上達、原理作用等等，未必碻洽，而《易》學兼賅兩途則昭晰勿疑矣。今所傳《京氏易》，皆其占候之法，非所以釋經者也。陳振孫曰：「《京氏易》廢絕久矣，所謂章句者既不得復傳，而占候之存於世」，凡此皆晁氏《讀書志》所稱星行氣候之學，非章句也（胡一桂語）。夫章句者觀象而玩辭；占候者察變而尙占，此在古人，自有簡別，猶費氏既以《十翼》解經，而又長於卦筮也。〔註2〕《京房章句周易》十卷，《隋書》載於〈經籍志〉；而易傳、錯卦、占事、飛候、六日七分、逆刺占災異等，竝入〈五行志〉中，足證其各有部曲，未容相紊，而學者皆務兼通。斯猶孟喜《易》學，象數甚多，而散見於《說文》、《正義》、《釋文》者，多主義理，是在兼蓄，何嘗孤執？鄭獻甫《讀易錄》云：「孟氏似主義理」，亦未得其全也。

逮乎王輔嗣出，始去其占變，尋言以觀象；伊川踵之，特重玩辭，浸假而爲《易》學正宗。然輔嗣尋言以觀象，尋象以察易，創爲忘象之說，而象與辭離矣。象與辭離，而後流於方伎，與數術合，此其弊焉。孫盛謂弼《易》「雖有可觀，恐泥夫大道」，是矣！始作俑者，其京氏乎！《崇文總目‧序》曰：「以〈彖〉、〈象〉、〈文言〉雜入卦中，自費氏始，而京氏已然。」此王氏掃象釋義之所本也。輔嗣以後，北朝言《易》者，如《關朗易傳》之寄言玄

但用爻辭象象以解吉凶，《易》占之屬，都不經口。」《易》占云者，數術家學也。凡研經者，但就爻辭象象以問釋吉凶，故與術數方伎之流不類。

〔註2〕 清丁晏《周易解故》曰：「班固言費氏無章句，而七錄有（費）直《易章句》四卷何也？此蓋其弟子所傳述者爾。《隋志》五行家有費直《易林》二卷、《周易筮占林》五卷、《易內神筮》二卷，皆是傳其師法。盧弨謂後人依託，恐非。」按《章句》爲僞書，《占林》等則弟子所記者也。

象、實陳王道，近於王氏義理；崔浩《易註》之卜筮吉凶、稽考陰陽，則與京氏象數爲邇。蓋漢儒言理而多象、宋儒言理而多數，居其間爲關捩者，則爲孔穎達《周易正義》。《正義》兼用南北，故宗主王氏，不廢觀象。取象論義、假象以明事；用數求象、極數以定象。殆猶京房、費氏之遺意，而爲邵雍、張載之先聲也（京、費皆合象與辭，王弼則主忘象）。

　　或者難之，曰：孔氏自序嘗云江左竝傳弼《易》，胡可言及京氏？曰：居隋唐之際，與孔疏燕行者，爲陸德明《周易釋文》。《釋文》兼綜漢魏南北朝《易》說，與孔氏相髣髴。而卦首注某宮某世，則用京氏說也。如〈屯卦〉，陸曰：「張倫反。難也、盈也。坎宮二世卦。」……是其風氣如此，後儒未及察耳。今案：孔氏義疏，宗本王氏，世所共知。竊觀其或論或申，有駁有斷，亦庶幾博通之學，非顓家之業矣。且其論象不同，塗轍逐殊，或本京、孟、或參馬、鄭，以結漢儒之業，以開宋《易》之先。其所論述者，多本古注，參錯己意；語若本王，實有背貳。非在至精，孰能知其詳乎？今檢考校觀，略分條脈；細繹古義，斷在斯文。淵洽君子，或所願聞歟！

壹、觀象論《易》

一、論象與掃象

　　說《易》論象，自韓宣子適魯，觀《易》象於太史氏以來皆然。史掌天官，故易時與星曆混秩，浸假而又與陰陽術數合，後人以是訾之。然而非漢博士始好言此，其所由來者遠。孔子贊《易》而後，師儒分、道術裂。儒者言道不言術，獨守《易》義，不論其餘，洙泗之教也。然而循考載籍，則《易》無非象，而爻皆爲效。傳曰：「近取諸身，遠取諸物。」其所以取象之故，具於太卜，今不可復考。〔註3〕漢儒所云，或出古史，或即臆造，蓋不得其說而務爲之釋者也。王輔嗣惡其囂也，廓而空之，遽謂其取象出義，本無誼

〔註3〕朱子曰：「《易》之取象，固必有所自來；而其爲說，必已具於太卜之官。顧今不可復考，則姑闕之而直據辭中之象以求象中之意，使足以爲訓戒而決吉凶，其亦可矣。固不必深求其象之所自來。然亦不可直謂假設而遽欲忘之也。」（戴震《五經考》卷一引）按：《易》供占筮之用，見於載籍者，《國語》二（均見晉語）、《呂覽》一（一行篇）、《左傳》十六（莊閔哀各一、僖宣各二、襄三、昭六），《禮記・祭義》曰：「易抱龜南面」鄭注：「易：官名，周曰太卜。」足證《易》不廢占，而職在卜者也。

恉，如《詩》之比興、《孟子》之譬喻：「義苟應健，何必〈乾〉乃爲馬？爻
苟合順，何必〈坤〉乃爲牛？」知其健順，牛馬宜忘；惟其忘象，始能得意。
不悟乾馬坤牛，未爲妄附。〔註4〕且其所謂：「言者，明象者也。盡意莫若象，
盡象莫若言。言生於象，故可尋言以觀象。象生於意，故可尋象以觀意。意
以象盡，象以言著。」象以言著，實與「言生於象」自相矛盾；而言可盡象、
象可盡意云云，亦與《易‧繫》所稱：「言不盡意，故聖人立象以盡意」者，
顯有差越、倍譎不同。徒爲比傅莊生得意忘象之說（〈外物篇〉），不知言而
非象；且忘象以求意，亦非得魚而忘筌。故其《周易略例》一書，名實殽亂
（書有〈明象篇〉，而旨在掃象）；注易尤不能廢互體卦變諸說。如〈睽〉之
六三，註曰：「始雖受困，終獲剛助。」〈睽〉自初至五成〈困〉，兌上坎下，
其卦名〈困〉；〈睽〉下卦則〈兌〉也，其三至五則〈坎〉也。〈坎〉上〈兌〉
下，覆之即成〈困卦〉。此法肇端於《左氏》：「莊二十二年陳侯之筮，遇〈觀〉
之〈否〉，曰：『風爲天於土上，山也。』注：「自二至四有〈艮〉象，艮爲
山。」京氏衍之，〈繫辭下〉：「非其中爻不備。」《漢上易》卷八引京房曰：
「互體是也。」《困學記聞》卷一引京房云：「二至四爲互體，三至五爲約象。」
王弼譏之，自陷其咎，亦可憾矣（《周易略例》曰：互體不足，遂及卦變，
變又不足，推致五行，一失其原，巧愈彌甚）。

與弼同時，論《易》無互體、黜象言理，與弼爲枹鼓之應者，厥爲鍾會
〈易無互體論〉。蓋論象與否，爲魏晉間重要論題。虞翻、陸績言其象數，
宗本孟、京；鍾會、王弼參其理趣，自出機杼。或云輔嗣《易》學，受自荆
州，出於宋衷。〔註5〕然宋衷何嘗掃象？如〈泰〉之六四〈象〉傳，宋注：「四
互體震，翩翩之象也」，其說與王弼迥異，非其源脈可知。〈魏志〉云：「（鍾）
會弱冠與山陽王弼竝知名」，則輔嗣之說，或與會相商定者也。此論既出，
攻難駢至。世既未嘗以爲定論，故荀顗〈難會易無互體論〉，見稱於世（見
《晉書》本傳）。時顧夷等亦有〈周易難王輔嗣義〉（〈隋志〉：晉揚州刺史顧

〔註4〕 王弼《周易略例》曰：「義苟在健，何必馬乎？類苟在順，何必牛乎？」邢氏
　　　　注：「大壯九三有乾，亦云羝羊；坤卦無乾，〈象〉亦云牝馬。」張承緒《虞
　　　　王易辨》曰：「互變見於經文，輔嗣不明其義，遂謂羝羊亦屬健牲，誤爲乾象；
　　　　牝馬性亦順，而謬指爲坤象。不知兌爲羊，乾無稱羊一說，羊而曰羝，雖性
　　　　健強，然三互五爲兌，乾剛兌羊，因互稱羝羊。陰極生陽，震陽起於乾初，
　　　　坤爲牝，震爲馬，亦係合兩象而爲牝馬也。」
〔註5〕 見湯用彤《魏晉玄學論稿》，頁92：「王弼之周易論語新義」。此說蒙文通、唐
　　　　長孺、牟宗三諸氏皆採之。

夷等撰），昧者不察，以爲弼義一出，象數都廢，孰知其不然耶（象數之學
衰，功在孔穎達，説詳後）？且輔嗣所謂言可盡象，而象可盡意，既與《易·
繫》所稱：「書不盡言，言不盡意」相逆，又非特創之名言。《世説新語·文
學篇》：「舊云王丞相過江左，祇道《聲無哀樂》、養生、言盡意三理而已。
然宛轉關生，無所不入。」所謂言盡意者，晉歐陽建別有〈言盡意論〉，析
辨綦詳（見《藝文類聚》卷十九）。是當時已有此説，王弼假借而運用之。
其後支道林雖云聖賢固所忘言，然不留心象喻，解釋章句或有所漏。猶爲言
不盡意之旨，非輔嗣義也。〔註6〕至於象可盡意，雖與《易》傳合，而殷融
亦有〈象不盡意論〉以駁之，見《南史·殷京仁傳》。則是務反王氏，不論
理之當否；苟王義可去，雖與經舛，亦所不惜。以是觀之，南北朝間，服膺
王氏者，固多有人（如顏延之、韓康伯、顧歡等。《南齊書》：「歡注王弼《易》、
二〈繫〉，學者博之」）；然掃象之説，韙之者寡，孫盛有〈易象妙於見形論〉、
殷浩有〈易象論〉、劉侯有〈易象論〉，皆以象爲不可廢。即平叔之差次老莊
而參爻象，亦何嘗掃象哉？得意固可忘象，忘象如何求意？《略例》乃云：
「忘象以求意，義斯見矣。」逞此滅裂，以矯煩碎，楚則失之，齊亦未爲得
也。孔氏義疏雖以輔嗣易《注》獨冠古今，於此未稍曲附。雖云本之，其實
勝之矣。蓋其書以弼《注》爲本，凡象數之臆造繁亂者，悉黜不錄，説《易》
論象，遂歸平實。象數之風稍戢，王《注》之失稍減，重以數百年功令所繫，
影響之鉅，豈王氏所得倫擬？故曰象數之學漸衰，由於孔疏；象數得以弗墮，

〔註6〕　按：言意之辨，爲學術領域之釐劃問題，亦爲對語言意義之再反省。主言盡
　　　　意者，求名實之相應，屬經驗科學之語言。以爲言不盡意，則爲形上學之語
　　　　言。漢魏間品鑒之風起，而玄遠之學倡。名以檢形，形以定名，名之究足以
　　　　函攝意與實否，迺諸家所極關切者。歐陽建〈言盡意論〉曰：「有雷同君子問
　　　　於違眾先生曰：世之論者，以爲言不盡意，由來尚矣。至乎通才達識，咸以
　　　　爲然。若夫蔣公（濟）之論眸子、鍾（會）、傅（嘏）之言才性，莫不引此爲
　　　　談證。」夫當時有主言盡意者，有稱言不盡意者。王弼所論，乃在折衷而調
　　　　融之，故曰「言生於象，象生於意。意以象盡，象以言著。」爲言、象、意
　　　　之三層結構，與單純之言意關係者異。王氏既稱「盡意莫若象、盡象莫若言」。
　　　　則其理論顯然仍屬言盡意論之疇範，歷經得象忘言、得意忘象等程序，而達
　　　　「立象以盡意，而象可忘也」之目的。故其説雖甚似荀粲、鍾會之言不盡意
　　　　論，實則荀粲所云：「今稱立象以盡意，此非通於意外者也；繫辭焉以盡言，
　　　　此非言乎繫表者也。斯則象外之意、繫表之言，固蘊而不出矣」（《魏志·荀
　　　　彧傳》注引）與王説迥異，非一類也。韋政通《中國哲學辭典》誤合爲一，
　　　　非是。又，據歐陽建〈言盡意論〉所稱，知其義於當時不若言不盡意論風行
　　　　之甚。

亦由孔疏。此尤非王《注》所能及也。

今按：孔疏有申王之例，然其所徵引者，如〈睽〉之六三，不論王《注》「〈睽〉自初至五成困」七字，蓋王弼以弗論互體著（宋王炎問張南軒：「伊川令人看王弼《易》注何也？」曰：「不論互體故也」），刪之，所以愛之也。此其一。

王《注》義在忘象，故〈象傳〉多略而弗注，〈繫辭〉、〈說卦〉、〈序卦〉等則無注。蓋〈繫辭〉或涉占筮，〈說卦〉以下，廣衍卦象。〈象傳〉則尤多論象者。〔註7〕如〈訟〉初六〈象〉曰、九二〈象〉曰、六三〈象〉曰、九四〈象〉曰、九五〈象〉曰、上九〈象〉曰俱無注；〈師〉之〈象〉曰亦皆無注。與〈象傳〉之動輒百言者大異，師彼成心，未足法式。〔註8〕孔疏則否，王《注》所有，固皆舉釋詳盡；王《注》所無，亦必爲之疏通證明。此其所以優於王氏者二也。

《易‧繫上傳》曰：「〈彖〉者，言乎象者也。」輔嗣意在明〈象〉，而迺不肯言象，妄謂之曰：「〈彖〉者何也？統論一卦之體，明其所由之主也。」又：「凡〈彖〉者，言乎一卦之所以爲主也。」（〈履‧彖〉注）與經相悖，匪可案據，故孔疏曰：「〈彖〉謂卦下之辭，言說乎一卦之象。」先儒拘於疏不破注及本之輔嗣二語，孰知其異也如是耶？此其三。

《周易正義‧序》曰：「夫《易》者象也，爻者效也。」〈繫辭上〉：「爻者言乎變者也」疏：「爻下之辭，言乎此爻之象改變也。」此即君子居則觀其象而玩其辭之意，疏曰：「爻有變化，取象既多，以知得失……居則觀其象而玩其辭者，以易象則明其善惡，辭則示其吉凶」（韓無注）。取象既多，爻亦變化。王《注》明爻通變，則謂：「爻者何也？言乎變者也。變者何也？情僞之所爲也。」一以爻象，一由人事，塗轍相殊，固彰彰矣。此其四。

弼又曰：「變者何也？情僞之所爲也。夫情僞之動，非數之所求也。」此亦與孔疏不同。〈繫辭〉韓注：「吉、凶、悔、吝、小疵、無咎皆主乎變，事

〔註7〕林麗貞云：「王弼《易》注以摒除占驗、卦變等象數易說爲主。但在《十翼》之中，〈繫辭〉有涉占筮，〈說卦傳〉以下三篇廣衍《易》象，皆不類〈彖〉、〈象〉、〈文言〉之純重義理。故爲貫徹其《易》注之一貫主張，便捨棄〈繫辭〉、〈說卦〉、〈序卦〉諸篇而不注。」（《王弼及其《易》學》）說本日人狩野直喜《魏晉學術考》，頁274～276。日本株氏會社筑摩書房出版。

〔註8〕按：王弼《周易略例》首曰〈明象〉，以爲：「約以存博，簡以濟眾，其唯象乎！」是以特重〈象傳〉。

有小大，故下歷言五者之差也。」正義曰：「五者，謂吉一、凶二、悔三、吝四、無咎五。然諸儒以爲五者皆數。『列貴賤者存乎位』是其一也；『齊小大者存乎卦』是其二也；『辯吉凶者存乎辭』是其三也；『憂悔吝者存乎介』是其四也；『震無咎者存乎悔』是其五也。於《經》，數之爲便，但於《注》理則乖。今並存焉，任後賢所釋。」語有抑揚，其旨可知。此五者之數，皆明卦爻之言辭，以說一卦之象者。以數爲釋，與王、韓異焉。此其五也。

至若王弼言理不言占；忘象不存象。孔疏則云：「《春秋傳》曰：先王卜征五年。又云：卜以決疑。是動玩其占也。」又「君子既能奉遵易象以居處，其身無有凶害」（〈繫上〉疏）是觀象而又法象矣。此其異之六、七。雖然，亦有說也：續王弼之注者，韓康伯外，別有顧歡，歡注「辯吉凶者存乎辭」云：「辯，別也，彼列反」，與韓、孔之以辯爲明者不同。韓、孔皆用京氏義：《釋文》引京房曰：「辯、明也」。韓固偶墜玄中，孔則本來如是。蓋以象釋《易》辭，始於孟喜，京房承之，遂有互體爻變之名。孔疏不用互體，而以象釋辭，頗與京、孟爲黨。〈渙〉之〈象〉曰：「利涉大川，乘木有功也。」王《注》：「乘木即涉難也；木者專所以涉川也。涉難而常用渙道，必有功也。」孔疏辨之曰：「先儒皆以此卦坎下巽上，以爲乘木水上，涉川之象，故言乘木有功。王不用象，直取況喻之義，故言此以序之也。」以象釋辭，幾於無卦不然，其與王《注》膚革相近，而神情邈若燕越。先儒者，援引京、孟以示異於輔嗣也。此其八。

亦有王不言象而孔疏自出義旨，與王了不相涉者，如〈鼎〉之〈象〉曰：「木上有火，鼎，君子以正位凝命」王《注》：「凝者，嚴整之貌也；鼎者，取新成變者也。『革去故』而鼎成新。」疏：「『木上有火』即是『以木巽火』，有烹飪之象，所以爲鼎也。……君子象此以『正位凝命』也。」王《注》云云，孔亦沿用之，而孔疏言象處，則爲王《注》所無。又有王《注》但言義理，孔疏以象釋之者，如〈家人〉之〈象〉疏：「風自火出，火出之初，因風方熾，火既炎盛，還復生風，內外相成，有似家人之義，故曰『風自火出，家人』也。」凡茲二端，皆王《注》所無，孔據象義以釋卦者，異之九也。

〈易・繫上傳〉韓注又云：「夫非忘象者，無以制象；非遺數者，無以極數。至精者，無籌策而不可亂；至變者，體一而無不周；至神者，寂然而無不應；斯蓋功用之母、象數所由立。故曰非至精至變至神，則不得與於斯（忘象遺數）也。」言與王弼同，以爲至精至神，始能忘象遺數。孔疏所釋，

迥異於此，曰：「太虛之象、太虛之數，是其至精至變也。由其至精，故能制數；由其至變，故能制象。」王、韓以忘象制象，孔疏則言太虛之象，其爲異軌，復何疑哉？

二、象之形上依據與類別

　　總茲十異，差可考其成說矣。《正義》曰：「至精、至變、至神三者，是物之功用之母。物之功用，象之與數，由此至精、至變、至神所由來。象之所以立有象者，豈由象而來，由太虛自然而有象也；數之所以有數者，豈由數而來，由太虛自然而有數也。是太虛之象、太虛之數，是其至精至變也。由其至精，故能制數；由其至變，故能制象。若非至精、至變、至神，則不得參與妙極之玄理也。」孔疏以「制」爲極盡、苞含之意（《正義》：非遺去其數，無以極盡於數；遺去數名則無所不苞），與韓注絕異。象之與數，由太虛自然而有。太虛自然，至精至神，能苞盡象數，有妙極之玄理，而亦自有其象與數。此象數之不可廢也。然所謂太虛者何？疏曰：「至精，精則唯深也；至變，變則唯幾也；至神，神則微妙無形。」在有無之間謂之幾；成就萬物，不知所以然而然者，謂之神。故所謂太虛者，無形而又居有無之際，殆即《正義·序》之所謂太初也。

　　太初即太一，《易》從太一爲始（見〈繫上〉孔疏），故必論其象數；且太一至精，故能牢籠天地之象數而不遺。此與王弼所云象生於義，有斯義然後明之以其物者，截然不同（王說見〈乾·文言〉上九注），義則包王。蓋孔氏能爲象數之所以生成，求得一先驗之根據。而象數遂爲其形上架構中直接導出之理與體。象數自太虛自然而有，太虛爲氣之始，故《正義》又曰：「氣漸積聚，露見萌兆，乃謂之象。言物體尚微也。」尚微而顯，故從無入有，凡有皆象。方其冥於道，是理；至其著於物，是體（疏：體是形質之稱，凡處所形質，非是虛無，皆繫於器物）。故《正義》曰：「初動之時，其理未著，唯纖微而已。其已著之後，則心事顯露，不得爲幾。」就其已動之微言，是幾；就其微有萌兆言，是象。故有太虛之象、太虛之數，「極其數以定天下之象，是研幾也」（〈繫上〉疏）。形上形下一貫，無有閡礙，此非王弼所能知也。「聖人法自然之理而作《易》象」（〈繫下〉疏），則又自體推理，由理定象。道之與器，形之上下，亦無隔悶。王《注》唯云隨義取象。毛舉小節，略其大端，蓋有拘靡，非達識者也。

象自太虛自然而有，從無入有，下衍而勢順；聖人法自然之理而製象，以有象有，上推而逆求，故《正義‧序》曰：「《易》理備包有無，而《易》象唯在於有者，蓋聖人作《易》，本以垂教；教之所備，唯在於有。」朱子亦云：「天地只是自然，聖人法天，做這許多節措出來。」天命下達，人力上通，勢所然也。是故論象數之起，雖必推極玄理，溯諸太虛；觀象論《易》，則仍須有以觀有。然非謂其象皆具經驗意義抑必有一指涉物與之相應也。凡在《易》象，皆爲一「具有意義之表式」（Expression），未必直接由經驗中之指涉物衍生，但爲語言中之擬似對象（Pseudo-objective）耳。卡西勒嘗謂「象」有信號（Signals）與象徵符號（Symbols）二義，信號爲物質存有世界之一部份，爲物理或實體之存在；象徵符號則爲人類意義世界之一部份，獨具其功能價值，〔註9〕即《廣弘明集》慧琳〈道生法師誄〉所謂「象者，理之所假也」者。〈繫上〉云聖人立象以盡意，象實兼此二類質性，故《正義》曰：「先儒所云，此等象辭，或有實象，或有假象。實象者，若『地上有水，比』也、『地中生木，升』也，皆非虛，故言實也。假象者，若『天在山中』、『風自火出』，如此之類，實無此象，假而爲義，故謂之假也。雖有實象、假象，皆以義示人，總謂之『象』也。」（〈乾‧象〉疏）王輔嗣不明此義，以爲「象之所生，生於義也，隨其事義而取象」（〈乾〉上九〈文言〉注），猶是孤執實象爲說，未得本柢也：〔註10〕不惟如此，孔氏嘗云聖人法自然之理而作《易》；若徒爲比象，則法自然之物而已，何有於理哉？《正義》曰：

> 聖人有以見天下之賾而擬諸其形容，象其物宜。象其物宜者，聖人又法象其物之所宜。若象陽物宜於剛也，若象陰物宜於柔也。若〈泰卦〉以擬泰之形容，象其泰之物宜（〈繫上〉疏）。

比擬形容，是象物之實然；象其物宜，是立其應然。一言其體，一稱其德。王弼曰：「象者何也？統論一卦之體。」孔疏則云：「夫子所作〈象〉辭，統論一卦之義：或說其卦之德，或說其卦之義（卦之意義，合論其德與其體）、或說其卦之名（立名之由來與內容）。」輔嗣但知有體，不能兼論其德與其義，是其陋也。

〔註9〕　詳 *An Essay On man liy Ernst Cassirer*. P.32.
〔註10〕　近世杜而未《易經原義的發明》（學生書局）一書，謬解《易》象，創爲月神宗教論，以爲天在山中爲月山神話，紆繚比傅，固蔽甚多，詳余〈一個神話的幻滅：評杜而未易經原義的發明〉一文（《出版與研究》，38 期）。

準斯二義，貫串全篇，故孔疏不取「義象」、「用象」之說，僅以實象、假象為釋。蓋魏晉南北朝間，觀《易》論象，多捨王氏詖談，已如前述。《玉海》所載，何襄城嘗為六象之論，曰：實象、假象、偏象、圓象、義象、用象。蕭氏難之，不取偏象、圓象，而立四象之論焉。〈繫辭〉疏引莊氏說與此同。蓋孔疏推本前修，復加省裁，以為實象、假象二義詮象，即已周備全賅，何須疊言義象？若謂其取象立卦，宜有用象之名。則形迹既著，何者非器？〈繫上〉疏曰：「爻辭是器象也；變化見其來去亦是器象也。象是形象，竝是有體之物，有體，則是物之可用，故云可得而用也。」《易》者象也，然神無方而易無體，法理作《易》之初，寧關用象？爻卦既成之後，法而用之，各在其人，與象何干？故虛實足以定體，義用不可為名。孔疏參會諸家，而機軸變化，則非前此諸家可及。

《易‧繫》云：

△八卦以象告。

△聖人有以見天下之賾，而擬諸其形容，象其物宜，故謂之象。

△子曰：「聖人立象以盡意，設卦以盡情偽。」

聖人垂教，有而教有，故立義設象，或託象以明義，或假象以喻事，舉事以明象，取象而論義。要在以象釋義，立象盡意而已。君子觀象而玩辭，或法象以取義，或據象以明性，用數以求象，極數而定象，法以為行而溯求其本。孔疏於此，分析慕詳，非王《注》可儕。今舉列其辭，備考覽焉。義在昭晰，無勞瑣錄，各舉一例，以概其餘：

△託象明義：〈序卦〉疏：「因卦之次，託象以明義。」

△假象喻事：〈比〉初六疏：「此假外象喻人事也。」

△以象喻義：〈無妄‧象〉疏：「以此卦象釋能致無妄之義。」

△立象盡意：〈繫上〉疏：「立象以盡意，聖人之意有可見之理也。聖人立象以盡意者，雖言不盡意，立象可以盡之也。」

△法象取義：〈小畜‧象〉疏：「君子所取之義，或取二卦之象而法之者，取二象，君子法以為行也。」

△據象明性：〈泰‧象〉疏：「內陽外陰，據其象；內健外順，明其性。」

△舉事明象：〈乾〉九三疏：「以人事明其象。」

△以數求象：〈說卦〉疏：「數從象生，故可用數求象。」

△極數定象：〈繫上〉疏：「極其數以定天下之象，是研幾也。」（幾者，

離無入有，是有初之微）

△取象明義：〈坤〉初六〈象〉疏：「凡《易》者，象也。以物象而明人事，若詩之比喻，或取天地陰陽之象以明義；或取萬物雜象以明義；或直取人事不取物象以明義。聖人之意，可以取象者則取象也；可以取人事者則取人事也。」

按：取象明義之說，即實象、假象之論，為一 Pseudo-objective，故以詩中比喻為說。其所謂或取人事不取物象者，人事亦象，但非物象而已，故曰凡《易》皆象。至其所謂以數求象，則〈乾〉初九疏曰：「爻者，效此者也。聖人畫爻以傚效萬物之象。先用蓍以求數，得數以定爻，累爻而成卦，因卦以生辭。」是卦為象，爻亦象，以數求象，極數而定天下之象，求於太虛自然，從無入有之際，君子之能也。〔註11〕然卦象進退，《易》既以變為占，爻之與卦即非

〔註11〕以蓍求數，即揲筮也，其法朱子《周易本義》載之甚詳，表列如次：

	一　變	二　變	三　變	易　數	奇　偶	陰陽老少別
過　揲	四十四	四十	三十六	九		老　陽
揲　餘	五	四	四		三　奇	
過　揲	四十	三十二	二十四	六		老　陰
揲　餘	九	八	八		三　偶	
過　揲	四十四	三十六	二十八	七		少　陽
	四十	三十六				
	四十	三十二				
揲　餘	五	八	八		一奇二偶	
	九	四	八			
	九	八	四			
過　揲	四十	三十六	三十二	八		少　陰
	四十四	三十六				
	四十四	四十				
揲　餘	九	四	四		一偶二奇	
	五	八	四			
	五	四	八			

此〈演蓍數變表〉依高懷民《大易哲學論》（成文出版社）迻錄。七九八六之數，依「陽動而進，及老變陰，陰動而退，及老變陽」之理，周流不息，〈說卦傳〉曰：「數往者順，知來者逆，是故易逆數也。」聖人參天兩地而生蓍倚

一律，猶累沙成塔，一沙之德，不與塔類也。〈小畜・象〉疏曰：「卦總二象，明上體不能閉固下體，所以密雲不能爲雨，爻則只明一爻之事，上九能固九三，所以上九而有雨也。所以卦與爻其義異也。諸卦多然，若〈比卦〉云：『比吉』，上六則云：『比之無首，凶』，〈復卦〉云：『復，亨』，上六云：『迷復，凶』也。此皆卦之與爻相違反。他皆傚此。」卦則有爻，爻亦有象，兼賅無失，是能得《易》之深趣者。〈繫辭下傳〉：「八卦成列，象在其中矣。因而重之，爻在其中矣。」疏曰：「因此八卦之象而更重之，萬物之爻在其中矣。然象亦有爻，爻亦有象，所以象獨在卦，卦獨在重者：卦則爻少而象多，重則爻多而象少。故在卦舉象，在重論爻。爻卦之義，所存各異。爻之所存，存乎已變之義；卦之所存，存於未變之義。」在卦舉象、在重論爻，觀其已變未變之分，察其體象理用之別（《正義》曰：備天下之象，據其理言；備天下之體，據其用也）。蓋自輔嗣明爻通變之說來：《周易略例》曰：「卦以存時、爻以示變。」又曰：「卦者時也（六十四卦各主其時，如〈泰〉主君子道長、小人道消之時。），爻者適時之變者也」（邢注：卦者統一時之大義，爻者適時中之通變）。尋名以觀吉凶，舉時以察動靜，故論爻象所處之位，以是而承應諸說作焉。

三、漢儒《易》象說之承續與修訂

爻以示變，而漢儒所謂承、應云者，皆論爻變者也。初四、二五、三上，陰陽互應爲「正應」，否則爲「偶應」，如〈睽〉初九與九四之例是其類也。〈睽〉初九，王《注》：「無應獨立，悔也。與四合志，故得『悔亡』。」九四注：「初亦無應特立，處〈睽〉之時，俱在獨立，同體處下，同志者也。」。至若承應者，陽爻在上，陰爻在下，於陰爲承；陰爻在上、陽爻在下，於陰爲乘。陰承陽爲順，如〈頤〉之六五〈象〉曰：「『居貞』之吉，順以從上也。」疏曰：「以五近上九，以陰順陽，親從於上，故得『居貞吉』也」；陰乘陽爲逆，如〈屯〉六二〈象〉曰：「六二之難，乘剛也」。輔嗣於此，頗用鄭康成義，蓋忘象求意，而象終不可廢，觀易玩辭，《易》例出焉。

鄭《易》有據、承、乘、應諸例：陽在陰上爲「據」，陰在陽下爲「承」，陰居陽上爲「乘」。至於應例，則《乾鑿度》曰：「三畫以下爲地，四畫以上爲天。動於地之下，則應於天之下；動於地之中，則應於天之中；動於地之

數，又復歸諸備知來往，占筮之意，實貫串全書。

上，則應於天之上。初以四、二以五，三以上，此謂應。」鄭注：「天下降以感地，故氣動升而應天也。」又：「陰有陽應、陽有陰應，實者也。既非其應，設使得而有之，皆爲非義而得也；雖有之，君子不貴也」（張惠言《周易鄭氏義》云：「此謂陰陽得正相應則吉，失正相應猶爲失」）。王弼推本其說，故〈訟〉初六注曰：「凡陽唱而陰和，陰非先唱者也。四召而應，見犯乃訟；處訟之始，不爲訟先。雖不能不訟，而了訟必辯明矣。」是以初四相應生義者；又，〈師〉之六三注：「以陰處陽，以柔乘剛，進則無應，退無所守，以此用師，宜獲『輿尸』之凶。」是亦用乘應之例者。宋・石介云：「王弼多取康成舊解，爲之訓說」（《經義考》卷十引）此其例焉。特王氏狡獪，或明據其說，而不加誌別；或暗用其義，不書其名（如用虞氏卦變而不稱爲某卦之變）；或竊其學，而深譏其例（如用互體而譏互體），蓋皆格於忘象之說，硜硜然不敢踰。其有不得不言象，又不得不用舊說者，則乾沒主名，變易其辭，以亂人耳目。如〈渙〉之〈彖〉，王《注》：「二以剛來居內，而不窮於險，四以柔得位乎外，而與上同。」即虞翻卦變否四之二例，但不言卦自否來耳。〔註12〕孔疏不用此義，僅用承應諸例以釋爻象變化，較王爲純。然王《注》不采消息卦氣之說，孔則有之。此其顯然違異者，宜附論焉：

（一）十二月消息卦

按：〈益〉之〈象〉曰，疏引孟喜曰：

> 言必須雷動於前，風散於後，然後萬物皆益。如二月啓蟄之後，風

〔註12〕王注采釋舊義甚夥，而以馬、鄭義爲尤多。馬融《易》注舊有《玉函山房輯佚書》及張惠言《易義別錄》所輯本。鄭玄《易》注則有宋王應麟輯本、惠棟輯本、孫堂輯本、臧鏞堂輯本、丁杰、張惠言合輯本等。近人所輯以黃慶萱先生《漢魏《易》學書考佚》甄錄最備。《周易集解》卷五〈觀〉卦引鄭注曰：「〈坤〉爲地、爲眾。〈巽〉爲木、爲風。九五，天子之爻，互體有〈艮〉，〈艮〉爲鬼門，又爲宮闕。地上有木而爲鬼門宮闕者，天子宗廟之象也。」引馬融曰：「盥者，進爵灌地，以降神也，此是祭酒盛時，及神降薦牲，其禮簡略，不足觀也。國之大事，唯祀與戎。王道可觀，在於祭祀。祭祀之盛，莫過初盥降神。故孔子禘自既灌而往者，吾不欲觀之矣。此言及薦簡略，則不足觀也。以下觀上，見其至盛之禮，萬民信敬，故云有孚顒若。孚，信；顒，敬也。」王弼注：「王道之可觀者，莫盛乎宗廟，宗廟之可觀者，莫盛於盥也。至薦，簡略不足復觀，故觀盥而不觀薦也。孔子曰：禘自既灌而往者，吾不欲觀之矣。盡夫觀盛，則下觀而化矣。故觀至盥則有孚顒若也。」宗廟之說，採自鄭玄；觀盥不觀薦，則用馬氏義也。然鄭氏宗廟之說，實與互體不可分，王氏但引宗廟不稱互體，豈達識者乎？其攘竊之迹殆可見矣。

以長物；八月收聲之後，風以殘物。風之爲益，其在雷後，故曰『風雷，益』也（按：王《注》於此，但言「遷善改過，益莫大焉」）。今據《後漢書‧郎顗傳》考之，顗云：「《易》曰：『靁出地奮，豫。先王以作樂崇德，殷薦之上帝』。靁者，所以開發萌牙，辟陰除害。萬物須靁而解，資雨而潤。故」《經》曰：『靁以動之，雨以潤之』。王者崇寬大，順春令，則靁應節。……孔子曰：『靁之始發〈大壯〉始，君弱臣強從〈解〉起。』今月九日至十四日，〈大壯〉用事，消息之卦也。」蓋孟喜、京房《易》說家法如此，稽考節氣，以參爻象，而示王者以趨守之道。其學之要，一曰節氣、一曰消息、一曰十二月卦。〈觀〉之〈象〉疏：「不知所以然而然，謂之『神道』，而四時之節氣見矣。……聖人用此天之神道，以〈觀〉設教，而天下服矣。」孔穎達疏《易》，所以必論節氣者以此。王《注》則日時歲月、五氣相推，悉皆擯落，先儒美之（詳黃宗羲《周易象數論》）。然弼注〈復卦〉「七日來復」云：「陽氣始剝盡，至來復時，凡七日。」亦用卦氣之說而不稱其名者。穎達推尋其意，尤多京、孟遺義；第其不用飛伏、納甲、八宮、世應諸說，則亦輔嗣啓之也。

卦氣之說，含消息及十二月卦。陽息〈坤〉謂之息，陰消〈乾〉謂之消。陽息〈坤〉則由〈復〉而〈臨〉、而〈泰〉、而〈大壯〉、而〈夬〉、以至於〈乾〉。陰消〈乾〉則由〈姤〉、而〈遯〉、而〈否〉、而〈觀〉、而〈剝〉、以至於〈坤〉。故消息之卦，凡有十二。其義發於〈象傳〉，〈剝〉之〈象〉曰：「柔變剛」，陰消〈乾〉也；〈夬‧象〉曰：「剛決柔」，陽息〈坤〉也。其名定於京房，成於《乾鑿度》。《漢書‧京房傳》，房上封事曰：「辛酉以來，蒙氣衰去，太陽精明……然少陰倍力而乘消息」（孟康注：房以消息卦爲辟。辟，君也）；《乾鑿度》則云：「聖人因陰陽起消息」，又「消息卦，純者爲帝，不純者爲臣。」以消息而有十二辟卦，又以十二卦配十二月。十二月卦即卦氣說，先儒俱以爲出於《孟氏章句》（詳《新唐書‧歷志》）。而十二消息卦，又十二月卦中之一部，蓋倡於孟喜，成於京房者。孔穎達〈否卦〉疏曰：「陽氣往而陰氣來，故云大往小來，陽主生息，故曰大；陰主消耗，故稱小。」自〈復〉至〈乾〉爲息卦，曰太陽；自〈姤〉至〈坤〉，爲消卦，曰太陰。息卦所屬者名曰少陽；消卦所屬者名曰少陰。以十二卦之陰陽消息配一年之陰陽消長。十二卦共七十二爻，每爻配一候，以與《禮記‧月令》、《呂氏春秋》所云七十二候相應。十二卦外，又以〈坎〉、〈震〉、〈離〉、〈兌〉爲四正卦，卦

主四時，爻主二十四氣。餘六十卦，卦主六日七分。此六十卦中，以十二消息卦爲辟卦，辟卦爲君；其餘四十八卦爲雜卦，雜卦爲臣。其說曰：

十二消息卦：

復	十一月	冬子	姤	五月	夏午
臨	十二月	冬丑	遯	六月	夏未
泰	正月	春寅	否	七月	秋申
大壯	二月	春卯	觀	八月	秋酉
夬	三月	春辰	剝	九月	秋戌
乾	四月	夏巳	坤	十月	冬亥

稽考節氣，以參爻象，於此可見。或謂其用以合曆，非爲論《易》。然星曆卜筮，職在太卜，〈臨〉：「至於八月有凶。」王《注》：「八月陽衰而陰長」疏：「宜據〈否卦〉之時，故以〈臨卦〉建丑而至〈否卦〉建申爲八月也。」知十二月與十二辟卦相配，其於卦辭，未嘗無據。且《左傳‧昭公十七年》曰：「夏六月甲戌朔，日有食之。祝史請所用幣。昭子曰：『日有食之，天子不舉，伐鼓於社，諸侯用幣於社，伐鼓於朝，禮也。』平子禦之，曰：『止也。唯正月朔，慝未作，日有食之，於是乎有伐鼓、用幣，禮也。其餘則否。』太史曰：『在此月也。日過分而未至，三辰有災，於是乎百官降物，君不舉，辟移時，樂奏鼓，祝用幣，史用辭，故《夏書》曰：「辰不集于房，瞽奏鼓，嗇夫馳，庶人走」，此月朔之謂也。當夏四月，是謂孟夏。』平子弗從。」杜注：「正月謂建巳正陽之月也。於周爲六月，於夏爲四月。」又，《詩‧小雅》：「正月繁霜，我心憂傷。」《毛傳》：「正月，夏之正月」鄭箋：「夏之四月，建巳之月，純陽用事。」是則正月之正，或即正陽之義；建巳之月，用配乾卦，未爲巨謬。唯漢儒以此爲占驗，則先秦所未有也。蓋天人相應，《公羊》三世之學興，凡經皆可占驗，不僅《易》之一端。其學可以占驗，然豈專爲占驗而創其學耶？陳蘭甫《東塾讀書記》云：「十二消息卦之說，則必指此而言之，故鄭、荀、虞注《易》，皆用此說也。」蓋〈繫辭〉所稱：「變通配四時」、「往來不窮謂之通」、「剛柔相推，變在其中」，及〈復卦‧象傳〉所謂：「先王以至日閉關，商旅不行，后不省方。」皆與十二月卦相合。故諸家論十二卦者，於《易》或有穿鑿，尚無背異。孔穎達《易》疏多采其說，與王《注》之刊落象數，不論節氣者殊（王之有卦氣者，出於偶合與不得已，

與孔不同）。如〈臨〉之卦辭，王曰：「八月陽衰而陰長，小人道長，君子道
消也，故曰有凶。」孔疏則云：「小人道長，君子道消，宜據〈否卦〉之時。」
精神迥異，一望可辨。且孟喜說《易》之法，《新唐書》一行卦議謂其「本
於氣，而後以人事明之」，孔穎達《正義》亦然，以〈乾〉爲例：王《注》
絕不言陰陽之氣，孔疏則一一指實，以陽氣之發動爲言。九五王《注》：

> 不行不躍而在乎天，非飛而何？故曰飛龍也。

孔疏則曰：

> 言九五陽氣盛於天，故云飛龍在天。

又九二王《注》：「出潛離隱，故曰見龍。」孔疏則稱：「陽處二位，故曰九二
陽氣發見，故曰見龍。」……若斯之比，不可殫錄。雖孔疏即氣言理，與王
《注》體系相殊；要亦孟、京家法，有以致之。〈乾〉之〈象〉疏云：「此一
爻之象，專明天之自然之氣也。」聖人立卦定象，實法自然之運；孔氏觀象
論《易》，故亦推極於氣。此其取徑，雖與孟喜相似，而非喜之拘於節氣者可
比。荀卿所謂青出於藍而勝於藍者，非歟？〔註13〕

卦氣圓圖：

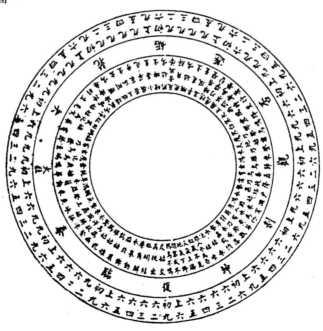

〔註13〕 本章第二節論象之形上依據時嘗云：「象數者起於太虛自然，太虛即太初、太
一。」而〈正義序〉謂：「太初者氣之始也」。故知孔氏論象本於氣者，除本
節所陳述者外，別有此一因素在。

　　抑且正因孔穎達以氣之發動論十二月消息，故無荀、虞諸家謬取消息卦以釋經傳之弊。如〈臨〉之卦辭，《集解》引虞翻曰：「與〈遯〉旁通。〈臨〉消〈遯〉，六月卦也。於周爲八月。〈遯〉弒君父，故至于八月有凶。」姑不論卦辭初作時，尚無周曆；〈遯卦〉以隱爲義，復何有於弒君？孔疏於此，僅以陽氣退而陰氣盛爲說，以符八月之辭，以見君子道消之義，曰：

　　〈臨〉爲建丑之月，從建丑至於七月建申之時，三陰既盛，三陽方退，小人道長，君子道消，故八月凶也。以盛不可終保，聖人作〈易〉以戒之。

合天道人事於一冶，豈如虞說之拘泥於卦象哉？物盛必衰，陰長陽退，自然之理，萬物之則，孔氏以四時天象詮之，亦無附會之病。輔嗣於此無注，但於〈象〉下注曰：「八月陽衰而陰長，小人道長，君子道消。」是亦暗用十二月消息義，自諱所出耳。孔疏又云：「八月者，何氏云：從建子陽生至建未爲月。褚氏云：自建寅至建酉爲八月。今案：此注云小人道長，君子道消。宜據〈否卦〉之時，故以〈臨卦〉建丑而至〈否卦〉建申爲八月也。」《伊川易傳》用何妥說，與孔氏異；孔疏則用蜀才說也（見王引之《經義述聞》卷一）。蓋十二月卦以陰陽相對進退爲用，十一月爲冬至月，微陽生於地下，故爲〈復卦〉。依次陽漸進而陰漸退。至四月爲純陽〈乾卦〉，陽氣至盛；五月微陰生於地下，故爲〈姤卦〉，依次陽漸退而陰漸進，至十月爲純陰〈坤卦〉，一歲卒終。諸家說十二月者皆準此，而其論八月，或云自丑至申爲〈否〉；或云自子至未爲〈遯〉；或曰自寅至酉爲〈觀〉。……此其所以不同者，何氏以周正言，褚氏以夏正言之耳，二說皆有理據，故朱子《本義》兼採之。至於孔疏所謂建申之月，以周正言爲九月，以夏正言則爲七月，非八月也。其所以然者，自〈臨〉至〈否〉，適符八月之數。焦循《周易補疏》云：「王氏以八月指〈否〉所辟之月，夏之七月，殷之八月。文王用殷正，故以〈否〉所辟爲八月。小人道長，君子道消，即用〈否卦·傳〉，以明八月爲〈否〉也。」以據〈否〉爲殷正，恐與孔疏不合，亦非輔嗣之意。何妥主周正，八月爲天山〈姤〉，與〈臨〉旁通；二陽生者變爲二陰，故凶。褚氏從夏正，八月爲風地觀，與臨反對，二陽在下，四陰在上者，調爲四陰在下，二陽在上矣。孔穎達不用旁通反對，但數其陰陽之進退而言，猶與孟氏相近，俞樾《茶香室經說》卷一譏其非正，謬矣。〈繫辭上〉疏曰：「八卦遞相推盪。若十一月一陽生而推去一陰；五月一陰生而推去一陽。」是其塗轍本諸八卦陰陽剛柔之象，

故與何、褚諸氏異也。他如〈乾‧文言〉疏：

> 諸儒以爲建辰之月，萬物生長，不有止息，與天時而俱行。若以不
> 息言之，是建寅之月，三陽用事，三當生物之初。生物不息，同於
> 天時生物不息，故曰「與時偕行」也。

初九疏：

> 天之自然之氣，起於建子之月。陰氣始盛，陽氣潛在地下，故言「初
> 九潛龍」也。此自然之象，聖人作法，言於此潛龍之時，小人道盛，
> 聖人雖有龍德，於此時唯宜潛藏，勿可施用。

〈賁〉之〈象〉疏：

> 聖人當觀視天文，剛柔交錯，相飾成文，以察四時變化。若四月純
> 陽用事，陰在其中，靡草死也。十月純陰用事，陽在其中，薺麥生
> 也。是觀剛柔而察時變也。

凡此等等，皆其儔類。璇樞既握，可無疑礙。至於孔疏以龍喻氣之變化，則與馬融之說相似，融曰：「物莫大於龍，故借龍以喻天之陽氣也。初九，建子之月，陽氣始動於黃泉，既未萌芽，猶是潛伏，故曰潛龍也。」今考《漢書‧魯恭王傳》引《易》曰：「潛龍勿用，言十一月十二月陽氣潛藏，未得用事。」是其古義如此，足與孟喜說相發明者也。

　　唯此陰陽變轉、分卦配月之說，皆由理尋，非能實指，泥以求之，恐非其恉。〔註14〕故孔穎達曰：「諸儒皆以爲舜始漁於雷澤之時。當堯之世，堯君在上，不得爲小人道盛，此潛龍始起在建子之月，於義恐非也。」

（二）乾坤當十二月

　　所謂天地自然之氣，起於建子之月者，殆即〈乾〉〈坤〉六爻各當一月之說。其說有二，併見李鼎祚《周易集解》。《集解》引干寶云〈乾〉初九十一月、九二爲十二月、九三爲正月、九四二月、九五三月、上九四月。〈坤〉初六爲五月、六二爲六月、六三七月、六四八月、六五九月、上六十月。何妥則以爲〈乾〉初九爲十一月、九二爲正月、九三三月、九四五月、九五七月、上九九月。孔氏《正義》於〈乾〉九二爻下曰：

> 諸儒以爲九二當太簇之月，陽氣發見，則九三爲建辰之月、九四爲
> 建午之月、九五爲建申之月，爲陰氣始殺，不宜稱「飛龍在天」。

〔註14〕俞樾《艮宦易說》云：「潛龍始起在建子之月，於義恐非；屑屑分別，轉失之泥矣。」

上九為建戌之月，群陰既盛，上九不得言「與時偕極」。於此時陽氣僅存，何極之有？諸儒此說，於理稍乖。此〈乾〉之陽氣漸出，似聖人漸出，宜據十一月之後。至建巳之月已來；此九二當據建丑、建寅之間，於時地之萌芽，初有出者，即是陽氣發見之義。〈乾〉卦之象，其應然也。但陰陽二氣，共成歲功，故陰興之時，仍有陽在；陽生之月，尚有陰存。所以六律六呂，陰陽相間，取象論義，與此不殊。

十二月爻辰圖：

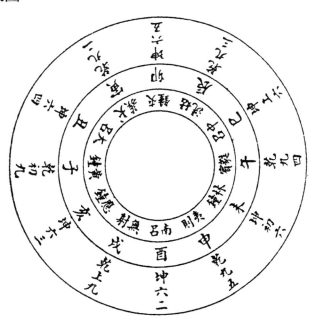

案：〈乾〉〈坤〉六爻以當十二月，孔疏用何妥說。陽盡陰出，陰陽相間，與干寶異矣。以天地自然之氣、明聖人體法創製之象，其鄭康成爻辰說之嗣響歟？

乾坤合律圖：

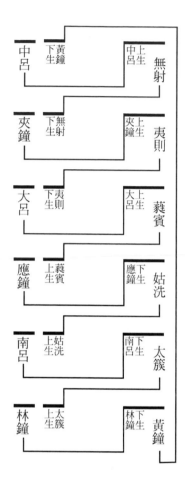

馬融以乾坤十二爻論消息，鄭玄本之以成爻辰，何秋濤《周易爻辰申鄭義》曰：「《易》之取象於互卦消息者，鄭與諸家同。至以爻辰為說，則康成之所獨。竊意《易》涵萬象，不可執一，爻辰之法，於古必有所受，推之鐘律，考之次舍，往往相協，則鄭之立義，不可誣也。」其法本諸十二律相生，合乾坤十二爻與十二月而成。律呂相生，而以乾坤十二爻合律，其說詳見《道藏・周易圖》卷下所載「乾坤合律圖」（如上），其學則本之京氏。

《漢書》本傳云：「本姓李，吹律自定為京。」又《律曆志》引京房曰：「受學於故小黃令焦延壽六十律相生之法：以上生下者，皆三生二；以下生上者，皆三生四。陽下生陰、陰下生陽，終於中呂，而十二律異矣。中呂上生執始、執始下生去滅。上下相生，終於南事，六十律異矣。」是其所謂六十律者，實亦根本於十二律也。逮及馬季長出，以乾坤十二爻論消息，鄭康

成因而廣之，以乾坤十二爻與十二月十二律相合。其學不出於《易緯乾鑿度》，惠棟《易漢學》謬指宗祊，未得本柢；不知《乾鑿度》以卦主歲，與鄭氏之說爻辰迥不相侔也（詳焦循《易圖略》卷八爻辰篇）。

又案：《書‧舜典》：「聲依永，律和聲」，《僞孔傳》：「律謂六律六呂，十二月之音氣」，《正義》曰：「《周禮》：太師掌六律六呂、以合陰陽之聲。……《漢書‧律曆志》云：律有十二，陽六爲律，陰六爲呂。是陰律名同，亦名呂也。鄭玄云：『律述氣也，同助陰宣氣與之同也。』又云：『呂，旅也，助陽宣氣也。』……聖人之作律也既以出音，又以候氣，布十二律於十二月之位。氣至則律應，是六律六呂，述十二月之音氣也。」沿用鄭義尤爲顯著。

雖然，鄭玄爻辰說，又以十二辰之屬相及每辰所值之五行，推及方位、時令等等。於是四方、五行、十二月、十二肖，以至卦氣、二十八宿等，皆爲其籠罩圈有之，侈而且誕，孔疏勿取焉。惠棟不知《正義》用何妥義而上合馬、鄭，以爲「王輔嗣解《易》不用爻辰，孔氏《正義》黜鄭存王，故有是說」（《易漢學》卷六），詮衡未允，寧足稽式哉？

（三）卦氣與六日七分

習言卦氣，實有廣狹二義。今以孟氏之爻主一候，以配節氣者當之，取便紬說耳。

孟喜之法，以〈坎〉、〈離〉、〈震〉、〈兌〉爲四正卦，以其初爻當二至二分。四分卦凡二十四爻，爻主一氣。說詳《新唐書‧曆志》一行〈卦議〉引。餘六十卦，分值周歲三百六十五日又四分之一，故卦值六日七分。六十卦中，以十二消息爲辟卦。十二辟卦凡七十二爻，以主七十二候焉。其圖與其說俱見前述。唯其六十卦值日之法，則自京房與《易緯》以下，論者繁滋，《魏書》正光術所載雖詳，乃與《易緯》、《漢書‧五行志》所記弗合，荒侈難徵，固已莫可究詰；《新唐書‧曆志》所載其六十卦配七十二候圖，又與辟卦主候之說不同。援證定疑，靡所折衷。殆其成說，雖與《呂覽‧月令》相合，究非《易》道。〔註15〕莊存與《卦氣解》（《皇清經解續編》卷百六十）所論，猶

〔註15〕焦循曰：「夫六十四卦三百八十四爻，與一歲三百六十五日四分之一，本不可強配……其取〈坎〉、〈離〉、〈震〉、〈兌〉爲四正，本諸〈說卦〉東西南北之位。其取十二辟卦，第以陰爻陽爻自下而上者以爲度。其餘不足以配。於是〈乾〉、〈坤〉、〈復〉、〈姤〉等，既用以配十二月，又用以當一月中之六日七分。譬之羅經二十四向，於十幹則舍戊、巳，於八卦止用〈乾〉、〈巽〉、〈坤〉、〈艮〉。其別有用意，原無關於《易》也。」屈萬里先生亦云：「消息之義，〈象

可推勘，得其遺說。然迂繚比傅，棼不可理。孔穎達《正義》不用此說，是矣。

顧卦氣之術，配合時日以說占驗，固可存而弗論；六日七分明見於卦辭，又豈可置之勿議？故孔疏不采卦氣配部之談，而獨於六日七分殷殷致意也。

〈復卦〉辭：「七日來復」，〈象〉曰：「『復，亨』，……反復其道，七日來復，天行也。」王《注》：「陽氣始剝盡至來復時，凡七日。」孔疏申之曰：

> 『陽氣始剝盡』，謂陽氣始於剝盡之後，至陽氣來復時，凡經七日。……觀《注》之意，亦用《易緯》六日七分之義，同鄭康成之說，但於文省略，不復具言。案：《易緯稽覽圖》云：「卦氣起〈中孚〉，故〈離〉、〈坎〉、〈震〉、〈兌〉，各主其一方，其餘六十卦，卦有六爻，爻別主一日，凡三百六十日。餘有五日四分日之一者，每日分爲八十分，五日分爲四百分。四分日之一，又爲二十分，是四百二十分。六十卦分之。六七四十二卦，別各得七分，是每卦得六日七分也。〈剝卦〉陽氣之盡在於九月之末，十月當純〈坤〉用事；〈坤卦〉有六日七分，〈坤卦〉之盡，則〈復卦〉陽來，是從剝盡至陽氣來復，隔〈坤〉之一卦六日七分，舉成數言之，故輔嗣言「凡七日」也。

說又見《正義·序》，其云：

> 〈復卦〉云「七日來復」，竝解云「七日當爲七月，謂陽氣從五月建午而消，至十一月建子始復，所歷七辰，故云七月。」〔註16〕今案：

傳）已發其耑，在漢人《易》例中，最爲於古有徵。……惟是消息卦之配十二月、配君辟，不過卦氣術之一例。卦氣之術，乃用於推說災異，本與《易》學無關。至荀、虞各家，遂用消息卦以釋經傳，宜其穿鑿罕通也。……卦氣之術，不過配合時日，比附人事，以便占說災異。其以〈坎〉、〈離〉、〈震〉、〈兌〉爲四正卦，猶可曰徵諸〈說卦〉而有據也。然以之分值二十四氣則無徵。以十二消息卦分屬十二月，猶可曰以陰陽盈虛之卦畫，衡諸寒暑消長之氣候而有合也；然以之分至七十二候則無據。至以六十卦分於周歲、卦值六日七分，不以本經爲序，惟以卦畫、卦名肆意分割，益覺支離無當。」（《先秦漢魏易例述評》卷下）

〔註16〕〈復卦〉疏曰：「褚氏、莊氏竝云五月一陰生，至十一月一陽生，凡七月。而云七日不云月者，欲見陽長須速，故變月言日。今輔嗣云剝盡至來復，是從盡至來復七日也。若從五月言之，何得云始盡也？又臨卦亦是陽長而言八月，今復卦亦是陽長，何以獨變月而稽七日？」案：以七日爲七月之說，南北朝暨隋唐間頗盛，唐人侯果曰：「五月天行至午，陽復而陰生也。十一月天行至

輔嗣注云：「陽氣始剝盡，至來復時，凡七日。」則是陽氣剝盡之後，
凡經七日始復。但陽氣雖建午始消，至建戌之月，陽氣猶在，何得
稱七月來復？故鄭康成引《易緯》之說：建戌之月，以陽氣既盡；
建亥之月，純陰用事。至建子之月，陽氣始生。隔此純陰一卦，卦
主六日七分，舉其成數言之，而云「七日來復」。仲尼之《緯》分明；
輔嗣之《注》若此；康成之說，遺迹可尋。輔嗣注之於前，諸儒背
之於後，考其義理，其可通乎！

蓋其極得意之筆，故屢屢言之也。四庫館臣所謂「〈復·象〉七日來復，王偶
用六日七分之說，則推明鄭義之善」者，即指此言。然亦非鄭義，孟氏法耳。
《稽覽圖》云：「冬至日在〈坎〉，春分日在〈震〉，夏至日在〈離〉，秋分日
在〈兌〉。《易緯·是類謀》以此四正之卦，卦有六爻，爻主一氣。餘六十卦，
卦主六日七分。——八十分日之七——正歲三百六十五日四分日之一，六十
而一周。」此一說也。

焦延壽之法與此殊，其法以所餘五又四分之一日，〈坎〉、〈震〉、〈離〉、〈兌〉
各配一日，餘一又四分日之一則未有說，不可諦考。此其二也。

至於京房，則自冬至、春分、夏至、秋分之前一卦（分別為〈頤〉、〈晉〉、
〈井〉、〈大畜〉），取八十分日之七十三以入四正卦中，故「〈頤〉、〈晉〉、〈井〉、
〈大畜〉，皆五日十四分，餘皆六日七分」（唐一行〈大衍歷議〉引）此其三也。

又，除〈坎〉、〈離〉、〈震〉、〈兌〉外，餘六十卦卦主六日，共得三百六
十，餘五日又四分之一歸閏。其說出《易軌》，李鼎祚《周易集解》述之。
此第四說也。

孔穎達以緯書為仲尼所撰，故以《稽覽圖》、《是類謀》所述者為是。今
細觀〈正義序〉所稱諸儒並解七日為七月，謂陽氣從五月建午而消，至十一
月建子始復云云，則諸儒並用十二月消息說，而以輔嗣為不可信矣。顧六日
七分之說，諸家胥本歷象，非《易》義也，焦循《易圖略》卷八辨之曰：

蓋無論自〈坎〉來、自〈頤〉來、自〈中孚〉來，皆非經之所有。
以其與〈剝〉相次，故改為自〈剝〉隔〈坤〉而來復。然六日七分

子，陰復而陽生也。天地運行、陰陽升復，凡歷七月，故曰：『七日來復』，
此天之運行也。〈豳〉詩曰：『一之日觱發，二之日栗烈。』一之日，周之正
月也；二之日，周之二月也。則古人呼月為日明矣。」（李鼎祚《周易集解》
引）王引之《經義述聞》駁之，以為一之日者，一月之日；二之日，二月之
日也。月不可謂日，歲不可謂月（卷一）。甚是。

者，六十卦所值；以〈坤〉言之，則相隔一月，何止七日？……《易》
言七日者三，〈既濟〉於卦氣屬十月；〈震〉則所謂四正卦，居方伯
之位者也。依孟氏不在六日七分之列，依京氏則割〈晉〉之七十三
分以歸之者也，何爲七日耶？……李鼎祚雖疑之，以爲未測端倪。
然以六日當〈坤〉之六爻，七分爲閏餘不用，而以復初當一日，合
爲七日，則猶惑也。〔註17〕

諸說俱非，孔疏亦未嘗獨是。蓋以釋《易》詮義，不得不有揀擇，而孟說據
本《易緯》，最足採案而已。雖輔嗣以掃象自誓，猶且不能滌盪盡去；而況沖
遠之本有所取於京、孟者耶？

　　總茲所述，礭知孔氏義疏雖云宗本王《注》，其實塗轍相殊，匪可一概。其
間固有踵迹疊互者，而忘象之說，究與存象觀象之旨懸異。孔穎達由體推理，
由理定象，故觀象論《易》，說卦言德，尤與王《注》不類。牟宗三云〈乾・象〉
王《注》甚美，能當掌握乾健之德（見所著《才性與玄理》，頁 103）。不知王
不言德，論卦德者始於孔，故〈乾卦〉卦辭孔疏云：「元、亨、利、貞，是〈乾〉
之四德也。言此卦之德，有純陽之性。」〈乾・象〉疏：「大明終始，六位時成，
此二句總結〈乾卦〉之德也。」……若斯之比，其例可尋，未宜誣枉。牟氏蓋
亦失於檢照歟？即此一端，影響宋明理學甚鉅，雖伊川之推本王弼，論卦德處，
猶是自孔轉手。且理學宗旨，雖多自《易傳》衍出，而宋人論《易》，亦鮮有宗
本伊川者。良以象數之學，雖經輔嗣廓掃，而南北朝諸儒背之於前，孔氏義疏
改之於後。理學滋興，遂亦不能廢象數，非惟不能廢也，濂溪、橫渠以至邵堯
夫皆自象數出。遯翁苦學伊川，於《易傳》一書，竟亦不能首肯，別撰《本義》，
以詳其象數辭占。流變之迹，彰彰可考。而世未之察，謬以漢《易》爲象數、

〔註17〕《易》有往來例。〈泰卦〉卦辭曰：「小往大來」，〈否卦〉卦辭云：「大往小來」，
二卦相反爲序，則〈泰〉之組成，爲〈否卦〉內〈卦〉坤之反轉爲其外卦，〈否
卦〉外之〈乾〉反轉爲其內卦。此在〈泰卦〉言之，名曰小往大來。蓋〈坤〉
稱小、〈乾〉（陽爻）稱大也。〈否卦〉則爲〈泰〉之內卦反轉爲外卦，〈泰〉
之外卦反轉爲其內卦，故稱大往小來。〈復卦〉辭曰：「反復其道，七日來復」。
王應麟《困學紀聞》載薛其溫注云：「《易》以初爻爲七日者，舉前卦而云然
也。復之『七日來復』；〈震〉、〈既濟〉之『七日得』，皆舉初爻。」李漢三曰：
「薛氏之說是也。反復其道，七日來復云者，反復謂往來，來復謂歸來。言
〈復〉初九反轉爲〈剝〉上九，歷程爲一；〈剝〉上九反轉爲〈復〉初九，歷
程爲六。往來之間，共七道歷程也。」（《周易卦爻辭釋義》，頁 19）諸說中以
此爲最平實。

宋《易》爲義理，豈其然乎？李綱《梁谿易傳內篇・序》曰：「漢晉間如九師之流，一主於象數，而不稽義理，故其取象曼衍迂濶，多悖聖人之意。自王輔嗣以來，及近世學者，一主於義理，而不求象數，故其訓義與象相違，因失聖人之意者，亦不爲尠。二者胥失也。夫聖人極數以定象，立象以盡意，舍象數以求意，是猶捨筌蹄而求魚兔。」質諸象數，以考義理，此宋人之通言也，《宋志》所錄諸《易》學書可以覆按，其塗固出於孔氏。此義不知，曾何足以論漢、晉、唐、宋之《易》學乎？敍象既訖，請論其數。

貳、觀《易》取數

劉牧《易數鈎隱圖・序》曰：「卦者，聖人設之，觀於象也。象者形上之應，原其本則形由象生，象由數設。捨其數，則無以見四象所由之宗也。」象者卦象，數則一曰數目、一指推測卦象之術。《淮南子・原道篇》曰：「貴其周於數而合於時也」，故數不可不論。〔註18〕《四庫提要》云：「術數之興，多在秦漢以後，要其旨不出乎陰陽五行生剋制化，實皆《易》之支派，傅以雜說耳。」蓋指術數而言。若數、象數，則《易》家正塗，非爲支脈，故《春秋繁露》謂《易》本天地，故長於數。抑不僅於《易》也，數之觀念，爲早期哲學史中重要課題，馮友蘭以爲象數之學與希臘畢達哥拉斯學派相似（見所著《中國哲學史》，頁 548），雖非碻論，而實可藉此審諦吾國哲學之特質。徐復觀〈揚雄論究〉云：

> 畢氏們以數爲萬物的本質，將數的要素安放在質料的種類之中。因爲他們認爲數是內存的東西；存在是由數所成立、所形成的。中國

〔註18〕 朱熹〈答陸子美書〉：「近嘗作一卜筮書，著緣近世說《易》者，於象數全然濶略；其不然者，又太拘滯支離，不可究詰。故推本聖人經傳中說象數者，只此數條。以意推之，以爲是足以上究聖人作」《易》之本恉，下濟生人觀變玩占之實用，學《易》者決不可以不知。而凡觀象數之過乎此者，皆可以束之高閣而不必問矣。」又，方以智《物理小識・象數理氣徵幾論》曰：「爲物不二之至理，隱不可見，質皆氣也。微其端幾，不離象數。彼掃器言道，離費窮隱者，偏權也。日月星辰，天懸象數如此；官肢經絡，天之表人身也如此；圖書卦策，聖人之冒準約幾如此。無非物也，無非心也，猶二之乎？自黃帝明運氣，唐虞在璣衡，孔子學《易》以扐閏衍天地之五，曆數律度，是所首重。儒者多半弗問，故秩序變化之原不能灼然。……其言象數也，類流小術，支離附會，未覈其眞，又宜其生厭也。于是乎兩間之眞象數，舉皆茫然矣。」是知象數爲儒者所必論，然論之太過亦非《易》學正塗。

對於數與萬物的關係，是由《左傳》魯僖公十五年晉韓簡所說的「物
生而後有象，象而後有滋，滋而後有數」的觀念所代表。這很明顯
地認定物先數後，物非數生。到了董仲舒以下逮揚雄們，只進一步
認爲天地及萬物會表現而爲數，故通過數可以把握天道及萬物的活
動。但天地萬物的本質，在他們看來是陰陽五行之氣，是由氣所形
成的。〔註19〕

透過數即可掌握天道萬物之活動，物先數後等觀念，爲我國哲學傳統，《朱子
語類》卷六五雖云氣便是數，亦終以氣先數後，曰：「有是氣，便有是數」、「有
氣有形便有數。物有衰旺，推其始終便可知。」雖朱子不異漢儒，於此可見。
且此等觀念，亦不始於漢儒，蓋出於《易》也。

　　然《易・繫》嘗云《易》有聖人之道四，而數不與之，則是數兼於象也；
何以又云極其數遂定天下之象？孔穎達《周易正義》說〈卦疏〉曰：

　　　敘聖人本制著數卦爻，備明天道人事妙極之理。……著是數也，《傳》
　　稱物生而後有象、象而後有滋，滋而後有數，然則數從象生，故可
　　用數求象。

以爻數明天道人事之妙，即前文所謂「通過數可以把握天道及萬物的活動」。
至於數從象生，故可用數求象，不特與前述數之傳統相合，亦與《易》義符
契。而數兼於象，及極數定象，遂爲《正義》論象之兩途矣。

　　〈繫上〉疏曰：「兩儀生四象，七八九六之謂。」，又曰：「『兩儀生四象』
者，謂金木水火，禀天地而有，土則分主四季。」是數兼於象也。〈繫上〉疏又
云：「極二百一十六策，以定〈乾〉之老陽之象；窮一百四十四策，以定〈坤〉
之老陰之象。」是極數以定象也。象之與數，同出於太虛自然。聖人法天，用
大衍之數以定爻象；君子觀象，復窮極其陰陽之數以察天下萬物之象。準斯而
言，宜有三事須論：大衍之數一也；七八九六二也；初上無位三也。

一、大衍之數

　　揲著參伍，錯綜其數以定《易》象。而揲筮之法，諸家不同，其論大衍
之數，遂亦多異。孔氏《正義》所謂「義有多家，各有其說，未知孰是」者，
可以想見其概。〈繫辭上傳〉：「大衍之數五十，其用四十有九，分而爲二，以
象兩，掛一以象三，揲之以四，以象四時，歸奇于扐以象閏。五歲再閏，故

再扐而後掛。」犕略言之，殆有六義：

（一）五十者，謂十日、十二辰、二十八宿也。凡五十。其一不用者，天之生氣，將欲以虛求實，故用四十九焉。此京房義也。

（二）《易》有太極，北辰是也。太極生兩儀，兩儀生日月，日月生四時，四時生五行，五行生十二月，十二月生二十四氣。北辰居中不動，其餘四十九轉運而用也。馬融主之。

（三）天地之數，五十有五，以五行通氣，凡五行減五，大衍又減一，故四十九也。鄭玄主之。

（四）卦各六，六八四十八，加〈乾〉、〈坤〉二用，凡有五十。〈乾〉初九：「潛龍勿用」，故用四十九焉。荀爽說也。

（五）天地之數五十有五者，其六以象六畫之數，故減之而用四十九。姚信、董遇主之。

（六）演天地之數，所賴者五十也。其用四十有九，則其一不用也。不用而用之以通；非數而數以之成。斯《易》之太極也。此王弼之說也。

凡此六說，俱見孔穎達《正義》所引。〈繫辭上傳〉曰：「大衍之數五十，其用四十有九。」以此度之，姚、董之說，頗傷穿鑿；荀、鄭所議，亦無綱紀。京氏參取星宿、馬融雜采五行，皆與王弼以籌策立言者殊。孔穎達曰：「萬物之策凡有萬一千五百二十，其用此策以推演天地之數，唯五十策也。」弼說所以異於京、馬、鄭、荀者在此。牟宗三不解其究竟，以為此乃「以體明用」，非也（牟說見所著《才性與玄理》，頁 109〔註20〕）。

至於王弼所稱：「其一不用，不用而用以之通；非數而數以之成，斯《易》之太極也。四十有九，數之極也。夫無不可以無明；必因於有，故常於有物之極，而必明其所由之宗」者，固仍於漢儒舊義也。孔疏引京房曰：「其一不用者，天之生氣，將欲以虛來實。」《乾鑿度》鄭注：「《星經》曰：天一太乙，主氣之神。」是京氏所云天之生氣者，太乙也。太乙即北辰，為《易》之太極：孔疏引馬融曰：「《易》有太極，謂北辰也。」秦漢間皆以太一為道，《三統曆》又云：「以五乘十，大衍之數也。而道據其一，其餘四十九，所當用也。」道不

〔註20〕 牟宗三又云：「王弼之功績即在扭轉此質實之心靈而為虛靈之玄思。扭轉圖畫式的氣化宇宙論而為純玄理之形上學。」（《才性與玄理》，頁 114）理據未瑩，殊難任信。良以輔嗣之說，根本於數，以數擬象天地，何嘗為純玄理之形上學？

用,而用皆由道。王弼所謂:「於有物之極,明其所由之宗」者也。太極之氣,爲萬有所自出,故京房曰:「天之主氣,欲以虛來實。」亦即《乾鑿度》所云:「有形生於無形。」王弼之議,何嘗與漢儒背貳?顧其據數而言,以稱太極;獨採虛無之義,而遺此虛無之理論由來,於義未周,故《伊川易傳》補合之云:「有理則有器,有氣則有數。數,氣之用也。」王弼據用窺體,故與馬、鄭之就體明用者殊,然其以虛顯實之理則一。但輔嗣據用窺體,故又特詳於因有明無耳。孔穎達曰:「『非數而數以之成』者,太一虛無,無形無數,……凡有皆從無而來,故《易》從太一爲始。」此以無顯有也。疏又曰:「若欲明虛無之理,必因於有物之境。」此據用觀體也。諸家皆明氣與數,獨穎達有理器之說;伊川所本,不可忽也。張鑑〈大衍論〉曰:「孔疏之說,則衍推弼詞而失之亂!」意其所言,或有所本。然唵曖理實,未爲達論也(張說見《皇清經解》卷一三八六《經義叢鈔》引)。

二、七八九六

王弼據數言體,亦非無故,〈乾〉之初九疏曰:

〈說卦〉云:「聖人之作《易》也,幽贊於神明而生著,三天兩地而倚數,觀變於陰陽而立卦,發揮於剛柔而生爻。」〈繫辭〉云:「成天下之亹亹者,莫大乎著龜。是故天生神物,聖人則之。」又,《易乾鑿度》云:「垂皇策者犧。」據此諸文,皆是用著以求卦。先儒之說,理當然矣。然陽爻稱「九」、陰爻稱「六」,其說有二:一者乾體有三畫,坤體有六畫,陽得兼陰,故其數九;陰不得兼陽,故其數六。二者老陽數九,老陰數六,老陽老陰皆變,《周易》以變者爲占,故杜元凱注襄九年《傳》遇〈艮〉之八,及鄭康成注《易》,皆稱《周易》以變者爲占,故稱九、稱六。所以老陽數九,老陰數六者,以揲著之數,九遇揲則得老陽,六遇揲則得老陰。其少陽稱七,少陰稱八,義亦準此。

《史記·太史公自序》云:《易》著天地、四時、陰陽、五行,故長於變。《周易》以變爲占,而七八二數,實不見於經傳。《易緯乾鑿度》曰:「陽動而進,陰動而退,故陽以七,陰以八爲象。」以七、八稱少陽、少陰者,殆始於此。然《東坡易傳》引一行揲著之法云:「七八九六者,因揲數以名陰陽,而陰陽之所以爲老少者,不在乎是,而在乎三變之間。」三變以前,卦畫僅表陰陽,

並無老少；三變之後，始分老少，《周易》既以變爲占，老爲變爻，故須記出以觀其變；七八爲少，其爻不變，只爲定位，故經文不錄，《說文解字》曰：「六，《易》之數，陰變於六，正於八」，又「七，陽之正也」，適可以證此。且《易緯乾鑿度》有云：「陽動而進，變七之九，象其氣之息也；陰動而退，變八之六，象其氣之消也。故太一取其數以行九宮。」太一者北辰之神名，居其所曰太一，常行於八卦日辰之間，曰天一或曰太一，爲主氣之神。據此，則尤可以知數爲氣之用也。《易》從太一爲始，故必論七八九六。

毛奇齡謂陰陽老少之說，始於唐人崔憬（《仲氏易》「潛龍勿用」下小字注）。實則崔本張譏之說，以解大衍之數而已（見崔憬《周易探玄》）。張譏之說，孔疏引之，蓋亦源於鄭康成者。

又案：此云老少陰陽，與卦象不同，卦象以〈震〉爲長陽，〈巽〉爲長陰，〈兌〉爲少陰（詳〈恒〉之〈象〉疏，及〈歸妹〉卦辭注）。此云七八九六則本之於數，以數定象，故疏又云：「兩儀生四象，七八九六之謂也。故諸儒有爲七八九六，今則從以爲義。」四象何以有七八九六之名？〈繫上〉疏既曰：「四象者，謂金木水火」，則此云七八九六者，必有說也。鄭玄曰：「布六於北方以象水，布八於東方以象木，布九於西方以象金，布七於南方以象火。」穎達用鄭氏義也。又，〈繫辭上〉：「精氣爲物，遊魂爲變」鄭玄注曰：

> 精氣謂七八、遊魂謂九六。七八，木火之數；九六，金水之數。木火用事而物生，故曰精氣爲物；金水用事而物變，故曰遊魂爲變。
>
> 言木火之神，生物東南；金水之鬼，終物西北。

木火用事而物生，物生則少，是少爲木火七八之數，故七八爲少陽、少陰。金水用事而物變，所謂終物是也。終物爲老，故九六爲老陽、老陰之數。《春秋左氏傳》蔡墨言龍在〈乾〉之〈姤〉，曰潛龍勿用；其〈同人〉曰：「見龍在田」，其〈大有〉曰：「飛龍在天」，其〈夬〉：「亢龍有悔」，其〈坤〉曰：「見群龍無首」，杜預注：「坤上坤下，〈乾〉六爻皆變。」疏：「〈乾〉之六爻皆變，則成〈坤卦〉；故爲用九之辭。」是〈乾〉之用九，所以變〈坤〉；〈坤〉之用六，所以變〈乾〉。鄭玄稱《周易》占變，此其義也。張譏《周易講疏》曰：「七爲少陽，八爲少陰，質而不變，爲爻之本體；九爲老陽，六爲老陰，文而從變，故爲爻之別占。」（《正義》引）說本康成而源出《易緯》。《乾鑿度》曰：「陽動而進，陰動而退，故陽以七，陰以八爲象。《易》一陰一陽合爲十五之謂道。陽變，七之九；陰變，八之六，亦合於十五。則象變之數，若之一也。」

孔穎達《正義》甄錄此義，而置第一說於不論不議（俞樾《群經平議》卷一，斥其第一說爲不可通）。是據於揲蓍之數者也。

抑又考之：數有天地之數、有揲蓍之數。《儀禮》孔疏曰：「錢卜，以三少爲重錢，九也；以三多爲交錢，六也。兩多一少爲單錢，七也；兩少一多爲拆錢，八也。」仍屬揲蓍之數。若天地之數，則惠棟《周易述》云：

> 馬融、王肅據天數五、地數五，五位相得而各有合云：五位相合，以陰從陽，天得三合，謂一三與五也。地得三合，謂二與四也。一三五凡三，參之而九；二四凡二，兩之而六。謂參天兩地，而立九六之數也（說又詳《正義・繫辭下》疏引）。

其說本之〈繫辭〉。鄭玄解大衍，即用天地之數爲釋，故與王弼之主於揲蓍者異。孔穎達曰：「先儒馬融、王肅、鄭玄等解此，皆依〈繫〉。……其意皆以〈繫辭〉所云大衍之數五十，其用四十有九，明用蓍之數。下云天數五、地數五，五位相得，而各有合，天地之數五十有五。以爲大衍即天地之數。」（〈繫下疏〉）孔氏立義，多主用蓍之數，其釋大衍不用鄭義，而解七八九六則用之者，蓋以爲「倚數生數，在生蓍之後，立卦之前」也（同上）。宋人葉夢得、蘇東坡主《正義》揲蓍之義；朱熹、楊龜山則皆據天地之數而略變者也。〔註21〕輔嗣《易》

〔註21〕論《易》之九六者，尚有河圖洛書之說，《《易》學啓蒙・圖書第一》：「其七八九六之數不同何也？曰河圖六七八九既附於生數之外矣，此陰陽老少進退饒乏之正也。其九者生數，一三五之精也。故自北而東，自東而西，以成於四之外。其六者生數，二四之積也。故自南而西，自西而北，以成於一以外。七則九之自西而南者也；八則六之自北而東也。此又陰陽老少互藏其宅之變也。洛書之縱橫十五，而七八九六迭爲消長，虛五分十，而一含九、二含八、三含七、四含六，則參伍錯綜無適而不遇其合焉。此變化無窮之所以爲妙也。」宋人所傳《河圖》、《洛書》，悉以黑白點表之；若以數字表別之，則爲：

6	7	2
1	5	9
8	3	4

河　圖

2	7	6
9	5	1
4	3	8

洛　書

其上下縱橫交叉之數，各爲十五。以五居中，一二三四及一三七九各居其五象本方之外，而六七八九十與二四六八者，又各因五而得數以附於其生數之外。中爲主而外爲客，正爲君而側爲臣。此說創自宋人，非唐以前所有，故本書不論。且毛奇齡《河洛原舛》已駁數不可爲圖，衍不得爲卦。胡朏明《易圖明辨》亦謂天地之數不得爲《河圖》，以〈大傳〉無明文，而五十有五，但能生蓍，不可以畫卦。是此說踳駁失據，未足任信也。

注，於此僅云：「〈文言〉備矣」（〈乾〉初九注）、「卦以象之」（〈繫上〉韓注），
含混籠統，豈能與穎達之發揮精蘊，自成圓論者相匹儕哉？何劭所撰〈王弼傳〉
謂弼注初成，穎川人荀融難弼大衍義，弼答其意，白書以戲之。則輔嗣於此，
或有精義，爲今所未傳者歟？

三、初上無位

輔嗣《易》注之述卦例，略有三端：反對一也；二體二也；卦以一爻爲
主三也。又以陰爻居陰位、陽爻居陽位爲得位，《《略例》・辯位篇》：「位有尊
卑，爻有陰陽。尊者，陽之所處；卑者，陰之所履也。故以尊爲陽位，卑爲
陰位。去初上而論位分，則三五各在一卦之上，亦何得不謂之陽位？二四各
在一卦之下，亦何得不謂之陰位？」是其證焉。然其書言得位、失位等，均
不含初爻、上爻，以初、上爲事之始終，故無陰、陽定位也。〈辯位篇〉曰：

> 案：〈象〉無初上得位失位之文，又〈繫辭〉但論三五、二四同功異
> 位，亦不及初上，何乎？唯〈乾〉上九〈文言〉云：「貴而無位」，〈需〉
> 上六云：「雖不當位」。若以上爲陰位耶？則〈需〉上六不得云「不
> 當位」也；若以上爲陽位耶？則〈乾〉上九不得云「貴而無位」也。
> 陰陽處之，皆云非位，而初亦不云當位失位也。然則初上者，是事
> 之始終，無陰陽定位也。……初上雖無陰陽本位，是終始之地也。
> 統而論之，爻之所處，則謂之位。

以初上無定位，故云：「去初上而論位分」。此說譽者謂其具體用之義，有義
理之智思（見牟宗三《才性與玄理》，頁 110）；不知其出於鄭玄也。〔註22〕且
此說由誤解〈象〉、〈象〉而來，本非達解，屈萬里駁之曰：「〈既濟〉六爻皆得
位，〈象傳〉曰：『剛柔正而位當也』；〈未濟〉六爻皆失位，〈象傳〉曰：『雖不
當位，剛柔應也』。則是初以陽爲當位，上以陰爲當位，非無陰陽定位也。至
〈需〉上六〈象傳〉：『雖不當位』之語，乃衍一位字。〈乾・文言傳〉：『貴而
無位』，正謂以陽居上爲不當位，非謂無陰陽之位也。」（《先秦漢魏易例述評》，
頁 153）若據此說，王《注》之悖於經也顯然。

今以王《注》考之：〈乾・文言〉上九注曰：「處上卦之極而不當位，故
盡陳其闕也。」九者陽也，既云不當位，則是以上爲陰位矣。〈損〉九二注又

〔註22〕沈曾植《海日樓札叢》卷一：「鄭《易》多用互體爲說，所謂『雜物撰德，非
中爻不備』者也。王輔嗣說初上無位，蓋引申鄭義。」（《東軒溫故錄》）

曰：「下不可以無正，初九已損剛以順柔。」既云「初上無位」而復云「下不可以無正」，非矛盾耶？〈漸卦〉卦辭注曰：「始進而未得其位，則困於小子，窮於謗言，故曰『小子厲有言』也。」以初爲陽位，今以陰居之，故云「始進而未得其位」。凡茲數例，咸以初上有位釋經，與《略例》所述者迥異，何其舛牾至此乎！既非經旨，抑且自乖其例，宜夫後儒莫之或從也。《朱子語類》卷六十七曰：

> 問：「王弼説『初上無陰陽定位』，如何？」曰：「伊川説：『陰陽奇偶，豈容無也？〈乾〉上九「貴而無位」，〈需〉上六「不當位」，乃爵位之位，非陰陽之位。』此説極好！」

顧亭林爲之折衷云：《易傳》言位，有爻位與爵位二義，以人言之，五爲君位、二三四爲臣位。初爲未仕之人，上爲隱淪之士，皆不爲臣也（詳《日知錄》卷一：六爻言位）。亭林此説，實肇於《正義》。《正義》〈大有〉上九疏：「既居無位之地，不以富有縈心，是不繫累於位。」又，〈噬嗑〉初九疏：「居無位之地，是受刑之人。」以初九爲刑徒，上九爲貴人，非伊川、亭林爵位之説歟？〈需〉上六〈象〉疏：「雖不當位，而以一陰爲三陽主。……其於六爻皆假他物之象以明人事。……法此六爻即萬事盡矣。不可皆以人事曲細比之。」非亭林位不指人但稱爻位之説歟？校緝先後，其淵源蹤迹，燦朗可識矣。

抑又考之：孔疏言位，除爻位、爵位二義外，別有形上學之意義，〈乾・文言〉疏：「初爲無用之地，上爲盡末之境。」意括輔嗣所謂初上爲終始之地而略異。初居無用者，大衍義所謂「其一不用而用以之通；非數而數以之成」也。初上無位而能極有盡末，非王《注》僅以事之終始爲説者比。基於此一形上要求，故孔疏仍用初上無位之説而進以爲：「初上雖無正位，統而論之，爻亦居始末之位。故〈乾・象〉云六位時成。」既云六位時成，則初上非無位也可知。且爻亦始末之位，初上何以獨無陰陽定位？故其解〈頤〉之上九，不據王《注》「貴而無位」爲釋；〈乾・文言〉上九疏亦云：「子曰貴而無位者，以上九非位，而上九居之，是無位也。」阮元《十三經校勘記》引盧文弨曰：「當作上非九位而九居之」則是以上爲陰位明矣。由是觀之，孔疏雖大抵仍採初上無位説，而其內涵與原因實與王弼不同。且據〈象傳〉而論，則初上亦非無位，孔疏所謂統而言之云云，顯已區別此義爲有位與無位二類，義最圓賅，非如王《注》之自爲牴牾者也。

第五章 《周易正義》之義理結構

壹、形上架構之初步考察

一、形上學研究進路之說明

　　所謂形上學，即討論宇宙一切存有所共由之道及其普遍表現原則之理論。為一切哲學之核心與基礎，故亞里斯多德稱之為首要哲學（Prote philosophia）。斯學也，得諸推理而非經驗，故為非實驗的（non-experimental）；其性質與問題乃至其一切概念皆自傳統（tradition）而來，故亦為歷史的（historical）。換言之，形上學無所謂真與不真，亦不可以現代科學知識否定之；而各文化之形上學之性質，均由其文化傳統決定。文化之連續性及此文化之所以有其特性，僅可於形上學中窺求之。蓋形上學所使用之名詞、概念、與所提之問題，皆為表現文化傳統而生者，非透過形上學，則不能知其文化之大統。形上學為思想與文化中之起首論點（initial argument），其他一切倫理、宗教、政治、社會等，則為由形上學伸衍而出之衍出論點（derivative argument）。

　　以孔穎達《正義》為例，則以上所述，為尤易證明。《周易正義》所闡釋與提出之問題，胥非穎達一人之知見；而其書中所用概念，亦皆根源於周、秦、兩漢以迄魏、晉、南北朝。其書為一形上學之大系統，倫理政治等，涵攝其中，猶未鬯演，所謂但見其幾而已。故今考論此書，宜以形上學為研究進路（approach），以利索賾。

　　〈繫辭上傳〉：「形而上者，道也；形而下者，器也。」形上者，超時空而潛存（Subsist）：潛存則實有而不具體顯相；超時空，故永存恒在（Eternal）。

形下者，在時空而存有（Exist），與形而上者不同。然道器之辨、形上形下之別，理雖二分，實亦通貫。程明道所謂：「上天之載，無聲無臭，其理則謂之道，其命於人則謂之性。徹上徹下，不過如此。器亦道、道亦器。」（《二程遺書》卷一）最爲達論。西方哲學兩大統類，一重法則理念（Logos and Idea）；一重生命及存在（"Bios" life and existence）。浸至前者以超越之泛邏輯論（transcendental panlogism）架構其形上系統，成爲普遍、抽象而閉塞之客體。未能切察「人」存在之變動與發展。後者雖特重主體，而哲學又多爲生活層面所侷限，其不能澈悟生命之源則一。形之上下，割截爲二，與《易》教爲不相侔矣。

今按：哲學以研究實有爲其標鵠，而形上學則爲討論實有之最終歸局及一切哲學系統發展之原理，雖已爲學界所共知，然其塗嚮多端，匪可一概。或由知入，或由行入，注目所在，各有區別：

其由感知與認識之考察入者，重在追索吾人內在認識作用中之先天要素。此種考察，超乎直接之感知與狹義之經驗範限，而其對象則爲秉受天命之「人」。故於覼論天道時，逕指認知主體（Subject）心（性）之實有，並以此爲認知之呈現原理及存有論之實現原則（Principle of ontological actualization）。如荀卿所謂：「心有徵知，徵知則緣耳而知聲可也，緣目而知形可也。」、「心慮而能爲之動謂之僞」（〈正名篇〉）、「心者，形之君也，神明之主也，出令而無所受令」、「人何以知道？曰心。心何以知？曰虛壹而靜。」（〈解蔽篇〉）、張載所云：「合性與知覺，有心之名。」（《正蒙·太和》）……等等，皆其族也。

其由道德之實踐入者，則必考尋道德實踐之超越依據。此超越之依據，亦心性也。孟子以此爲道德主體：「吾欲善則善矣」。

總茲二類，竝以直觀之思維爲重，略可統攝吾國之論形上學者矣。然此非究極之說也，何耶？心性云者，就人之範疇而言，人處宇宙間，道有運化而後有人，有人而後有心、有性。覼論心性而不推極於宇宙之生衍興化，無乃悖乎？孟子曰：「盡其心者知其性；知其性，則知天矣。」（〈盡心上〉）荀子亦云：「人何以知道？曰心」、「心者，道之工宰也」（〈解蔽〉）。《中庸》亦云：「天命之謂性，率性之謂道」，此皆徹上徹下之說也。天有其超越而又內在之意義，爲心性之本源（天生烝民，而心性又內在於人），故往昔賢者論性不同，其實皆由於對「天」之認識不同而來。既論天道，必有一概括之世

界觀，說明天道運化與人之關聯；默察人居處宇宙間之地位，而提供冥合天道之可能途徑。故「本體論及宇宙論之陳述」（Onto-cosmological statements）實爲哲學系統中所不可或缺者。然此與希臘以下西方純知解純外在之形上學殊矣。〔註1〕〈繫辭上傳〉孔穎達疏曰：「順天道之常數，知性命之始終。」此吾國哲學之總綱，亦《正義》之宗致也。

形而上者，既無體相可著，故孔穎達以「無」名之。無對有言，有者，具體顯相之謂，是形而下者也。《正義・卷首・第一》曰：「易理備包有無。」即統形上形下而一貫之，無有偏廢。故道非孤懸虛玄之體、器非塊然土苴之物。《正義》雖以形上學之闡述爲主，然倫理政教等旨趣，咸有述列，非孤執偏宕之學也。〈繫上〉疏曰：「欲明虛無之理，必因於有物之境。」可以觀其趨嚮焉。〔註2〕

二、研究之範疇與內容

凡哲學之成體系者，苟牽一目，必動綱紘。孔氏《正義》文繁義溥，難以敘論。今欲按覈其學，宜舉一事義爲例，說明研究之範圍與內容，以利考按。大易爲生之哲學，而焦循《周易補疏》亦云：「觀我生之爻，頗見升降之有合。」或可按據此卦，以觀會通也。

〔註1〕　烏納穆諾（Miguel de Unamuno）《生命的悲劇意識》一書中，曾咀咒西方自亞里斯多德以下之形上學傳統：「『所有的人在本性上都有求知欲』，亞里斯多德這樣開始他的形上學。並且從那個時候開始，那份好奇或求知的欲望——根據創世紀的記載，它使人類第一位母親犯罪——就一再被認爲是知識的根據。」烏氏謂此爲疾病：「這種疾病——它給予我們有純然對知識追求的樂趣，有品嚐善惡之樹的果實的歡愉——是一種眞正的、同時也是最具悲劇性的疾病。」（頁30）

〔註2〕　「欲明虛無之理，必因於有物之境」者，言形上虛無之理之體，既不可觸握，不可偵知，唯可自日常器用中推察之耳。張東蓀《思想與社會》一書云：「形而上學知識直無所謂眞與不眞。因爲這種形上學的知識既無憑據可以拿出看一看，又不可用實驗來證明。所有的論證，不外乎訴諸邏輯。」亦即此意（頁60）。又，同書頁65云：「起首論點（屬形上學內容）事實上乃是倒裝上去的，所謂倒裝，是指其因爲用作論證的緣故，乃把它列在開端，而實際上並不是原來如此的。」如天、道等虛無之理，乃哲人經由「有物之境」之推溯考察而知者。既肯定天道之存在後，天道云云，遂一變而爲哲學系統中之基本命題。西方哲學中之「上帝」亦然，所謂人造上帝，非上帝造人也。烏那穆諾云：「栩栩如生的上帝由人類引降而生」（9.85）「人們能夠依照自己的形像而造就成爲上帝」（9.87）。

（一）釋　生

〈觀〉之六三：「觀我生，進退。〈象〉曰：『觀我生，進退』，未失道也。」又九五：「觀我生，君子無咎。〈象〉曰：『觀我生』，觀民也。」夫生者，一言生身，一言生成。一指其體、一指其理。孔穎達論生，殆有二義：

或以變化改易言生，〈繫辭上傳〉所謂：「生生之謂易也」，疏曰：「生生不絕之辭，陰陽變轉，後生次於前生，是萬物恒生，謂之易也。」案：〈否卦〉疏曰：「陽主生息，陰生消耗。」生消變轉，後生之於前生，遞生遞滅，恒生不已，故名為易。此一義也。

至若〈易繫上傳〉所稱：「是故易有太極，是生兩儀，兩儀生四象，四象生八卦」者，孔疏釋之曰：「兩儀生四象者，謂金木水火，稟天地而有。」既云稟生，則是以緣起言生也。此其二義。

綜茲二義，成彼圓樞，凡《正義》之言生者，胥歸此二義所統攝。故《正義・卷首・第一》引易緯《乾鑿度》曰：「夫有形者生於無形。」又，〈乾・文言〉疏曰：「凡天地運化，自然而爾，因無而生有。」皆因緣義也。至於〈乾〉初九疏云：「萬物漸積，從無入有。」夫漸積而改者，孔氏之所謂變也。又，〈乾・象〉疏云：「化謂一有一無，忽然而改。」若茲之儔，非變化義歟？變與化異，〈乾〉之〈象〉曰：「乾道變化，各正性命。」疏：

> 變，謂後來改前，以漸移改，謂之變也。化，謂一有一無，忽然而改，謂之為化。言乾之為道使物漸變者、使物卒化者，各能正定物之性命。

變化有頓、漸之殊，而其所以相雜而互生者，則以因緣變化，區界雖別，理實通貫之故。夫有形生於無形，夙為孔氏所堅持，亦何王以來之通義也。今孔氏釋其如何生之過程，迺有因緣與變化之說。

生之過程如此，生之本體如何？〈繫辭上傳〉疏云四象稟兩儀而有、兩儀又自太極來，以是上溯，有生於無，無指太極、太易言也。至於孔穎達《周易正義・卷首・第一》所謂太始、太素者，則就「有」而言：太始者，形之始；太素者，質之始。其所分析，實與十三世紀西哲多馬斯・亞奎那斯（Thomas D. Aguinas）相似。唯多馬斯雖云「有」（物）之形上組合中，形式為構成類之原則，質料則構成個體；形式與質料之間，其嚴格連續性，合而為一切自然事物（包括精神）之有。然其宇宙論實自亞里斯多德「有而為有之科學」來。以為有之生創，由於天主（神）；非在「有」先，已有一預存之型態（無）。

此殆以多氏爲一虔誠信徒故，其所證論，僅能推至天主，不如孔穎達之專就哲理諦觀爲得理實。即如亞里斯多德第一哲學，歸納「有」之生成，亦不得不以「因緣」義爲說。然亞氏復以因果關係證明神之存有，以神爲萬因之因，則與孔氏義疏推有之始生，由無生有者何異？亞里斯多德又以質之變化與自主體之變形，令當前之「有」幻滅，而成一新有（生），恒變不已，以成此自然，則孔穎達《正義》所謂：「陰陽變轉，後生次於前生，是萬物恒生，謂之易也。」（〈繫上〉疏）。東西義諦，時或證詮如此。

（二）「觀我生，進退」

〈觀〉之九五：「觀我生，君子無咎。」又上九：「觀其生，君子無咎。」孔穎達疏曰：「『觀我生』，自觀其道也。」〔註3〕

案：孔云：「觀我生，自觀其道也。」若然，則《易・觀》之六三〈象〉曰：「『觀我生進退』，未失道也。」即成「觀道之進退，未失道也」，文義扞格，知孔釋未碻。又，詮此象曰：「處進退之時，以觀進退之幾，未失道也。」脫去「我生」二字未釋，含混言之，其不可通也顯然，非《易》之本誼也。今詳察孔疏所以如此之故，則彼蓋以爻象言進退者也：〈觀〉之六三：「觀我生，進退」疏曰：「三居下體之極，是有可進之時；又居上體之下，復是可退之地。」〈繫辭・上傳〉：「變化者，進退之象也。」疏：「萬物之象，皆有陰陽之爻，或從始而上進，或居終而倒退。以其往復相推、或漸變而頓化，〔註4〕故云進退之象也。」

以爻象言進退，而其進退推移，復恃於變化。〈觀卦〉六二〈象曰〉疏云：「『我生』，我身所動出。」斯則老氏動而愈出之意也，亦變化義。至其以因緣言生者，則如〈乾〉九五之〈象〉疏曰：「性者，天生之質，命者人所禀受，……所禀生者謂之性」（〈乾・文言〉疏：性者，天生之）者是也。闚彼終始，其言生成改易之故，殆不脫此二義，然其所謂緣生因秉，漸變頓化云者，皆有一前提在：自然而爾，非假他物以爲之主宰。此其所以終不同於西洋之推極於上帝也。〈復〉之〈象〉疏曰：「天地養萬物，以靜爲心，不生而物自生。」自生者，非緣外力創假而生，故〈乾卦〉《正義》曰：「運行不息，

〔註3〕 岳本、宋本、古文、足利本也字上有者字，孫志祖曰：「《困學紀聞》引道下亦有者字。」

〔註4〕 《禮記・月令》疏：「乾道變化，謂先有舊形，漸漸改者謂之變；雖有舊形，忽改者謂之化，及本無舊形，非類而改者亦謂之化。」與《周易》疏義同。

應化無窮，此天自然之理。」歸極自然，以施人事，實用老莊義也。有自然之理，有自然之氣，而成自然之象。爻卦依象而立（《正義·序》：易者象也，爻者效也），則爻象變化，亦何一而非自然哉？〈說卦傳〉疏釋「神」曰：

> 神也者，至成萬物也。……萬物變化，應時不失，無所不成，莫有使之然者，而求其真宰，無有遠近，了無晦迹，不知所以然而然，況之曰神也。然則神也者非物，妙萬物而爲言者。

以運化自然譬況曰神，既符疏《易》宗趣，亦爲老莊之恒言。老聃曰：「人法地，地法天，天法道，道法自然。」自然之理，杳渺難知，而其運化，則顯之於天，著之於地。《莊子·天運篇》：「天其運乎！地其處乎！日月爭於所乎！孰主張是？孰綱維是？孰居無事，推而行是？意者，其有機緘而不得已耶？意者，其運轉而不能自止耶？」王船山謂此篇以自然爲宗，謂天地之化，無非自然。是矣。自然者，本無故而然。孔穎達《正義》既推自然之旨，當明道之宗趣（道法自然），故〈觀〉之六二〈象曰〉疏云：「道得名『生』者，道是開通生利萬物，故〈繫辭〉云：『生生之謂易』，是道爲生也。」以道爲生，此「道」非本體義，與〈繫上〉疏所云：「乾道成男，坤道成女者，道謂自然而生」相同，就其生成之理言也。若謂不然，則〈繫上〉疏已云：「無陰無陽乃謂之道。」今又以生爲道，云陰陽變轉不絕爲生；既以「陰陽由道成」，又稱生（道）因陰陽變轉而成。自爲矛盾，義不可通矣。

（三）論「觀」

觀我生。《周易》之云觀，固與穎達所釋不甚脗切，然余察覘其書，知孔稱指，實隱借佛家天臺宗一心三觀之理趣。蓋一心區別，迺有三觀，一曰「空觀」：空觀云者，以般若智觀一切外境，皆緣起假象，當體即空，本非實法。且自身四大假合，終歸壞滅，離四大之外，本無實我。又，六識妄心，生滅無常，離根塵之外，本無自性。二曰「假觀」：觀一切境，雖體達空義，而不廢緣起諸法，於一切境不執。至若「中觀」也者，觀一切法，皆爲中道，證知性相不二、色空不異之理。性相者，猶孔氏之言道與物象也。空觀不著一切法，假觀不捨一切法，中觀則圓融一切法；任舉一觀，莫不圓具三觀，故空觀不爲「惡取空」（執一切皆空，於俗諦中不施設有，於真諦中，真理亦無。爲沈空、惡取空）。此即天臺宗「一心三觀」之理。〔註5〕

───────────

〔註5〕 「空」，指一獨立實在性之否定，蓋卦爻皆無獨立實在性，非謂其「無」或「不存在」也。《中論》：「以有空義故，一切法得成。若無空義者，一切皆不成。」

　　孔穎達參取此義，以釋《周易》，其以爻卦言進退，爻卦之起，來自物象，觀其進退，以明物象，以至天道。性相不二，故《易》道之與物象亦不相殊，〈序〉曰：「易者，象也；爻者效也。」即象即易。又曰：「易者，變化之總名，改換之殊稱。」然「變化運行，在陰陽二氣」，氣不可見，所以見其陰陽變化者在陰陽之爻。一切爻皆「境」而非「性」，緣起假象，本無自性。然捨境去相，則性亦不可見。故孔穎達謂觀乎爻卦進退之象，即所以觀道之進退也。由是觀之，孔穎達之用釋氏義甚彰也。

　　雖然，孔氏《正義·序》曰：

　　　　原夫易理難窮，雖復玄之又玄，至於垂範作則，便是有而教有。若論

　　　　住內住外之空，就能就所之說，斯乃義涉於釋氏，非爲教於孔門也。

不住內外，空其能所，皆華嚴義諦。孔氏此論，嚴別儒釋垠鄂，幾與韓愈之攘斥佛老同調。準是而推，豈有昌言排撻，而復隱申其義者耶？是不然。案：佛入震旦，實在東漢，洎至隋唐，竝崇三教，三教之間，相攻而亦相粢。宋明崛興，謗斥佛老，而又資取其義理，固與隋唐不殊也。顧魏晉以來，格義興而玄學盛，儒者攻玉他山，淪我靈明。偶或昌言排擊，不過如顧歡之類，聲弱力微，所譏又僅限於禮俗宗教諸形式之粗迹，於其理趣，訾議者尠。《晉書》稱沙門支遁以清談著名於時，世崇敬以爲造微之功足參正始。是可覘一時蘄向矣。本書第二章、第三章論當時儒者與二氏參會之迹綦詳，足供比觀。孔氏《正義》，嚴儒釋之分，而察爻詮卦，猶用佛說，此中消息，甚可味也。

三、義理內容之包容性與開發性

　　《正義》匯融南北，溝通漢宋，本書屢屢言之。「觀我生」義雖非超詣，然可以得《正義》之體貌焉。撮要言之，略有數端：

（一）順氣言性與即氣言理

　　經云：「觀其生，君子無咎。」京房《易傳》曰：「經稱『觀其生』，言大臣之義，當觀賢知其性行，推而貢之。」（《漢書·五行志下之上》引）義理之層次及積蘊，固非孔疏比，然以生言性，爲漢儒舊義。穎達於此處言生不言性；而所謂生，實亦與性不殊。故曰：「性者，天生之質。所稟生者謂之生」（〈乾·象〉疏），此非明道性論：「生之謂性，性即氣，氣即性，生之謂也。

────────────

（〈觀四諦品〉第二十四）以有此無獨立實在性之卦爻故，迺可知一切法（易理）。

人生氣稟，是氣稟自然也」之義歟？〔註6〕孔穎達順氣以言性，故云：「所有興動，任其自然之性。」此明道所以有人生氣稟，稟諸自然，生之爲性，即氣即性之說也。王廷相〈性辯篇〉曰：

> 人有生，斯其性可言，無生則滅矣，惡乎取而言之？故離氣而言性，則性無處所，與虛同歸。離性而論氣，則氣非生動，與死同途。是性之與氣，可以相有而不可相離之道也。是故天下之性，莫不於氣焉載之。（《王氏家藏集》卷二十八）

言心、言性、言天、言理，俱必於氣上說。若無氣處，則俱無也。張載曰：「由氣化，有道之名。」程子曰：「天，理也」，天固積氣者也，而曰天一理也，則語猶有病。氣之化而人生焉，人生而性成焉。就氣化之成于人身，實有其當然者則曰性（王船山《讀四書大全說》，卷十）。明道曰：「生之謂性，『人生而靜』以上不容說；才說性時，便已不是性也。凡人說性，只是說『繼之者善』也，孟子言人性善是也。」（《遺書》卷一）以生言性，自《詩》、《書》以下皆然，孟軻所論，何嘗是性？孔疏曰：「天地以靜爲心，不生而物自生。」（〈復·象〉疏）明道既以生言性，故以人生而靜以上爲性。此其脈絡，不可掩弄也。天地以陰陽氣化而生人，生之謂性，故「性善之端，須在氣上始得見，若無氣，亦無可見也。……見得自性明白時，氣即是性，性即是氣，原無性氣可分。」（陽明與〈黃勉之書〉）〔註7〕又，張載曰：「由『太虛』有

〔註6〕《二程遺書》卷一。朱子《文集》卷六十七引此謂爲明道論性說。案：張子《正蒙·誠明篇》力斥以生爲性之說，曰：「以生爲性，既不通晝夜之道，且人與物等，故告子之妄不可不詆。」然所謂生之謂性者，普遍泛就萬物而論，明道曰：「天地之大德曰生，天地絪縕，萬物化醇，生之謂生，告子此言是。」（《遺書》卷十一）據此而論，生之謂性，實與孟子之說不相悖舛。牟宗三曰：「詳察告子生之謂性、性猶杞柳之說，其最初之意固只是董仲舒所謂：如其生之自然之質謂之性。董生此語，實生之謂性之最恰當解析。就此而言，性只是生而自然之『自然之質』，無分於善惡。」（王充之性命論，見《才性與玄理》）此爲先秦之傳統觀念，《莊子·庚桑楚》：「性者，生之質也。」《荀子·正名》：「生之所以然者謂之性。」《呂氏春秋·知分篇》：「生，性也。」均與孔穎達「性爲天生之質」之說不殊。

〔註7〕案：性既爲生之質，自然而有，原不應含有任何價值義，故明道以爲人生而靜以上乃爲性，繼之者善爲非性。準是，則陽明不應云氣上可見性善之端矣。是不然，生之所以然者謂之性，性既爲天生之質，則「性」之內涵如何，須先視「天」之內涵如何而定。換言之，性之善否，須就氣上始得見。陽明之說無誤，第其言善惡，則不免與明道語相混殽，氣無善惡可言，性亦無所謂善惡，以天地之靜定爲「善」，固無不可，終有語病，不如孔穎達云：「人得此（天地）氣

『天』之名，由『氣化』有『道』之名。合虛與氣，有性之名。」（《正蒙·太和》）伊川亦云：「隕石無種，種於氣。麟亦無種，亦氣化。厥初生民亦如是。」以氣化言生，以生言性，即氣即性，殆為宋儒通義。其別有所謂義理之性、氣質之性、性即理、稟理有性……云云，另有分疏，不與此本相礙。然〈樂記〉鄭註曰：「氣順性也。」漢儒亦無不順氣言性，《白虎通·情性篇》云：「五性者何？仁、義、禮、智、信也。人生而應八卦之條，得五氣以為常，仁、義、禮、智、信是也。」《論衡·無形篇》：「用氣為性，性成命定。氣性不均則於體不同，人稟氣於天。」又，《禮記·禮運》：「人者，陰陽之交，五行之秀氣也。」鄭注：「言人兼此氣性之純也」；「人者，天地之心也，五行之端也」鄭注：「言兼氣性之效也」……胥為此義。濂溪所云：「二氣五行，化生萬物」（《通書》理、性、命二十二）及明道所謂：「天地之大德曰生，天地絪縕（言陰陽二氣），萬物化生，生之謂性」（《遺書》卷十一）者，竝與漢儒不殊。居其中以接續上下、傳承前後者，則為孔穎達。諸書具在，可以覆按。

　　牟宗三先生以為吾國人性論有「順氣言性」與「逆氣顯理」二途。順氣言性為一「材質主義」（Materialism），即古典之唯物論。逆氣顯理則於氣上逆顯一理，以心靈之理性所代表之「真實創造性」（real creativity）為性，如孔子之仁、宋儒之「天地之性」（詳其《才性與玄理》，頁 1）。實則漢、宋之言氣性者，仁、義、禮、智、信即內在其中，自然而有此，何必於氣上逆顯一理？如孔穎達說，即理即氣，又何逆顯之有？此非材質主義所得而括之也。漢尠言理，魏晉南北朝始多言之。〔註8〕然漢不甚言理，非無「理」之義；魏

性之純」為妥貼。《禮記正義》曰：「人稟天地五行氣性而生。萬物悉由五行而生，而人最得其妙氣，明仁、義、禮、智、信。」（〈禮運〉）生之謂性，乃普遍就萬物而言；至於人，則秉五行之秀氣，性能明仁、義、禮、智、信，此即所謂性善之端，能繼之者，則為善矣。陽明所以言性善之端，而不直言性善者以此。明道、穎達、陽明之說，須如此理解乃得。穎達所謂萬物悉由五行生，而人最得其妙氣者，即程明道所云：「天地絪縕，萬物化醇，生之謂性，告子此言是。而謂犬之性猶牛之性，牛之性猶人之性則非。」（《遺書》卷十一）

〔註8〕　錢穆云：「程伊川有性即理也之語，朱晦翁承之，又稱天即理；陸王承之，乃主心即理。故宋明儒以理學家見稱。而晦翁《論語集註》獲罪於天，解作獲罪於理，大為後儒所譏。余考重提理字，實始於魏晉王弼與郭象。弼之注周易與老子、象之注莊子，皆喜添入理字為說。」（〈王弼郭象注易老莊用理言條錄〉，《新亞學報》第一期）此文論魏晉人言「理」之觀念與宋明儒關係甚詳。大抵漢人言「理」者少，魏晉以後始繁言之。然漢儒亦非不言理者：趙

晉言理，亦非特與兩漢殊。牟氏以爲氣性即自然材質之性，甚諦。然此自然材樸之性中，有理寓焉：

　　△此卦之德，有純陽之性，自然能以陽氣始生萬物，而得元始亨通，使
　　　物各得其理而爲利。（〈乾〉卦辭疏）。

　　△人感五行秀異之氣，故有仁義禮智信。（《禮記・禮運》疏）。

此非牟氏所知也。宋儒自孔疏依衍而下，故曰：「天者，理也」（《二程遺書》卷十一），又云：「養其氣，則盡性而天矣」（《正蒙・誠明》）。張載雖以「天地之性」與「氣質之性」對舉，然所謂氣質之性者，謂人之剛柔急緩，有才與不才，氣之偏也；非言氣性爲惡。《正蒙・乾稱篇》曰：「氣之性本虛而神，則神與性乃氣所固有。」是天性即爲氣性也，所謂「湛一氣之本，攻取氣之欲」，氣之本爲天地之性；氣之欲即氣質之性。伊川所稱：「性出於天，才出於氣。」、「性即是理，性無不善，而有不善者才也」云云，實與橫渠弗殊（《二程遺書》卷十八）。是故以氣化言生，以生言性，以生得陰陽五行之純效，雖在宋儒，不異前軌。而條融理氣，成其條理者，孔穎達《周易正義》足爲大觀。世或析理未瑩，識戾通方，故不能詳其義諦之原委，膚測多僞，可供瑕謫者夥矣。今就「釋生」以下，略述其有關性、命、情之觀念與造詣。援證定疑，籀疏其義理之綱維；屬辭考論，必符於故籍以權概。

（二）本體論之內容與宇宙生成觀

　　《周易正義・卷首・第一》曰：「易之三義（易、變易、不易），唯在於『有』。然『有』從『無』出，理則包『無』。……是知易理備包『有』、『無』。」無者，形而上存在之實理或實體。凡考論此終極實在（ulimate reality）之存有者，類稱爲本體論（Ontology）。至於孔氏所云「有」從「無」出等，則屬宇宙生成變化之形上學，世多稱爲宇宙論（Cosmology）。古哲於此，垠鄂未嚴，時或相混不別，孔疏亦然。前此所論因緣變化、太極兩儀云云，竝屬此二範疇內，相糅相雜，密邇不可遽分。蓋哲學終極究本，於萬事萬物順行之法則

岐《孟子章句》：「理者，得道之理」（告子上）鄭玄《禮記・喪服四制》注：「理，義也。」〈樂記〉注：「理猶性也。」《韓詩外傳》：「聖人……以心度心，以情度情，以類度類，古今一也。類不悖雖久同理。故性緣理而不迷也。」（卷三）孫氏《爾雅》注：「明明，性理之察也。」（邢疏引）《白虎通・情性篇》：「性生於陽，以就理也。」……凡茲之儔，伊川性即理也之說，能外於此乎？錢氏知魏晉論理，其義多爲宋明所採擷；惜不知漢儒言理，實有啓導宋儒者也。孔穎達《周易正義》言「理」處甚多，不備舉。

與塗徑，不可無一解釋；因果相環，寸寸上逆，不推至「第一因」不止，第一因者，終極原則（Ultimate principle）也，是爲本體。始則或以自然之主宰爲有生命、有靈之本體，成爲「環境世界之擬人解釋」，如宗教之推極於上帝、天帝是。迨而脫離此人格神之天帝觀，形上學乃得以成爲先於、高於知識論之理論層次；並與人生行爲之理想及價值居宇宙間之地位等命題相連。由素朴之自然中觀取人生價值之取嚮與意義。凡此皆今所欲論者。西哲亞里斯多德以下，多未脫祛神學之籠罩，於形上學之探究中，捨宇宙生成變化之討論外，多疲精於神（主宰者）之有無，非能直契眞源者也。頃考孔穎達《正義》一書，檢其義例，以爲統紀；摸貫諸家，舖陳理趣。於其本體論、宇宙論之構造，論述較詳。蓋魏晉南北朝後，統系稍備，可供考案者，僅此一家而已。其所布覆，又多爲北宋理學諸子之資糧。如濂溪〈太極圖說〉，前段用易繫太極、兩儀之論，後則不用四象八卦而用「五行」。〈繫辭上傳〉曰：「兩儀生四象，四象生八卦。」〈太極圖說〉則云：「兩儀立焉，陰變陽合而生水火木金土。」是其體系雖出於《易》，而實不相類。今案：《白虎通》云：「人生而應八卦之條，得五氣以爲常。」（〈情性篇〉）已以八卦、五行兼提駢論，至孔穎達則曰：「兩儀生四象者，謂金木水火，土則分主四季，又地中之別，故唯云四象也。」（〈繫上〉疏）以四象五行與四季相配，爲濂溪所本，故〈太極圖說〉云：「陰變陽合而生水火木金土，五氣順佈，四時行焉。」（《通書·動靜》第十六：「五行陰陽，陰陽太極，四時運行，萬物終始」亦與〈圖說〉同。）儻不知此，何以觀其條脈耶？論者謂濂溪、橫渠全由《中庸》、《易傳》出，〔註9〕孰知夫濂溪有別於《易·繫》，而橫渠太虛、太和之說，亦採自《正義》乎？朱子《語類》卷一二九：「祖宗以來，學者但守注疏，其後便論道。如二蘇直是要論道，但注疏如何棄得？」足證北宋諸子，雖參摭二氏，而根柢多在注疏。循是以觀，必可究其底蘊矣。且魏晉儒者，取挹釋流，有「本無」「即色」諸義，考論本體，辨本末、有無之理，如輔嗣稱群有萬變，以無爲本，物皆各得此一以成者，既以無爲體、復以無爲用，〔註10〕般若學所謂「本無宗」也。向秀、郭象則不然，學主獨化，物各自然，無使之然者，故亦自生而無所生。僧肇〈不眞空論〉所謂：「夫言色者，但當色即色，豈待色色而後色哉！」（唐元康疏：此文乃肇述支公語意，非破即色之言）當色即色，

〔註9〕詳牟宗三《心體與性體》，頁368。
〔註10〕詳《老子》三十八章王注、《周易》〈復卦〉王注。

非有色色者，郭象曰：「物物者無物，而物自物耳。」（《莊子‧知北遊》注）
物物者，或爲主宰，或爲絕對之本體（Substance），今俱廓之勿論，猶般若學
之「即色義」也。孔穎達《周易正義》宇宙論多採自漢儒；論及本體，則雖
以無爲體，而未嘗廢有，與輔嗣貌似神離；其所謂：「不生而物自生」（〈復‧
象〉疏）「物皆自成」（〈坤〉六二疏）又與向、郭義趣相近。是其所以異於二
家者，正以調融二家故。余謂其涵受遠而影響深者，豈無由哉？

（三）象數之觀念

　　《正義》觀卦爻以知道，已如前述。〈卷首‧第一〉曰：「易一名而含三
義，不易者其位也。」易以原始要終以爲體質，而位本無位，因爻始見（並
見《易‧繫下》疏）。故其書舉立象之統，論中爻之義，約以存博，簡以兼眾，
據卦爻以論卦德。緣輔嗣之成軌，綜兩漢之遺業，極數以定象，觀卦而論易，
其本未詳賾，並見於第四章。孔穎達之學，既與漢儒之言象數者相接，宋儒
緣疏以觀注、緣注以察經，遂亦漬染於象數而不自知，故多以象數爲不可廢，
其如輔嗣之盡行廓盪者匙矣。雖《伊川易傳》，以王爲本，亦自稱玩易僅得其
辭，非能盡易；朱子謂其文雖可讀，經意殊遠（《語類》卷十一）。此非考亭
一人之私言，宋咸《易補注》余靖序曰：「近世言易者，復以奇文詭說相尚，
自成一家之言，考之卦繇爻象象繫之微，有所不通矣」（余氏所謂奇文詭說，
爲象數之學，詳朱彝尊《經義考》卷十六引），知當時之風氣如此。劉牧《易
數鉤隱圖‧自序》曰：

　　　卦者，聖人設之，觀於象也。象者，形上之應。原其本則由象生，

　　　象由數設。則知《易》之爲書，必極數以知其本也。

以余考之，漢世象數之學，方士道教中亦多傳者，顧其與術相雜，丹鼎符籙，
與儒不類。其源則皆出《易》。迨及宋興，言象數者亦有兩途：一自《易》出；
一得之方外，蓋猶唐代之風氣也。唐顏眞卿〈茅山道士李元靖碑〉曰：「尤精
《老》、《莊》、《周易》之深趣」、「以《老》、《莊》、《周易》爲潔靜之書，著
《學記義略》各三篇，《內學記》二篇，以續仙家之遺事」可證。易道之傳於
方外者久矣。如濂溪、堯夫、李漑、劉牧等，其學受自陳摶，非經學之本流，
又雜於《河圖》、《洛書》，〔註11〕故用數較多。

〔註11〕孔氏《正義》已信《河圖》、《洛書》，《書‧洪範》疏：「《易‧繫辭》云：河
　　　　出圖，洛出書，聖人則之。九類各有文字即是書也。《漢書‧五行志》，劉歆
　　　　以爲伏羲繼天而王，河出圖，則而畫之，八卦是也。禹治洪水，錫洛書法而

　　然象數之學，儒者與方士之殊，僅在其用術與否。若單論其理趣，實無
不同。濂溪據丹鼎之圖，講宇宙成化之理，乃與《道藏》中〈上方大洞眞玄
妙經品圖〉相似，足爲礩證。是故北宋儒者所言象數雖有二途，其理趣本不
相貳。《五經義疏》，亦爲二派所通習。言象數者所據爲《義疏》，攻象數者，
所怨亦在於《義疏》，胡旦曰：「（宋）咸讀《易》疏，惡《易緯》之學，而
併廢消息之卦。豈得爲善觀書者乎？」（《經義考》卷十六引）《正義》多采
《易緯》，頗用消息，已具前論，取以證此，足知北宋《易》學象數之統要
矣。馮友蘭曰：「理學一派主張，似受所謂象數之學之影響。立『理』與『氣』
之分，氣爲質而理爲式。在希臘哲學中，柏拉圖受畢達哥拉斯學派之影響，
立其概念說。蓋數爲抽象的，離具體的事物而有獨立的性質。柏拉圖受此暗
示，以概念亦具有其獨立性質。除具體的世界外，尚有概念之世界，離時空
而永存。道學中理學一派，亦受所謂象數之學之影響」（《中國哲學史》，頁
857），其所論理氣者未必是，而云理學受象數學影響則爲不可移。胡渭《易
圖明辨》卷七云：「邵子之數學，即邵子之心法。」又，《宋元學案》卷九、
百源學案：

　　　二程嘗侍太中公訪先生（邵雍）於天津之廬，先生移酒飲月坡上，
　　　歡甚，語其平生學術出處之大致。明日，明道謂周純明曰：「昨從堯
　　　夫先生遊，聽其議論，振古之豪傑也，惜其無所用於世。」周曰：「所
　　　言如何？」曰：「內聖外王之道也。」

其象數即其哲學，實不僅僅於影響而已。《宋元學案》卷十二又載：伊川見康
節，伊川指食桌而問曰：「此桌安在地上，不知天安在何處？」康節爲之極論
其理，以至六合之外。伊川嘆曰：「平生唯見周茂叔論至此！」濂溪、康節，
所學同出於穆修，固不得有異；〔註12〕至其原本象數，以推宇宙本體、六合

陳之，〈洪範〉是也。先達共爲此說。龜負洛書，經無其事，中候及諸緯多說
黃帝及堯舜禹湯文武受圖書事，皆云龍負圖、龜負書。緯候之書，不知誰作；
通人討覈，謂僞起哀平。雖復前漢之末，始有此書，以前學者必相傳此說，
故孔（安國）以九類是神龜負文而出，列於背有數，從而至九。」又，《易・
繫上》疏：「『河出圖，洛出書，聖人則之』者，如鄭康成之義則《春秋緯》
云：河以通乾出天苞、洛以流地吐地符，河龍圖發、洛書龜感。《河圖》有九
篇，《洛書》有六篇。孔安國以爲《河圖》則八卦是也，《洛書》則九疇是也。
輔嗣之義，未知何從？」

〔註12〕明道：〈邵堯夫先生墓志銘〉：「先生之學爲有傳也：先生得之於李挺之，挺之
　　　　得之於穆伯長。推其源流，遠有端緒。」（《伊洛淵源錄》卷五）又，邵伯溫

之外者亦相若。《正義》曰：「窮極天下深賾之處存乎卦，言觀卦以知賾也」（〈繫上〉疏），觀象論卦、觀卦知賾，其法與其學，北宋諸儒有焉。〔註13〕

　　名有三端，理實一本，〈繫上〉疏曰：「易道以爲聖人德化，欲使聖人法易道以化成天下，是故易與聖人恒相將也。以作《易》者本爲立教故也。非是空說易道，不關人事！」《正義》全書，以易理陰陽言宇宙本體而推及於天道，其所取徑，北宋諸子所由昉也。朱熹輯周、張、二程關大體而切日用者爲《近思錄》。首列道體一卷，云：「此卷論性之本原，道之統體，蓋學問之綱領也」，卷二〈爲學〉又云：「明乎道體，知所指歸，斯可究爲學之大凡矣。」

曰：「先君子《易》學微妙玄深，其傳授本末，則受學於子之才挺之，挺之師穆修伯長，伯長師陳摶圖南。」（《聞見前錄》卷十九）

〔註13〕數學與形上學關係至切，一般科學史稱印度人之所以能發明數學之○者，原起於印度形上學之空（Sunya），故有十進法之創設。而古希臘之數學，亦皆掌於哲學家之手。羅素《西洋哲學史》論邏輯分析派之章云：「自畢達哥拉斯以來，哲學上即有兩派對立：即其思想主要受數學啓發者以及更受經驗科學影響者。」秦九韶《數學九章》自序亦云：「數與道非二本也。後世學者自高，鄙之不講，此學殆絕，唯治曆疇人，能爲乘除。」據秦氏所云，《易傳》大衍之數，亦爲數學之一種。蓋卜筮本與算籌有關，墨子「一少於二，而多於五」及《左傳》史趙云「亥二首六身」（襄三十）皆爲算籌之排別。龜卜與蓍算其合流也久，漢人大衍九宮之術即從此蛻化而參以天官疇人之學者。以是觀之，八卦九宮、河圖洛書，古亦不以爲非數學也。程伊川答晁氏以道書曰：「與邵堯夫同里卷二十餘年，世事無所不論，惟未惟一及數耳。」堯夫之數，即堯夫之形上學，非有二也。如伊川者，殆秦九韶所謂學者自高，棄而弗聞者歟？質言之，「根本的問題並不在於哲學要自數學中取材，或數學也要依靠哲學基礎的爭論，而是說在人類表達世界中，有三個不同的大領域：（1）以個體爲主之實用的知識世界，如物理、倫理等。（2）以整體爲主之超越的知識世界，如形上學或本體論。（3）介於上述二者之間，將個體世界的特殊性或關係抽掉，或將整體世界的內容拿掉，成爲一種接近於人存在中純思考的方式形式，那便是數學。如以哲學之最高成就的形上學或本體論來說，它所探討的是一個屬於整體的問題；但這個整體之得以呈現的可能性，在於它的形上邏輯組構。換言之，哲學或形上所處理的問題，是思考本身的純粹問題，只有數學，才是溝通形上理想與形上現象之最好的橋梁」（史作檉《存在的絕對與眞實》第六章：絕對的方法與數的關係解析）。每一哲學，皆伴隨有一種屬於此哲學之數學，而共同發展。史賓格勒《西方之沒落》一書宣稱「每一文化，有它自己的數學」亦即此義。就孔穎達《周易正義》一書所舖展之宇宙圖像而言，一→二→四→（五）→八之衍分變化，實屬一數學形式展現。邵雍《觀物外篇》所論，亦一→二→四→八，然自八以後，萬物生焉，是故又一分爲二、二分爲四、四分爲八、八分爲十六，十六分爲三十二；十分爲百、百分爲千，以是無窮。孔穎達未論及此層。蓋孔穎達自始自終爲一純形上學之架構，邵雍則又著眼於「觀物」也。

其中機括，甚可深思，理學綱要不外乎是。非諸子之能畦町自闢，赤幟新立，其所傳承者遠也。孔穎達《周易正義》結納兩漢魏晉南北朝義理，歸穴於茲。北宋承之，其所言及其所以言者，大根大本多由此出。西哲康德（Immaunel Kant）與蘭波特（Johann H. Lambert）書云：「余一切努力皆指向形上學正當方法之決定，且通過它以決定全哲學之方法」（見全集 Ernst Cassirer 本第九冊，第 47 頁）《周易正義》全書所建構者，亦純以形上學爲基礎。形上學之內容指向，決定其哲學之範疇與理脈。

　　然《正義》將天道之宇宙本體與人道之仁義性命相連貫，本非純形上原理所可界範；亦與康德所分「思想主體爲心靈論之對象；一切現象之總合爲宇宙論之對象」者懸異。《正義・卷首・第一》論易之三名曰：「易理備包有無，以無言之，存乎道體；以有言之，存乎器用。」通言器用，實包一切有而言者，故曰：「以教言之，存乎精義；以人言之，存乎景行」、「所以斷天地、理人倫、而明王道」。本章備論孔疏義趣，雖自形上學之進路入，而不限於形上學者以此。

　　其與釋氏交關者，別立一節，以利考案。

貳、基本觀念之陳述──理、氣、體、象及宇宙之數學形式展現

　　《易》爲卜筮之書，然占法中義理湛具。《左傳》雜采占書，其占不稱《周易》者多，而未嘗無義理也。《易》曰：「聖人以神道設教。」神道者卜筮，而所以爲教者，豈亦卜筮哉？夫子繫《易》而理備，繫《易》以前未嘗無理。朱熹云易爲卜筮作，非爲義理作。然非爲義理作而義理寓，聖人以神道設教，而所以教者，即在乎神道之間。《正義・卷首・第一》曰：「以『無』言之，存乎道體；以『變化』言之，存乎其神。以『生成』言之，存乎其易。」是故易以垂教，教之所備，胥出於道，即易即道，即道即教，而「有」之與「無」非隔悶不通者矣。唯天道流衍，步步下貫；聖人象法，寸寸上推。是則「有」從「無」出，因「有」以明「無」，塗轍雖殊，理無背趣。穎達《正義》首揭此義，所以統一書之綱紀，而示義理之恉歸也。〈卷首・第一〉：「《易緯乾鑿度》云：易一名而含三義：所謂易也，變易也，不易也。〔註14〕……

〔註14〕　〈繫辭下傳〉：「八卦成列，象在其中矣。因而重之，爻在其中矣，剛柔相濟，

蓋易之三義，唯在於有。然有從無出，理則包無，故《乾鑿度》云：『夫有形者生於無形。』……是知易理備包有無；而易象唯在於有者，蓋以聖人作《易》，本以垂教，教之所備，本備於有。……作《易》所以垂教者，即《乾鑿度》云：『伏犧乃仰觀象於天，俯觀法於地，中觀萬物之宜。於是始作八卦，以通神明之德，以類萬物之情。……建五氣，以立五常之行；象法乾坤，順陰陽，以正君臣、父子、夫婦』之義。」其所以文多採《乾鑿度》者，《乾鑿度》自宇宙論立言，且述《易》之制作耳。茲有三義足述：

一、有、無、體、用：理與象

《正義》既云：「易理備包有、無，而易象唯在於有。」又曰：「有從無出，理則包無。」則孔氏以理、象區別有、無，而象出於理之義綦顯。〈乾〉卦辭疏：「運行不息，應化無窮，此天自然之理，故聖人法此自然之象。」理、象皆備於天之自然，聖人法之，作《易》垂教，有而教有。《易》象唯在於有，而其所以立卦者，又未嘗不應其理也。〈乾〉卦辭疏又曰：「〈乾〉者，以其居尊，故在諸卦之首，爲易理之初。」符理以立卦，緣象以應理。象自理出，而未嘗與理隔；易象在於有，亦未始與無裂。故曰：「聖人法此自然之象而施人事，亦當應物成務，……使物各得其理而爲利也」（〈乾〉卦辭疏）。是故在易言之，即象即理，《疏》稱運行不息爲天之自然之理，又云聖人當法此自然之象，足證理中見象，非離理而別有所謂象。〈卷首・第一〉曰：「易理備包有無」，有即象也。孔《疏》以體用言之：

> 天地，定體之名；乾者，體用之稱（體之用之名），故〈說卦〉云：「乾，健也」，言天之體以健爲用。聖人作《易》，本以教人，欲使人法天之用，不法天之體，故名乾，不名天也。（〈乾〉卦辭疏）

案：劉表曰：「天是體名，乾是用名，健是其訓。」孔疏引之，以爲「最爲詳悉」。是易象爲有、爲用，體無而用有，故疏又曰：「凡有皆從無而來，無不可以明無，欲明虛無之理，必因於有物之境」（〈繫上〉疏）船山所稱：「善言道者，由用以得體」（《周易外傳》卷二）此之謂也。以無爲體，以有爲用，故云：「不用而用以之通。」然爲體之無，非與有相對之空無，迺絕對之形上

變在其中矣。繫辭焉而命之，動在其中矣。」（變易）、「吉凶者，貞勝者也；天地之道，貞觀者也；日月之道，貞明者也。天下之動，貞夫一者也。」（不易）、「夫乾確然示人易矣，夫坤隤然示人簡矣。」（簡易）。孔穎達所本，雖用鄭玄〈易贊〉、〈易論〉及《乾鑿度》，實亦出於〈繫傳〉也。

眞實耳，故〈繫上〉疏又以理爲虛無。究之則「無」之與「有」，或爲本體、現象之別，或爲體、用之分；然義合體用，「象」亦不能離「理」而別在。統觀全書，宜明斯誼。此其一也。

張載《正蒙‧至當篇》云：「合體與用，大人之事備矣。」胡宏〈與張欽夫書〉亦云：「聖人之道，得其體必得其用。有體而無用，與異端何異？」驗諸《正義》，其理匪殊。有體有用，即用以顯體，宋明以來儒者多有此言，如羅欽順〈答歐陽少司成崇一〉：「有體必有用，而用不可以爲體。」（《困知記》附錄）熊十力《新唯識論》：「所謂體，固然是不可直揭的，但不妨即用以顯體。」（〈轉變〉章）……胥此義也，殆孔疏之儔類耳。孔疏以理爲體，以象爲用，朱熹亦然，〈答何叔京書〉：「體用一源者，自理而觀，則理爲體、象爲用，而理中有象，是一源也。且既曰有理後有象，則理象便非一物，故伊川但言其一源與無間耳。」據此言之，其與孔疏何異？李二曲〈答顧寧人先生書〉以爲體用二字相連竝稱，始於朱子，失考之甚矣。

二、理與氣

理、象之觀念又與「氣」有關，《正義‧卷首‧第一》所謂「建五氣以立五常之行」者，爲全書重要觀念之一。〈乾〉卦辭疏：「此卦之德……自然能以陽氣始生萬物而得元始亨通，能使物性和諧，各有其利。……使物各得其理而爲利。」諦審文義，其所謂使物各得其理者，在陽氣之生運也。理不可見，以象見之。故〈乾〉之〈象〉疏又云：「此一爻之象，專明天之自然之氣。」初九疏：「天之自然之氣……此自然之象。」九四疏：「陽氣漸進，此自然之象。」……《易‧象》所示，皆氣化之所運；即此運化，其理存焉。此所謂理，雖爲自然之條秩義，然亦未嘗不可有價值之指向與意義。蓋形上世界之統合，非人與宇宙間個別境遇之實際描述與分析，迺將個別經驗之存在，涵納於某一價值鑒判中予以展現。然此所謂價值，實即使一切個別價值成爲可能之必然基礎，非相對之價值也。〔註15〕理既爲體，自亦具有絕對價值之存在。是故乾爲易理之初，亦爲氣初（〈坤〉之〈象〉疏：「乾本氣初」），即氣言理，則非純物性之「唯氣論」矣。船山所云：「故其具有之理，即於氣上見理」（《讀四書大全說》，卷九）「言心言性言天言理，俱必在氣上說，若無氣

〔註15〕詳史作檉《形上學方法導論：存在的絕對與眞實》，第九章：形上道德之可能。頁330～331。

則俱無也」（卷十）殆即此義。朱子《語類》卷一：「理在氣中，如何發見？」曰：「如陰陽五行錯綜不失條緒，便是理。」其義同此。王船山云理在氣中，無所謂先後，是也。厥義蓋本之漢儒，膚爲推衍。漢儒論性，於氣化中顯其仁、義、禮、智、信，不假造作，自然而爾。穎達本之，而系統較晰。宋、明諸儒言理氣者，所論大抵均與穎達不殊。船山《讀四書大全說》卷十：「理只是象二儀之妙，氣才是二儀之實，天人之蘊，一氣而已，從乎氣之善而謂之理，氣外更無虛託孤立之理也。」鄧顯鶴《船山著述目錄》稱薑齋「生平論學以漢儒爲門戶，以宋五子爲堂奧」，驗此理氣之談，知鄧說非虛，不有門戶，堂奧安在？船山論學之迹如此，宜其頗與穎達《易》疏合也。熊十力《新唯識論》亦云：「理和氣，是不可截然分爲二片的，理之一辭，是體和用的通稱；氣之一辭，是從用上立名。就用而言，翕闢妙用，詐現眾相，即此眾相秩然有別，靈通無疑，亦名爲理，即相即理故」（卷中，第六章，功能下）其與穎達之說相合也如此。

理爲一絕對之價值存在，故孔疏云：「非理而動，則爲流淫也。」又曰：「順天道之常數，知性命之始終，任自然之理，故不憂也」（〈繫上〉疏）。天道運化本於氣，孔疏所云任自然之理者，亦即「順天地施化」之意。即氣顯理，非別有所謂逆氣以顯理也。彼論宇宙人生之生成衍化，固爲氣化宇宙論，然理之所出，亦爲氣化之自然流顯。故其書論性命，雖皆自然義，而自然即是大和，至於大和，非理之至乎？孔疏所云天、道等，俱無道德義，而所以成就道德者，咸出於氣化之自然。氣化自然而有理，故曰：「建五氣，以立五常之性。」周濂溪《太極圖說》云五氣順布則有五性者，非昉於此乎？理學多自漢學出，而使之成形者爲孔穎達《周易正義》。余於理、氣之談，足以證成之矣。

三、氣化宇宙論

順氣言理，即氣顯理，孔穎達既於宇宙之生成變化中含現一理之價值指向與意義，則此宇宙可以不爲實際科學宇宙之性狀。而爲一純思考之宇宙，以循求人生依準之規矩暨生命存在之意義。此即孔穎達哲學體系中所隱含之根本動機及終極目的。〈繫辭上傳〉：「是故易有太極，是生兩儀，兩儀生四象，四象生八卦。」吾國哲學中宇宙生成論皆本諸此，孔疏亦無例外。此歷史傳統影響中之宇宙論，雖可經由哲人匠心之運作而改易殊貌，然大體不脫此軌範，是亦不變之變也。孔疏謂太極即天地未分前之元氣，名爲太初、太一。

天地即兩儀；四象即金木火水；木火金水各主一時，巽同震木、乾同兌金、加以坤艮之土，遂為八卦。天地陰陽，自然而有奇偶之數；八卦象具，自然而成宇宙列秩之數。凡此宇宙生成說（Cosmogonies）皆對應於世界之圖像與空間問題而存在。由太極而兩儀而四象而八卦，其所架構，類似數學之形式世界，其真確性來自內在之邏輯思考，而無須「事實基礎」（fact-foundation）及經驗之檢證。故邵雍《皇極經世書》以元會運世之數，推求宇宙之生衍成壞。其所謂宇宙與世界，皆純數學之世界，非實然可驗者也。孔穎達《正義》中所論兩儀、四象、五行、八卦云云，亦為數學之展示模式，為其基本概念之象徵系統。與西方中世紀猶太祭司據《舊約聖經》所創超自然法則之「神秘哲學」（Kabbala）迥異。蓋前者來自直覺之體驗與邏輯思考；後者則為對神靈之存在表現一斷然之確信（assertion）。是故《周易正義》所論宇宙秩序性之圖像，可以為一理性之認識，而不僅止於信仰（Faith）之問題。其所舖陳架構者，既不得以科學新知相詰，更不得與神秘主義相紊。

宇宙生成，其始太初；太初者氣之始，而其變化運行，又在於陰陽之二氣。疏曰：「生生相續，莫非資變化之力，變易者其氣也」（《正義·卷首·第一》）。《易》之大德曰生，生生者氣，故曰孔穎達所架構者，迺一「氣化宇宙論」。其步步生衍，則甚類數學之展示形式。疏引《老子》：「道生一、一生二。」理相同也。是乃孔穎達哲學基本概念之象徵系統，非真為詮釋宇宙物理現象而創者。

此基本概念即氣之運化（孔穎達對宇宙人生整體所具統一性之根本理解）。故曰：「聖人能明天道也，易道興起，神理事物，豫為法象以示於人」（〈繫上〉疏）。氣之漸積聚露見萌兆乃謂之象（同上），神理事物，豫為法象者，言察求宇宙，觀氣之化變而法之，以合人事，以利民用。此交融道、器之世界觀（weltanschauung），迥異於西哲二元對立之基調。蓋西方自柏拉圖以來，既旁采畢達哥拉斯學派之數理思想，復參取調合巴門尼德斯之存在觀（ousia）及赫拉克利特斯之生成論（Genesis），建為四層存在構造說。以影像界與現象界合稱假相世界（The world of appearance）；以數理界、理型界並稱叡知界（Intelligible world），亦即本體。數理界無生成變化可言；理型界亦恒存不變，為現象界之存在依據。是現象與本體分截為二矣。雖亞里斯多德以形式、質料兩大形上概念補充其理，終不脫二元對立之思維傾向。孔穎達《易疏》則否，有、無雖分，可因有以明無；道體雖在，亦不與形器

相閡。是故宇宙氣化，變化見其來去即是器象（見〈繫上〉疏）。《易》曰：「形而上者謂之道，形而下者謂之器」，道之與器，似已區劃懸隔。然化而裁之之謂變，是得其「理」之變也。形雖由道而立，亦居道、器二者之間。道器爲交融形態之宇宙存有，顯與二元論（Dualistic）殊趣，此其宇宙論之特質也。船山曰：「天人之蘊，一氣而已」（《讀四書大全說》，卷十）又曰：「天下唯器而已，道者器之道，形而上者非無形之謂。既有形矣，有形而後有形而上。君子之道，盡夫器而已矣！」（《周易外傳》，卷五）孔疏兼此二義，故其所謂渾沌者，合氣質、形具而言之。形雖由道而立，道亦不離於形器，斯義若昧，讀其書而不惑者鮮矣。

　　總茲義理，孔疏所言理、氣、體、象云云，竝可考案。北宋諸子之學，果出於《正義》否不可知；然《正義》所論，多與宋、明諸家密邇相合，則蹤迹俱在，足供審定。自漢而魏晉南北朝而隋唐而兩宋，其脈絡之不絕也如此。設無《正義》，余從何而知宋學之情耶？昔賢知孔疏采用輔嗣《易》注，而不知其與輔嗣異。緣程《傳》以讀王《注》易，據孔《疏》以觀王《注》難，何則？道不同也。朱子之學，多本義疏，故深以學者不誦《正義》爲非。然亦不僅朱子而已。濂溪以下諸家所言議者多與孔疏同，體系攸關，宗趣非遙。今將撮論其詳，先著其基本觀念如上。以下則條其內涵而說明之，敷文維簡，略舉綱維，以示坻鄂耳。

參、形上學之義理系統

一、氣化之原理：自然

　　古之所謂天也、帝也，頗有主宰之意，迨宗教精神漸衰，天之自然義始得以發展。此自然義之天，漸與地、氣、陰陽及道等觀念結合，寖假而有氣化之自然宇宙觀。故有以氣化、以自然規律、以自然事象等說天道之觀念。〔註16〕此爲吾國哲學之大傳統，道德義之天與道德形而上之天道，亦由此發展而出。孔穎達氣化宇宙論系統與此傳統關係深密，而氣化之原理，亦在於自然也。今溯考其說，可據五層次第稽求其義趣：

　　（1）何謂「氣」？

〔註16〕詳李杜《中西哲學思想中的天道與上帝》，聯經，頁6。

　　（2）何謂氣化？

　　（3）氣化為道之理

　　（4）道法自然

　　（5）氣化亦自然

分別述之：

　　古以氣狀天道之表現、作用及天道之生化。如《左・昭元年》：「天有六氣，六氣曰：陰、陽、風、雨、晦、明也。」《左・昭廿五年》：「則天之明，因地之性，生其六氣，用其五行。」《周語》下：「天六地五，數之常也」註：「天有六氣，謂陰、陽、風、雨、晦、明也；地有五行，金、木、水、火、土也。」以氣之不同表現，說明天地萬物之變化；而此變化中，又有一不變之秩序在：「因陰陽之恒，順天地之常」（〈越語〉下）「天地之氣，不失其序，若過其序，民亂之也」（〈周語〉上）。此具普遍性與恒常性之自然律則謂之曰道。是故道不能離氣而獨在，即氣可以見道。氣也者，萬物生成之所本也，道遍在，氣亦遍在：

　　△彼方且與造物者為人，而遊乎天地之一氣。（《莊子・大宗師》）

　　△人之生，氣之聚也。聚則為生，散則為死……通天下一氣耳。（《莊子・知北遊》）

　　△天地之和合、陰陽之陶化、萬物皆乘一氣也。（《淮南・本經》）

　　△夫形者生之舍也，氣者生之充也。（《淮南・原道》）

　　△自天地至於萬物，無不須氣以生。（《抱朴子・至理》）

　　△天地未生，只有元氣，元氣具則造化人物之道理即此而在。（王廷相《雅述・上篇》）

　　△形生於氣，氣化沒有底，天地定然沒有；天地沒有底，萬物定然沒有。……天地萬物只是一氣聚散。（呂坤《呻吟語・天地》）

　　△盈天地之間者氣也。（顧炎武《日知錄・遊魂為變》）

　　△通天地，亙古今，無非一氣而已。（黃宗羲《宋元學案・濂溪學案下》）

年歷襫永，此義未嘗闕廢之也。萬物由氣運化而生，氣為天地萬物之本質，故《莊子》曰：「自以比形於天地，受氣於陰陽」（〈秋水〉），《老子》亦云：「萬物負陰而抱陽，沖氣以為和」。氣有陰陽，萬物皆受此以成形，故《莊子・大宗師》曰：

　　（子犁曰）：「偉哉造化！又將奚以汝為？將奚以汝適？以汝為鼠肝

乎？以汝爲蟲臂乎？」子來曰：「父母於子，東西南北，唯命之從。陰陽於人，不翅於父母。彼近吾死而我不聽，我則悍矣，彼何罪焉！」以陰陽說氣，而所謂造化者，即氣化也。此義《穀梁傳》有之，莊公三年五月《傳》曰：「獨陰不生，獨陽不生，獨天不生，三合然後生」，徐邈曰：「古人稱萬物負陰而抱陽，沖氣以爲和。然則《傳》所謂天，蓋名其沖合之功，而神理所由也。」宋、明所謂理氣云者，其義猶是。以上釋氣。

「氣化者，氣之化也。陰陽具於太虛絪縕之中，其一陰一陽，或動或靜，相與摩盪，乘其時位，以著其功能。五行萬物之融結、流止、飛潛；動植各自乘其條理而不妄」（船山《張子正蒙注》卷一），又「天以陰陽五行化生萬物，以用也，即用此陰陽五行之體也」（《讀四書大全說》卷二）。《荀子‧禮論》：「天地合而萬物生，陰陽接而變化起。」陰陽變轉，生化不息，即是氣化，荀卿〈天論篇〉所謂：「天地之變，陰陽之化」者也。〈天論篇〉曰：「陰陽大化，風雨博施，萬物各得其和以生，各得其養而成。……天職既立，天功既成，形具而神生。」戴震《孟子字義疏證》所稱：「在天地，則氣化流行，生生不息，是謂道」與此同義。伊川云：「隕石無種，種於氣；麟亦無種，亦氣化，厥初生民亦如是」，其義尚疏，孔穎達《易》疏曰：「陰陽變轉，後生次於前生，是萬物恒生」（〈繫上〉疏），則精義入神矣。以上論氣化。

氣化爲道之理。劉劭《人物志‧材理篇》：「天地氣化，盈虛損益，道之理也。」即氣即道，即道即理，言氣化爲道之理者，取便解說而已，猶言氣化爲氣之理也。羅欽順《困知錄》卷上：「通天地，亘古今，無非一氣而已。氣本一也，而一動一靜，一來一往，……千條萬緒，紛紜膠轕，而卒不可亂，有莫知其所以然而然，此即所謂理也。初非別有一物依於氣而立，附於氣以行也。」王廷相《雅述‧上篇》亦云：「元氣具則造化人物之道理即此而在，故元氣之上無物、無道、無理。」此理，既是氣化之莫知其所以然之名，即是自然也。呂坤《呻吟語》談道：「氣即是理，理者，氣之自然也。」氣化爲道之理，又爲氣之自然之理。請釋「道」與「自然」之關係：

自然，爲吾國哲學主要觀念之一，其義不指客觀存在之自然界，乃指一不強制之自然狀態，所謂「莫之命而常自然」。王充《論衡‧自然篇》：「天道自然……自然之化，固疑難知，外若有爲，內實自然。」此所謂自然者，道也。故老聃云：「道法自然」，《莊子‧知北遊》：

（老聃曰：）天不得不高，地不得不廣，日月不得不行，萬物不得不

昌，此其道歟！……淵淵乎其若海，巍巍乎其終則復始也，運量萬物

而不匱，則君子之道，彼其外歟？萬物皆往資焉而不匱，此其道歟！

邵雍《觀物內篇》：「以道化民者，民亦以道歸之，故尚自然。夫自然者，無為無有之謂也。」程明道《語錄》：「一陰一陽之謂道，自然之道也」、「言天之自然者，謂之天道」。闚其意指，實與何晏〈無名論〉所稱：「自然者道也」弗殊。道法自然，故氣化亦自然也：張載《正蒙·太和篇》曰：「太虛不能無氣，氣不能不聚而為萬物，萬物不能不散而為太虛。循是出入，是皆不得已而然也。」

今案：宇宙氣化之談，肇始先秦，漢儒倡之於前，穎達宣之於後，迨及兩宋，多所本之。化者運化，凡天地宇宙之運行變化，胥由氣故，張子《正蒙》所謂：「氣塊然太虛，升降飛揚，未嘗止息」（〈太和〉）即此義也。孔疏既云：「所有興動，任其自然之性」（〈坤〉六二〈象〉疏），又曰：「變化運行，在陰陽二氣」（〈序〉），是運行變化者氣，而氣之動也自然。氣運自然，是即天地之性矣。〈乾·文言〉疏曰：「凡天地運化，自然而爾。」又，〈復〉之〈象〉疏：「天地以靜為心，不生而物自生」，〈坤〉之六二疏：「自然而生，不假修營，物皆自成，無所不利」，〈繫上〉疏：「道謂自然而生」。生成運化，皆在自然，《老子》曰：「萬物將自化」（卅七章），非有為之主宰者也。此義六朝多有言之者，〈繫上〉韓注云：

兩儀之運，萬物之動，豈有使之然哉？莫不獨化於太虛而自造矣。

運化自然，無待其他，謂之獨化。郭象《莊子注》曰：「若責其所待，而尋其所由，則尋責無極而至於無待，而獨化之理明矣」（〈齊物論〉註），於萬物之存在歷程中言其無待，已具宇宙論意義。然郭象所云自生無待，實與孔《疏》不侔。郭云：「物各自生而無所出焉」（〈齊物論〉注），孔謂：「自然而生，不假修營。」郭注以為無不能生有，孔《疏》反是，故郭云自生，言無生之者也；孔云自然而生，言無主宰之也。疆界封劃，未宜通假，韓注之言獨化者，亦當如是觀。蓋郭象采般若學中「即色」之義，當色即色，非有色色者。孔《疏》言物各自然，無使之然者，與郭象同；而稱物皆自生而無所生，則郭、孔異趨矣。《莊子·天運篇》曰：

天其運乎？地其處乎？明其爭於所乎？孰主張是？孰維綱是？孰居無事，推而行是？意者其有機緘而不得已耶？意者其運轉而不能自止耶？雲者為雨乎？雨者為雲乎？孰隆施是？孰居無事，淫樂而勸

是？風起北方，一西一東，有上彷徨，孰噓吸是？孰居無事，而披
拂是？敢問何故？巫咸祒曰：「來，吾語汝，天有六極五常，帝王順
之則治，逆之則凶。《九洛》之事，治成德備，監照下土。天下戴之，
此謂上皇。」〔註17〕

孔《疏》義趣，殆本諸此。所謂「天地運化，自然而爾」。又曰：「天地以靜
爲心」滿是即莊生：「天道運而無所積，故萬物成。其自爲也，昧然無不靜者
矣」之意（〈天道篇〉）。宣穎曰：「從運處說靜，莊子之學，非寂滅者比」，孔
疏同之。此「靜」非「動靜」邏輯對待之靜，《莊子》曰：「虛則靜，靜則動，
動則得矣」（〈天道篇〉）。宇宙之運行變化是動，動極而不害其靜；天地以靜
爲心，虛則靜，故張橫渠《正蒙》以太虛名此氣之本體也。周濂溪〈太極圖
說〉論陰陽五行之運變流布，而歸於至靜，理亦同此。

二、陰陽動靜與四象五行

氣化自然，既如前述；其所謂氣者，則爲陰、陽二端。〈說卦〉疏：「觀
變於陰陽而立卦。」〈卷首・第一〉亦云：「變化運行，在陰陽二氣。」生成
創立與運行變化，爲氣之成化二義。而氣者，陰陽也。覼論陰陽，蓋有數事
可說：

（一）陰陽爲氣：王夫之《正蒙・太和》注：「陰陽二氣，充滿太虛，此
外更無他物，亦無間隙。天之象、地之形，皆其所範圍也。散入
無形而適得氣之體；聚爲有形而不失氣之常。」朱熹《語類》卷
六五：「陰陽只是一氣，陽之退便是陰之生，不是陽退了又別有個
陰在。」

（二）陰陽爲萬物之本：《莊子・田子方篇》：「至陰肅肅，至陽赫赫；肅
肅出乎天，赫赫發乎地；兩者交通成和而物生焉。」邵雍《觀物
外篇》：「一陰一陽，天地之道也，物由是而生，由是而成也。」

（三）陰陽與道：朱子《語類》卷五七：「太極却不離乎兩儀、四象、八
卦，如一陰一陽之謂道，指一陰一陽爲道則不可，而道則不離乎
陰陽也。」

宇宙運化，一主於氣，〈繫辭上傳〉疏：「萬物皆始在於氣。」氣有陰陽，〈繫

〔註17〕王夫之曰：「此篇之旨，以自然爲宗，天地之化，無非自然。」郭嵩燾曰：「言
天之運，自然而已，帝王順其自然。」

上〉疏所謂:「陰之與陽,雖有二氣,恒用虛無之一以擬待之。」陰陽以「無」為體,亦以「無」為用,故曰:「以數言之謂之『一』,以體言之謂之『無』」(〈繫上〉疏)。此所謂體者,形質之稱也,神無方而易無體(形體),無體而體以之成也。疏曰:「道是無體之名,形是有質之稱,凡『有』從『無』而生,『形』由『道』而立」(〈繫上〉疏),無體者,一曰自然而變,不知變之所由,是無形體也;一曰隨方而往,無定在一位(竝見〈繫上〉疏)。陰陽二氣,以體言之是「無」,又恒用虛無之「一」以擬待之。疏曰:

> 言在陽之時,亦以為虛無,無此陽也;在陰之時,亦以為虛無,無此陰也。云「在陰為無陰,陰以之生」者,謂道雖在於陰,而無於陰,言道所生皆無陰也。雖無於陰,陰終由道而生,故言「陰以之生」也。「在陽為無陽,陽以之成」者,謂道雖在陽,陽中必無道也。雖無於陽,陽必由道而成。

義頗悶礙,請以周濂溪〈太極圖說〉解之。〈圖說〉曰:「無極而太極,太極動而生陽;動極而靜,靜而生陰。靜極復動,一動一靜,互為其根。」案:〈繫辭上傳〉孔疏云:「天下萬物,皆由陰陽或生或成,本其所由之理。」據宋人說,太極即指理言。〔註18〕《易》云太極生兩儀;周云分陰分陽,兩儀立焉,義相合也。陰陽二氣,皆本其所由之理,故曰陰陽雖由道成,陰陽亦非道。牟宗三釋太極動而生陽,以為即順其動而無動之動,順其靜而無靜之靜,隨迹之動靜而顯相(詳所著《心體與性體》,頁 364)。斯乃孔氏所云在陽之時,亦以為虛無無此陽;處陰之際,亦以為虛無無此陰也。或者訾之曰:《正義》言陰陽不言動靜,惡可與濂溪相紊?此未足辯也,《正義》非不言動靜者:

> △天地以本為心者,本謂靜也。凡動息則靜,靜非對動者也。天地之動,靜為其本。靜之為本,自然而有,非對動而生靜(〈復·彖〉疏)。
>
> △天陽為動,地陰為靜,各有常度。天地之性也。此雖天地動靜,亦總兼萬物也(〈繫上〉疏)。

〔註18〕邵雍《觀物內篇》卷五:「必欲知天地之所以為天地,則舍動靜將奚之為?」、「一動之始則陽生焉,動之極則陰生焉,一陰一陽交而天之用盡矣。」、「一動一靜之間者,《易》所謂太極也」(《經世指要性理大全》引蔡九峰)。太極是氣,詳趙玲玲《邵康節觀物內篇的研究》,頁 20。又頁 22:「邵子之所謂道——太極,與老子一樣,隱然兼含宇宙實在及天地法則兩種意義,就宇宙實在而言即是氣,就天地法則而言即是理。」

此爲動靜之二義，分疏甚精。且疏曰：「所有興動」、「變化運行」，非所謂太極動者歟？孔穎達所謂：「天下萬物，皆由陰陽，或生或成，本其所由之理，不可測量之謂神。」與濂溪《通書·順化》第十一：「天以陽生萬物，以陰成萬物：大順大化，不見其迹，莫知其然之謂神。」所言何其甚似耶？篇名順化，是順道之自然而運化，故曰：「天道行而萬物順。」非與孔疏違異者也。《書·大禹謨》「乃聖乃神」疏：「案：《易》曰：神者妙萬物而爲言也。又曰：神妙無方。此言神道微妙，無可比方，不知其所以然。」神也者，變化之極，陰陽不測之謂。牟宗三先生以爲氣有迹而神無方。不知氣亦無方所迹相可言。《易》與濂溪之所謂神，胥就氣之運化言之，故動靜第十六曰：「動而無動，靜而無靜，神也。」變化之極，陰陽弗測之謂，豈誠體神用諸說所得而擬附哉？〔註19〕是蓋與程伊川：「以形體謂之天，以妙用謂之神」相殽秩矣。夫《易·繫上傳》曰：「生生之謂易，陰陽不測之謂神。」程氏本之，既云：「窮神知化，化之妙者神也。」又曰：「生生之謂易，生生之用則神也。」適爲矛楯，義不可通。神指變化之極而言，〔註20〕惡可以云：「所以運用變化者神也」？伊川以下，循茲謬解，矒不知省者久矣。劉蕺山曰：「說陰陽不測之謂神，便是不有道字，幾落禪詮。」寧說周、孔誤，不道程、朱非。自成拂戾，無從準信，余以論孔疏之陰陽動靜而知之矣。

邇求其故，殆亦有說：明道曰：「性即氣、氣即性，生之謂也。人生氣稟，理有善惡惡。」生生者氣，而氣之條緒是理，其以氣言性、言生者，猶與孔疏不貳。張伯行《近思錄集解》引橫渠塊然太虛、升降飛揚諸語，以爲：「此張子極言氣之用，以見即氣即理」（卷一），義猶此也。孔疏所云：「天下萬物，皆由陰陽或生、或成，本其所由之理」者，理即朱子所稱陰陽五行不失其條緒之謂。氣運自然，豈有使之者耶？伊川誤會此義，遂有割裂之談，曰：「生生之理，自然不息」。是以理言性、言生，而生生運化者是理而非氣矣。張伯行釋之曰：「盈天地皆氣也，而所以運是氣者，理也。」其言非特與明道悖，亦與孔疏逆。《易》云生生之謂易，而孔疏稱易始於氣；伊川改之，故曰生生之理謂之道，生生之用名爲神。其實體用何嘗可分？道氣豈宜割截？船山《讀四書大全說》曰：「就氣化之流行於天壤，各有其當然者曰道；就氣化之成於

〔註19〕詳牟宗三《心體與性體》，頁344。論濂溪學術，完全撇開「氣」之一層而直論心體、誠體。
〔註20〕橫渠曰：「散殊而可象爲氣，清通而不可象爲神。」亦就氣之變化之極處言神。

人生，實有其當然者則曰性。」又「天以陰陽五行化生萬物，以用也，即用此陰陽五行之體也」（卷二），熊十力《新唯識論》亦云：「先儒所謂理氣之氣，亦即是用，而用亦即是體。固不當言理與氣而二之也」（卷中後記）。是皆足以補伊川之闕，紹穎達之緒矣。

三、宇宙之圖像與秩序

以體言之，即理即氣；以用言之，理為氣本。然亦方便說耳。易以太初為始，何往而非氣歟？宇宙之創化原理如此，宇宙秩序（Cosmos）及成化之程序何若？易言之，形上學兩大範疇：本體論追求最後實體（ultimate reality），宇宙論則經由邏輯思考（logical thinking）以詮釋宇宙之源起（cosmology）及其生成（cosmogonies）者也。古哲所論，多兼綜二者而為言，今亦無須刻意區劃。倚伏互形，固有非疆界可判者在。孔穎達曰：

△太極，謂天地未分之前，元氣混而為一，即是太一也。故老子云道生一，即此太極是也（〈繫上〉疏）。

△（《乾鑿度》云）有太易、有太初、有太始、有太素。太易者，未見氣也；太初者，氣之始也；太始者，形之始也；太素者，質之始也。氣、形、質具而未嘗相離，謂之渾沌。渾沌者，言萬物相渾沌而未相離也。視之不見、聽之不聞、循之不得，故曰易也（〈卷首·第一〉）。

太極生兩儀，兩儀謂天地，是具形者也（疏曰：兩儀者，指其物體，下與四象相對，故曰兩儀，謂兩體容儀也）；兩儀生四象，金木水火，是有質者也。《禮記·月令》孔穎達疏曰：「按：老子云道生一、一生二、二生三、三生萬物。《易》云易有太極，是生兩儀。〈禮運〉云：『禮必本於太一，分而為天地』，《易乾鑿度》云：『大極者未見其氣，大初者氣之始，大始者形之始，大素者質之始』，此四者同論天地之前及天地之始。《老子》云道生一，道與大易，自然虛無之氣，無象，不可以形求，不可以類取，強名曰道，強謂之大易也。道生一者，一則混二之氣，與太初大始大素同，〔註21〕又與易之太極，禮之太一其義不殊。皆為氣形之始也。一生二者，謂混元之氣，分而為二，二則天地也。與易之兩儀、又與禮之大一分而為天地同也。」又「分而

〔註21〕按：此處疑誤。太始為形之始，大素為質之始，豈可與混元之氣同？氣本無形，孔穎達諸經疏文迭發此義，於此不應矛盾自形。〈易繫上〉疏：「太一虛無，無形無數。」不應於此又云大始大素即是大一。

爲天地者，混沌元氣既分，輕清爲天在上，重濁爲地在下」（〈禮運〉疏），其秩序與圖像，可以表列如下：

太　極　——　兩　儀　——　四　象　——　八　卦
太　易　——　太　初　——　太　始　——　太　素
（渾沌未見氣）　　（氣之始）　　　（形之始）　　　（質之始）

　　凡茲四層序中，又分二類：自太始以下爲「有」；太易、太初皆「無」也。然「太易」實包有、無（氣質形具而未相離，謂之渾沌）。太初即太一，〈繫上〉疏：「太一虛無，無形無數。凡有皆從無而來，故易從太一爲始也。」太極是氣，無形無數。易以「太極」爲始，是以宇宙成化之理在氣；而物之生成皆由氣化也。然既以太一爲始，則不應復有太易，《疏》引老子曰道生一，一爲太極，則道爲太易。非易之本誼也。以余考之，孔穎達所謂渾沌及氣、形、質之分列，實本漆園，〈至樂篇〉曰：

　　　察其始而本無生；非徒無生也，而本無形；非徒無形也，而本無氣。
　　　雜乎茫芴之間，變而有氣，氣變而有形，形變而有生。

雜乎茫芴之間，孔疏之所謂「渾沌」也。孔疏此文引自《易緯乾鑿度》，《乾鑿度》又與《列子·天瑞篇》同。豈漢、魏間之宇宙論多如是乎？抑溯自遠古，莊生有以啓之耶？今案：《呂氏·大樂篇》：「道也者，至精不可爲形，不可爲名，強爲之謂之太一。」又，《莊子·天地篇》：「太初有『無』，無有無名（即《呂覽》所謂：至精不可爲形，不可爲名），一之所起，有一而未形；物得以以生，謂之德。未形者有分，且然無間，謂之命。」是皆以太初爲道，道爲一之所起，有一而未形，一從此生也，老聃所云：「道生一」即此之謂。迨及後世，或執此「有一」，遂謂道生此一、一爲太極，如《列子》之說者是也。孔穎達過信緯書，兼采《列子》，以太易爲道、太一爲氣，不符《易》誼，其解礙矣。繇是觀之，孔疏雖合於莊周所論，然體系差殊，根幹自別，殆有受婆羅門哲學影響者：

　　案：渾沌之義，實出道家，《莊子·應帝王篇》可證。然自《莊子·天問》、以迄《淮南·原道篇·天文篇》等，述鴻濛混沌之狀，皆未嘗以物象擬喻之，但如《春秋·歷命序》所云：「冥莖無形，濛鴻萌兆，渾渾沌沌」而已。至河上公注《老子》；始以雞卵爲喻，其言曰：「常名愛如嬰兒之未言，雞子之未分，明珠在蚌中，美玉處石間，內雖昭昭，外如愚頑。」漢世張衡〈渾天儀〉

則謂：「渾天如雞子，天體圓如彈丸，地如雞中黃，孤居於內，天大而地小，天表裡有水，天之包地，猶殼之裹黃，天地各乘氣而立，載水而浮」（《開元占經》引作〈渾儀圓注〉）虞聳〈穹天論〉、王蕃〈渾天說〉及《晉書·天文志》引葛洪說等均同，〔註22〕其氣與《奧義書》*Chandogya Upanisad III* 19,1 之論天地開闢者類。《奧義書》云：

asad evedam agra　　asit tat sad asit,　　tat samabhavat,　　tat andam niravartata,……
太初無有　　　　　　既而爲有　　　　　　萌兆變化　　　　　　雞子出焉。……

《奧義書》以爲雞子既迸，金（suvaruani）爲天（dyanh），而銀（rajatan）爲地（prthivi），是猶太極生兩儀，混元既分，遂有天地也。婆羅門經典如 *satapatha-Brahnran*a XI. 16. 1-3; *Maha-bharata* XII 312. 3, 154; *Maun-Samhita Book I Verses* 5,8,9,12,13,16.俱有是說。〔註23〕《梨俱吠陀》（Rgveda）卷十所云：「太古之初，金卵始起，生而無兩，作萬物主，奠彼昊天，復安天地。」爲婆羅門宇宙生成論之神話中心，漢代言渾天者多採之。茲說於泰初與天地間，有一雞卵之地位。泰初泰一，秦漢竝以名道，〔註24〕孔疏本之，又參會此種漢晉宇宙論，故有道生一、一生天地之談，所謂太易、太初、太始、太素者。是以太易爲道，而太一爲太極矣。其義與周秦通誼不符，亦非《易》、

―――――――――――――――

〔註22〕《禮記·月令》疏：「天地人既定，萬物備生，其間分爲天地，說有多家，形狀之殊，凡有六等：一曰蓋天，文見《周牌》，如蓋在上。二曰渾天，形如彈丸，地在其中，天包其外，猶如雞卵白之繞黃，揚雄、桓譚、張衡、蔡邕、陸績、王肅、鄭玄之徒，並所依用。三曰宣夜，舊說云殷代之制，其形體事義無所出以言之。四曰昕天，昕讀爲軒，言天北高南下，若車之軒，是吳時姚信所說。五曰穹天，云穹隆在上，虞氏所說，不知其名也。六曰安天，是晉時虞喜所論。……天是大虛，本無形體……二儀運動之法，非由人事所作，皆是造化自然，先儒因其自然，遂以人事爲義，或據理是實，或構虛不經，既無正文可憑，今皆略而不錄。」凡此諸說，又詳《晉史·天文志》。諸家說天體構造雖異，然論宇宙起源則同，張衡〈靈憲〉可爲代表，〈靈憲〉曰：「太素之前，不可爲象，中虛外無，斯爲溟涬；道之根也。道根既建，太素始萌。並氣同色，混沌不分，其氣體未可得而形，其遲速未可得而紀也。斯謂龐澒，道之幹也。道幹既育，萬物成體，剛柔始分，清濁異位。天動以行施，地靜以合化，烟鬱構精，時育庶物。……情性萬殊，自然相生。」孔《疏》頗採此議，亦用渾天之說，然論宇宙起源處多，說天體構造者少也。

〔註23〕參考中村元《初期のヴェーダーソタ哲學》及（Nakamura Hajime）Upanishadic Tradition & the Early school of Vedanta as Noteid in Buddhist Scripture HJAS XVIII, P.74,1955

〔註24〕拙撰〈太一考〉有說（《淡江文學》第七期）。

《老》之情。徒成滯解，無事發明，是固可以脫略不道也。雖然，孔疏別擷「太易」之名，穿置雞卵之義，其論道體，仍以「太極」爲主，所謂易以太一爲始，則太易云者，固可敝屣勿論矣。無他，實然之驗，未可亂以非詞，易無太易與道生太極之理，又何從編秩以瞀亂之耶？孔疏之原委曲折如是，謹爲詮詁，以俟達覽。

抑又有言：西哲所稱「本體」者，多超出於「現象」之上，或隱在現象之後，爲現象之根原。孔疏宇宙論中兼及本體義，與此不同。現象界爲萬有之總名，而所謂萬有，實即依本體現起生化之象，故曰：「氣質形具而未相離，謂之渾沌。渾沌者，視之不見、聽之不聞、循之不得，故曰易也。」非離此渾沌，別有諸現象之實體在。斯義熊十力《新唯識論》言之最詳，而孔疏有之矣。《易‧繫上》疏：「道以虛無爲體」又曰：「道則虛無爲用」。即體即用，熊十力曰：「先儒所謂理氣之氣，亦即是用，而用亦即是理。固不當離理與氣而二之也。」此其一。

《正義‧卷首‧第一》引《易緯乾鑿度》以說太易、太始，而余謂其爲漢魏間宇宙論所惑者何？案：《正義》所引，出《乾坤鑿度》，與周易《乾鑿度》爲兩書。《乾鑿度》論太一，有九宮之說。太一北辰，下行八宮，每四仍還於中央，中央者，北辰所居，故曰九宮。與太極生天地之說悖。《乾坤鑿度》引孔子曰有太易、有太初云云，其實全掇《列子‧天瑞》一節，稍爲增損數字，遂不成語言，胡應麟《四部正譌》辨之甚晰。殆緣採《列子》、《白虎通》、《廣雅》諸書而爲之辭者，非古義也（《黃震日抄》，《四庫提要》亦皆有說）。《後漢書》、《南北史》及李鼎祚《周易集解》皆嘗徵引其說，穎達偶爲所亂，無足怪也。此其二。

準斯而論，孔疏雖以太易、太初、太始、太素秩其宇宙生成之序，言「道」仍以「太初」爲始。就其體、用不二而言，是爲本體宇宙論；就其氣化流行而談，則爲氣化宇宙論。「太極」者氣之始，謂天地未分前元氣混而爲一，無形無數，故名之曰「無」。是氣也，分而有陰、陽之稱，朱子《語錄》云：「陰陽只是一氣。陽之退、便是陰之上；不是陽退了又別有個陰在。」答楊元範曰：「陰陽只是一氣，陰氣流行即爲陽，陽氣凝聚即爲陰，非眞有二物相對。」（橫渠亦云如此）陰、陽爲氣化流行時動靜之二象，豈眞有二相對相峙之氣耶？疏曰：「陰之與陽，雖有二氣，恒用虛無之一以擬待之」是也。以數言之謂之「一」，以體言之謂之「無」。晉人程本所僞撰《子華子》一書，

以太極之氣爲太眞，云：「太眞剖割，通之而爲一，離之而爲兩，各有精專，是名陰陽。」孔疏義與此同，濂溪所謂「陰陽一太極也」。太極即氣即理，張載以「太虛」爲氣，伊川以「太虛」爲理，其實一也（《語錄》：「語及太虛，先生曰：『亦無太虛』，遂指虛曰：『皆是理，安得謂之虛？天下無實於理也』」），理於氣上見之，氣爲其用，亦爲其體（太極爲氣，其流行運化者亦氣），王船山《周易外傳》卷三曰：「道以陰陽爲體，陰陽以道爲體，交與爲體，終無虛懸孤致之道。」核諸正義，其理非異。〈繫上〉疏曰：「『無』是太虛不可分別，唯一而已。以數言之謂之「一」，以體言之謂之『無』，以物得開通謂之『道』，以微妙不測謂之『神』，以應機變化謂之『易』，總而言之，皆『虛無』之謂也。」道、易、神、無、太虛等等，皆氣之稱耳。陰陽運化、自然流布、即是道也（亦見〈繫上〉疏）。請釋神、易、道諸名，以見其無非虛無之氣：

> △陰陽變轉，後生次於前生，是萬物恒生，謂之易也。（〈繫上〉疏）
> △以應機變化謂之易也。（同上）
> △道是生物開通。（同上）
> △自然而有陰陽，自然無所營爲，此則道之謂也。（同上）
> △以神爲名者，謂不可思量，而玄遠覽見者乃目之爲神。（同上）
> △神也者，變化之極者。（同上）
> △天下萬物皆由陰陽或生或成，本其所由之理，不可測量之謂神也。（同上）
> △神也者，至成萬物也。萬物變化，應時不失，無所不成，莫有使之然者，而求其眞宰，無有遠近，了無晦迹，不知所以然而然，而況之曰神也。（〈說卦〉疏）

總茲條義。孔疏即「用」言「體」之意甚彰。〈繫上〉疏云：「道，全無以爲體，虛無爲用。」其體與其用皆氣，亦皆「無」也。故其書所謂「無爲」者，合體、用而言之也，因以狀氣之運化。〈繫上〉疏所稱「自然無營爲」是「道」，足供佐驗。道即「氣運無爲自然」之名，故曰：「乾坤相合，皆無爲自然」（〈繫上〉疏）；又「變化之道理，不爲而自然也；神化亦不爲而自然」、「聖人俱行易簡，法無爲之化」（〈繫上〉疏）。其書星敷猥集，未可殫言者，類可以此相準括。今摸貫全書，闡明此義，然後知其若無統紀者，固皆綱目條秩，燦朗可識，惜前人未之深考也。

　　陰陽既分，兩儀斯立，疏曰：「天以健爲用者，運行不息，應化無窮，此天自然之理」（〈乾卦〉疏）即「用」言「理」，以釋其象（天爲自然之象）。乾本氣初，故云資始；坤據成形，故曰資生。初稟其氣謂之始；成形謂之生（詳〈坤‧象〉疏）。天、地者形之始，《正義‧卷首‧第一》所謂「太始」也。自「太極」以至「太始」，是之謂離「無」入「有」，其名曰「幾」。〈繫上〉疏曰：「幾者，離無入有，是有初之微。」〈繫下〉疏又云：「幾，微也，是已動之微，動謂心動、事動。初動之時，其理未著，唯纖微而已（〈乾〉九三疏：幾者，去無入有，有理而未形之時）。若其已著之後，則心事顯露，不得爲幾，若未動之前，又寂然頓無，兼亦不得稱幾也。幾是離無入有，在有無之際，故云動之微也。」

　　今推周敦頤《太極圖說》所述，以考孔穎達《正義》之論。茂叔曰：「分陰、分陽，兩儀立焉。陽變陰合而生水、火、木、金、土，五氣順布，四時行焉。五行之生也，各一其性。無極之眞，二五之精，妙合而凝，乾道成男，坤道成女，二氣交感，化生萬物。」余意非在以後證前，特借濂溪說以觀孔氏所論，條理益晰耳。孔疏於兩儀、生四象時，屬入五行、四季之說，既與濂溪相符；所謂五行之生，各一其性，二氣交感，化生萬物云云，亦與孔疏弗異。疏曰：「天地無，自然得一，唯二氣絪緼，共相和會，萬物感之變化而精醇也。陰陽相感，任其自然，得一之性。故合其精則萬物生生也」（〈繫下〉疏），一者「太極」，二爲陰、陽，五即五行。〈繫上〉疏：「四象者，謂金木水火，土則分主四季」。斯即濂溪「五氣順布，四時行焉」之所本，其義則猶漢儒舊法也。朱子《語錄》卷五：「漢儒解天命之謂性云木神則仁、金神則義等語，却有意思，非苟言者，學者要體會親切。」又，〈答呂伯泰書〉：「近看《中庸》古注，極有好處，如說篇首一句，便以五行、五常言之。後來雜糅佛老而言之者，說能如此愨實耶？」《正義》所謂陰陽交感，得一之性，氣化自然，故必以五行二氣釋「性」釋「生」，如濂溪、考亭，胥傳其義者也。分而釋之，一曰四季五行：

（一）四季五行

　　案：《小學紺珠》：「五行始於祖，終於臘，唐土德，戊祖辰臘。」杜甫〈重經昭陵詩〉：「草昧英雄起，謳歌歷術歸。」唐代繼南北朝之後，世猶歆重五行曆數，孔穎達輯撰《正義》，多所採之，未足詫也。五行之說，由來甚古，印度教（Hinduism）各派學說，皆謂世界由五大（Pancabhuta）所構成，五大

者，虛空（Akasa）與地、水、火、風也。與吾國五行之說相通，均爲對宇宙起源與本質之詮釋。《左傳・襄二十七年》：「天生五材，民並用之。」即是水、火、金、木、土民用此自資也（詳《書・大禹謨》疏）。《書・甘誓》疏：「五行在人爲仁、義、禮、智、信。《易・說卦》云：立天之道曰陰與陽，立地之道曰柔與剛，立人之道曰仁與義。物之爲大，無大於此，《周易》謂之三才，人生天地之間，莫不法天地而行事，棄廢此道，言亂常也。」五行又曰五常，以其爲天地人之常行耳。籤釋其義，略分數端以言之：

1. 釋五行：《禮記・月令》疏：「五行，佐天地生成萬物之次者，五行謂金木水火土。謂之五行者，按《白虎通》云：「行者，言欲爲天行氣也。」

2. 五行生成之數：《書・洪範》疏：「《易・繫辭》曰：天一、地二、天三、地四、天五、地六、天七、地八、天九、地十。此即是五行生成之數。天一生水，地二生火，天三生木，地四生金，天五生土：此其生數也，如此則陽無匹、陰無耦，故地六成水，天七成火，地八成木，天九成金，地十成土。於是陰陽各有匹偶，而物得成焉，故謂之成數也。《易・繫辭》又曰：『天數五，地數五，五位相得而各有合，此所以成變化而行鬼神』謂此也。又，數之所起，起於陰陽，陰陽往來，在於日道：十一月冬至日，南極陽來而陰往，冬水位也，以一陽生爲水數。五月夏至日，北極陰進而陽退，夏火位也，當以一陰生爲火數。但陰不明奇，數必以偶，故以六月二陰生爲火數也。是故《易》說稱〈乾〉貞於十一月子，〈坤〉貞於六月未，而皆左行。由此也。冬至以至於夏至，當爲陽來，正月爲春，木位也。三陽已生，故三爲木數。夏至以及冬至當爲陰進，八月爲秋，金位也。四陰已生，故四爲金數。三月春之季，四季土位也，五陽已生，故五爲土數，此其生數之由也。又，萬物之本，有生於無者生於微，及其成形，亦以微著爲漸，五行先後，亦以微著爲次。五行之體，水最微爲一，火漸著爲二，木形實爲三，金體固爲四，土質大爲五，亦是次之。宜大劉與顧氏皆以爲水、火、木、金得土數而成，故水成數六、火成數七、木成數八、金成數九、土成數十。義亦然也。」案：五行與四季、方位之關係亦見此，另詳後。

3. 氣性流行：《書・洪範》疏：「（五行）五材氣性流行。」、「五行即五材也，襄二十七年《左傳》云天生五材，民並用之。言五者各有材幹也。謂之行者，若在天則五氣流行，在地世所行用也。」、「天深定下民，與之五常之性。」〈甘誓〉疏：「五行在人爲仁、義、禮、智、信。」表列如下：

$$
\text{五行氣性流行：}\begin{cases}\text{天：五氣流行（風、雨、寒、燠、暘）}\\\text{地：世所行用}\\\text{人：五常之性（又，五體、五臟）}\end{cases}
$$

《書・洪範》疏：「雨屬木、暘屬金、燠屬火、寒屬水、風屬土。鄭云：雨木氣也，春始施生，故木氣爲雨。暘金氣也，秋物成而堅，故金氣爲暘。燠火氣也。寒水氣也。風土氣也，凡氣非風不行，猶金、木、水、火非土不處，故土氣爲風。」此五氣之說也。又，〈洪範〉疏：「貌屬木、言屬金、視屬火、聽屬水、思屬土。」、「易於東方震爲足，足所以動容貌也。西方兌爲口，口出言也。南方離爲目，目視物也。北方坎爲耳，耳聽聲也。土在內猶思在心，亦是五屬之義。」此五體之說也。至於五臟之義，實與五行之氣不同，論者多混，《禮記・月令》疏：「今文《尚書》歐陽說：肝木也、心火也、脾土也、肺金也、腎水也。古《尚書》說：脾木也、肺火也、心土也、肝金也、腎水也。許慎按：〈月令〉春祭脾、夏祭肺、季夏祭心、秋祭肝、冬祭腎，與古《尚書》同。鄭駁之云：〈月令〉祭四時之位及其五臟之上下次之耳。冬位在後而腎在下，夏位在前而肺在上，春位小前故祭先脾，秋位小却故祭先肝。腎也脾也，俱在鬲下；肺也心也肝也，俱在鬲上。祭者必三，故有先後焉，不得同五行之氣。」《正義》用今文《尚書》說，不同於許慎之義。據牲之五臟所在而當春夏秋冬之位。

4. 五行與方位、聲音：《禮記・月令》疏：「凡聲尊卑，取象五行者，宮主土、商主金、角主木、徵主火、羽爲水。」案：此與鄭玄乾坤陰陽合律之說有關，詳見《禮記・正義・月令篇》，此不具論。至於五行與方位者，《禮記・月令》鄭注：「五行佐天地生物成物之次也。《易》：曰天一、地二、天三、地四、天五、地六、天七、地八、天九、地十，而五行自水始。」疏：「五行自水始，火次之、木次之、金次之、土爲後者，天一生水於北，地二生火於南，天三生木於東，地四生金於西，天五生土於中。……所以一曰水者，〈乾〉貞於十一月子，十一月一陽生，故水數一也。二曰火者，〈坤〉貞於六月未，六月兩陰生，陰不敢當午，火比於水嚴屬著見，故次火也。三曰木者，正月三陽生，是建寅之月，故三曰木。四曰金者，八月四陰生，是建酉之月，故四曰金。五曰土者，三月五陽生，三月建辰之月，辰爲土，是四季之首，土主四季，故五曰土。」方位與四季十二月關係甚密，繼詳後。

5. 四季與五行：

△《乾鑿度》云：四時之義，皆法中央，中央土可以兼四方之行。知之決也，是土爲知，但水、土二行俱有信知。（《禮記·禮運》疏）

△「元」是物始，於時配春。春爲發生，故下云「體仁」，仁則春也。「亨」是通暢萬物，於時配夏，故下云「合禮」，禮則夏也。「利」爲合義，於時配秋，秋既物成，各合其宜。「貞」爲事幹，於時配冬，冬既收藏，事皆幹了也。於五行之氣，唯少土也，土則分主四季。四氣之行，非土不載，故不言也。……貞則信也，不論智者，行此四事，並須資於智。且《乾鑿度》云：「水土二行，兼信與知也」，故略而不言也。（〈乾·文言〉疏）

木火金水，以配四時，以儷四德，以與五行、五常，秩序其倫，漢儒通說，非《易》之本誼。《易》不言「五行」，矧以五常、四季相配乎？史徵《周易口訣義》引周弘正《周易講疏》，與孔氏《正義》合，又與孔穎達所引莊氏說合，殆亦六朝言《易》者之常軌歟？疏曰：「天本無心，豈造元、亨、利、貞之德耶？但聖人以人事託之，立天四德以立教也。」（案：宋邢昺《論語正義·公冶長篇》，「夫子之論性與天道」一段疏全引孔氏疏文以爲說）所謂天本無心，即張子《正蒙》「太虛不能無氣，氣不能不聚而爲萬物；萬物不能不散而爲太虛。循是出入，是皆不得已而然」之意（〈太和篇〉）。聖人法天地自然之運，求人事施行之效，爲世立教。孔穎達《正義》所論，無乃與老、莊近乎？《莊子·天運篇》曰：「天有六極、五常，帝王順之則治，逆之則凶。」是亦可與孔《疏》相比觀矣。此其一。

（二）陰陽交感

孔穎達曰：「陰陽交感，任其自然，得一之性。」（〈繫下〉疏）感應之理，所謂誠於此則動於彼，同聲相應，同氣相求，各從其類也。佛氏立種性差別，儒家謂之氣類。若其氣類既一，未有不能應者；〈中孚〉信及豚魚，豚魚與人爲異類矣，而猶足以孚之，極言其理之一，故曰聖人欲人務存其感而已。凡言感應者，皆於氣上言之，孔疏所謂陰陽交感，任其自然，得一之性者是也。〈乾〉九五〈文言〉疏：「感者，動也。應者，報也。皆先者爲感，後者爲應。天地之間，共相感應，各從其氣類：非惟同類相感，亦有異類相感；非惟近事相感，亦有遠事遙相感應者。」或以聲氣、或以形相；或有識感無識，或無識而相感，其義又見於〈咸卦〉卦辭疏：「咸以明人事，人物既生，共相感

應。若二氣不交，則不成於相感，自然天地各一，夫婦共卦。……『咸亨利貞取女吉』者，『咸』感也，此卦明人倫之始，夫婦之義，必須男女共相感應，方成夫婦，既相感應，乃得亨通。」人物既生，共相感應，夫婦特其一端而已，故疏又曰：「天地二氣，若不感應相與，則萬物無由得應化而生。……天地萬物，皆以氣類共相感應。」生生之謂易，而生生者，乃在乎二氣之交感，是感應爲孔疏重要觀念之一也。凡此感應云者，壹出於自然，非可以意襲取之，故〈咸〉九四疏曰：

> 「二體始相交感，以通其志，心神始感者也。凡物始感而不以之於正」，則害之將及矣。「故必貞然後乃吉，吉然後乃得亡其悔也」，故曰「貞吉悔亡」也，「憧憧往來，朋從爾思」者，「始在於感，未盡感極」，惟欲思運動以求相應，未能忘懷息照，任夫自然。

夫感物而動者謂之情，凡物始感而不以之正，則害將及之，貞吉悔亡者，以性制情，使情如性也，詳本章肆節。孔疏以氣之自然交感言生、言易，殆猶魏晉所言「易以感爲體」者歟？《世說·文學篇》載：殷荊州曾問遠公：「易以何爲體？」答曰：「易以感爲體。」殷曰：「銅山西崩，靈鐘東應，便爲易耶？」其意蓋揶揄之也。實則人情所至，情淫佚搏殺最奮，而聖王爲之立中制節，《易》所常言，亦惟婚姻、刑法爲多，下經始〈咸〉，〈恒〉其〈象〉曰：「觀其所恒，而天地萬物之情可見矣」，即神道亦自此出也，故孔氏《正義》曰：「天地之間，共相感應，各從其氣類，若磁石引鍼，琥珀拾芥，蠶吐絲而商弦絕，銅山崩而洛鐘應，其類繁多，難一一言也。皆冥理自然，不知其所以然也」（〈乾·文言〉疏）。神無方而易無體，無形體之謂，孔疏即用言體，已如前述，萬物既因感應相與而應化，是易以感爲體矣。程伊川曰：「天地之間，只有一個感與應而已，更有甚事？」橫渠亦曰：「太和所謂道，中涵浮沈、升降、動靜相感之性。」、「感而後有通，不有兩（陰陽二氣）則無一（一謂太和）」、「天大無外，其爲感者，絪縕二端而已」（〈太和篇〉）。絪縕之中，陰陽具足，而變易以出，萬物竝育於其中，不相肖而各成形色，隨感而出，無能踰此二端，故曰：「變易者，其氣也」（《正蒙·卷首·第一》）。周子〈太極圖說〉所稱：「二氣交感，化生萬物；萬物生生而變化無窮」者，義本諸此。覽者通會其極，自可統貫諸家矣。豈攝殆或之說，挾疑似之資，膠執謏言，奉爲圭臬者所得而擬哉？〔註25〕

〔註25〕〈乾·文言〉九五疏：「感者動也，應者報也。皆先者爲感，後者爲應。非唯

　　以上總說氣化之原理暨太極兩儀、二氣、五行，以下論其架構之殊徵，竝觀其與宋明理學肸嚮相應之迹：

　　孔疏云太極一生二，二生四，以至夫五行、八卦，四季、二氣，其理與其序，頗類數學之形式世界，緣內在邏輯思考而建立者也。然此純思辨之形上學，又於氣運原理中含其一理之價值作用，氣化自然，理自冥運，故與純物質性之唯氣論迥異，於本體宇宙論之陳述（Onto-cosmological statements）中，見其道德實踐之先驗依據，此即宋學之取徑。理學乍興，如濂溪、堯夫、橫渠、明道諸家，義諦多與孔疏通秩，其直接受孔疏影響否不可必，推其義理之根荄，則確可比參而論列之也。此其一。

　　《易‧繫上》疏曰：「通天下之志唯幾也。極其數以定天下之象，是研幾也。」又曰：「易之為道，先由窮極其數，乃以通神明之德也，故明易之道，先舉天地之數。」極數定象，為孔疏重要觀念之一，天地之數五十，以五行通氣，《正義》於兩儀、四象之間，必雜入一「五行」之架構，實與此相關（五行為七八九六之數，詳第三章）。董仲舒《春秋繁露》云：「易本天地，故長於數是也。」惟天地宇宙之興衍變化，孔疏已具數學形式世界之結構，而所云明易之道，宜舉天地之「數」云云，尤足啟導後世之玄思。邵康節《皇極經世書》及先天圖，一分為二、而四、而八、而十六、而六十四，以八卦之數相推者也；司馬光《潛虛》，以五行為本，五行相乘為二十五，兩之為五十，以天地之數，五行通氣相數者也。說者云溫公《潛虛》蓋仿《太玄》；余謂康節之數，亦有遠源，何則？《潛虛》仿《太玄》，而實與《太玄》不類，所云萬物祖於「虛」、生於「氣」及氣、體、性、名諸圖，其理皆非《太玄》所有。康節以元會運世之數，推世界之生壞，固猶唐初之習尚，非彼特創之秘理也，《舊唐書‧王勃傳》：「（王通）嘗讀《易》，夜夢若有告者曰：《易》有太極，子勉思之。寤而作《易發揮》數篇，至〈晉卦〉，會病止。又謂王者乘土王，世五十，數盡千年；乘金王，世四十九，數九百年；乘水王，世三十，數六百年；乘木王，世三十，數八百年；乘火王，世三十，數七百年。天地之常也。」殆以天地之數、五行之氣相推，雜於漢儒五德繼王之說者，不能如康節之純求諸數。然數之觀念，固可於孔穎達《正義》中得

　　　近事則相感，亦有遠事遙相感者。若周時獲麟，乃為漢高之應；漢時黃星，後為曹公之兆。」符瑞受命之義，歷南北朝數百年而縣仍未歇，已詳第一章。孔疏此論，亦其流裔也。

其遷蛻之機括也。此其二。

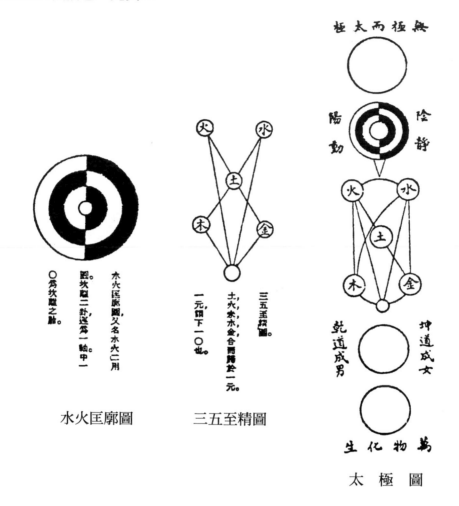

水火匡廓圖　　　三五至精圖

太　極　圖

　　濂溪、堯夫二家之學，得自道士隱者，經胡胐明《易圖明辨》、黃宗炎《太
極圖辨》，（見《宋元學案》百源學案引）、朱彝尊〈太極圖授受考〉（見《曝
書亭集》卷五十八）、劉靜修（〈記太極圖說後〉）諸家考核詳明，更無疑義。
兩家說互不同，要皆一源之變，而俱與《參同契》關係特密。《參同契》有「水
火匡廓圖」與「三五至精圖」，即周敦頤「太極圖」之第二、第三圖也。據此
觀之，濂溪之用《參同契》甚顯。然毛奇齡謂《參同契》諸圖，自朱子注後，
學者多刪之；惟彭本猶有其圖。今按：《道藏》中彭曉注《參同契》，實無「水
火匡廓圖」、「三五至精圖」等，是毛說未必足據。而《道藏》中別有《上方
大洞真元妙經品》圖中之「太極先天圖」，與周敦頤所傳相類似：

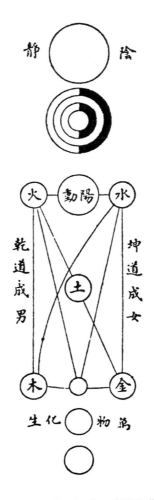

此經有唐明皇〈御製序〉，殆唐初所撰者也。胡渭《易圖明辨》以為此圖與宋紹興甲寅朱震在經筵所進「周子太極圖說」同；《性理大全》所載今傳「太極圖」，乃後人改定者。豈濂溪太極圖亦有二本耶？然其與太極先天圖間，關係脈絡，固有不可掩弆者在。此圖既為唐初流行之製，則濂溪哲學體系與孔穎達《正義》相類似，何足異哉？私以為理學宗傳，未必盡得諸孔疏，然不明孔疏，則理學之淵源遷衍、義理條脈，終有不可知者。略摭三端，以資比勘焉。

四、終極實在──無

張東蓀《知識與文化》一書，論中西思想之根本異點，以為吾國哲學乃將宇宙、政治、社會、人生等會合而成一緊密衍接之統系（closed system），不可割截：「它們所要追究的乃仍在『生』。有生斯有變、有變斯有宜。但中國人對生，却不問『甚麼』是生，而只研究『如何以生』」（頁101）。就太極

之生化宇宙萬物而言，在理智思考程序上，「太極」爲能生，爲生之根源。

周子太極圖，歸趣於主靜。其言與〈圖說〉之先敘太極動而生陽不類。意者濂溪所謂「靜」，一指「太極」言，一則指與動相對之「靜」也。唐人太極先天圖，以陰靜居上，蓋亦此義。孔穎達曰：「天地養萬物，以靜爲心，不爲而物自爲，不生而物自生。寂然不動，此天地之心也。……息而不動，靜寂之意。」又曰：「『天地以本爲心』者，『本』謂靜也。……天地之動，靜爲其本。……靜非對動而言，靜之爲本，自然而有，非對動而生靜。……天地寂然至無，是其本矣」（〈復〉卦辭疏）。其本虛無，其體自靜，斯義漆園有焉。〈天道篇〉：「天道運而無所積，故萬物成。……虛則靜，靜則動，動則得矣。靜則無爲，……夫虛靜恬淡，寂寞無爲者，萬物之本也（案：《正義》曰：「乾坤相合，皆無爲自然」、「萬物以靜爲心，不爲而物自爲」、「寂然至無，是其本矣」），靜而與陰同德，動而與陽同波（此太極先天圖所以陰靜陽動列序之故，與濂溪〈圖說〉不異），其動也天，其靜也地（〈繫上〉疏：天陽爲動，地陰爲靜）。」象山以後，儒者多稱濂溪宗恉本之道家，然皆考其粗迹而已，孰能知其源本老莊，合以大《易》之原委筋理哉！《正義》導厥先路，唐初多有其說，而堯夫、濂溪自方外得之耳。

天地萬物以寂然至無爲本，略與輔嗣「本無」之義相彷彿。「一者：萬物雖運動於外，而天地寂然，至無於其內也。二者：雖雷動風行，千化萬變，若其雷風止息，運化停住之後，亦寂然至無也。」是天地以「無」爲其本然之體，而亦歸趣於「無」。〈繫上〉疏：「道『全無』以爲體，『虛無』爲用。」又「以體言之，謂之無也。」〈復卦〉疏所云雷動風行，千化萬改者是變，變而不易其常體，《正義‧卷首‧第一》曰：「不易者，常體之名，有常有體。」其體則「無」也。夫易何以以「無」爲體耶？

凡究論宇宙之實在本質者，通名本體論（Ontology）。本體論追求最後實體（ultimate reality），爲形上學中不可或缺者。宇宙論中究覈終極實在者，胥不外是。苟或無此，則無體起用，宇宙萬有翻成斷滅，故孔疏以「無」爲體，非無體也。此其一。

即用言體，因體成用，又與西哲柏拉圖等氏分割本體界、現象界，而稱其本質者迥異。柏拉圖以實有與非有（即觀念與物質）、本體與現象，截然分劃，是爲超越之二元論；孔疏理包有無，體用一貫，是爲形上一元論。此其二。

《正義》以天地萬物皆由氣化感應而生生不已，而氣化者，是即體之用，

故五行萬物皆由道體自然流衍而出，斯義既不與西方近世主心物合一之唯人論相類（於心物之上，冠以人格體 Personality，即以人格創造之意志爲宇宙成化之本體）；亦不與文藝復與以來斯賓諾沙（Benedict spinoza）於心物二元之上，確立一實體（Substance）相似（此實體爲一切存在之本源，心物二者皆爲其屬性而分別存在。是故亦爲一嚴密之並行論 Parallelismus 形上系統）。〔註26〕爲吾國統論「天道」之一貫系統，可確然獨具於天壤間而弗愧於歐西諸形上體系者也。〈說卦傳〉曰：「立天之道，曰陰與陽；立地之道，曰柔與剛；立人之道，曰仁與義；兼三才而兩之」〔註27〕覼議本體，宜明斯義，庶幾規準不失，而榘度弗畔矣，此其三也。

船山《周易外傳》卷二嘗云：「天下之用，皆其有者也。吾從用而知體之有。」孔穎達《正義》從「用」窺「體」，〈卷首・第一〉曰：「以『有』言之，存乎器用。」是其所謂道體者，亦應爲「有」矣。然〈卷首・第一〉云：「以『無』言之，存乎道體」者何耶？

案：〈卷首・第一〉曰：「有形者生於無形」，又曰：「氣、形、質具而未相離，謂之渾沌。渾沌者，言萬相渾沌而未相離也。視之不見、聽之不聞、循之不得。」是其所謂「無」者，包有無而言也。自其無形、無色、循拊不得而言，是「無」；自其氣質形具而論，則確然實「有」。故其名爲「無」者

〔註26〕西方自文藝復興後，脫祛神學之樊籠，理性主義崛興。笛卡兒（Rene Descarttes）倡「機械宇宙論」之心物二元觀，以爲眞理内在於心中，與生俱來，力反宗教意義之宇宙觀。史賓諾沙（Bendict Spinoza）繼之，堅持宇宙爲一本體（上帝），上帝即自然，心物爲此一體之兩面，爲純粹宇宙即神論（Pantheism），然其依理性而不依信仰，乃爲說明自然之統一性與因果連續之科學觀念而生者。故彼以爲完美之道德在於「對上帝之愛」，亦即導法自然之常則與和諧。

〔註27〕氣運不已，萬物生生，由天地自然陰陽之運，導出人格德化之理，其義可略借亞里斯多德所論實體之道與實體之理以釋之：宇宙運化，恒動不息，每一經驗實體皆具運動之目的，不斷表現其内在潛能，以獲至最大完美性。彼所具特殊之方向與秩序，將使其運動各得圓滿之實現。此方向與秩序即實體之本性本質，運化自然，爲實體運化之方向與秩序，仁義等道德亦吾人運動之方向與秩序，順是爲德，逆之則非。老子曰：「人法天、天法道、道法自然。」周子〈太極圖説〉云：「萬物生生，而變化無窮焉。惟人也，得其秀而最靈。形既生矣，神既發矣，五性感動而善惡分，萬事出矣。聖人立之以中正仁義，而主靜立人極焉。故聖人與天地合其德，日月合其明，四時合其序，鬼神合其吉凶。君子修之吉，小人悖之凶。」皆此義也（亞里斯多德所謂目的，爲自然之目的 natural end，非意識之目的 conscious end，亦非有主宰者爲之。故爲宇宙運動之自然目的論 natural teleology，而非機械之決定論）。

一，而所以爲名者遠矣。昔王衍、何晏、王弼諸儒，祖述老莊，以天地萬物皆以「無」爲本。裴頠撰〈崇有論〉以譏之，殆不知此義也。漢世支婁迦讖譯《道行經・第十四品》已稱〈本無品〉；支謙所譯《明度經・十四品》、秦竺念佛所譯〈第七品〉同之。湯用彤曰：

> 此即當於羅什譯《小品》之第十五，稱爲〈大如品〉，在宋譯《佛母般若》爲第十六，則稱曰〈眞如品〉，梵文八千頌，此品名爲 tathata parivarta。蓋「本無」者，乃「眞如」或「如之」古譯。「眞如」指體，與老子所謂「道」同。而「眞如」性空，「道」亦虛無。因號萬物爲「本有」，道體爲「本無」。（《漢魏兩晉南北朝佛教史》，頁 107）

佛說萬物皆法，而眞如實體爲「無爲法」。法有，無爲法亦有，但無爲耳。是其所謂「無」，非與「有」相對待之「無」。故《大乘起信論》曰：「眞如自性，非有相，非無相，非非有相，非非無相」又曰：「一切法從本以來。離言說相，離名字相。……故眞如者，亦無有相……因言遣言，此眞如體無有可遣，亦無可立。」有無，名相之語，不可以說道體，故孔疏名之爲「太虛」，號之曰：「無」。《阿毘曇八犍度論》卷八曰：「有爲法一切，無爲法無有。」〈卷首・第一〉所謂有者器用，道體爲無，亦此義耳。《史記・律書》：「神生於無形，成於有形。故曰神使氣，氣就形，形理如類，類而可識，聖人知天地識之別，故從『有』以至『未有』。」無形，爲太陽氣天地未形之時，〔註28〕言神本在太虛之中而無形也；天地既分，二儀已質，萬物之形，成於天地之間，神在其中。聖人體察其理，故自萬物形質之「有」，以推天地未形之際（唐張守節《正義》）。太史公所述，殆與穎達弗殊。《史記》云氣始於冬至，周而復生，孔疏所以言節氣也；《史記》云數，孔疏所以言象數也。除此而外，孔云：「以無言之，存乎道體；以有言之，存乎器用，以變化言之，存乎其神。」、「太極生兩儀，兩儀者天地」、「凡有皆從無而來，明無必因於有」胥與《史記》合，〈繫上疏〉曰：

> 其「有用」從「不用」而來，以不用而得用也。……太一虛無，無形無數，……「易之太極」者，斯此也。言此其一不用者，是易之太極之虛無也。……凡有皆從無而來，故易從太一爲始也。……若

〔註28〕 張守節《史記正義》以太陽之氣釋天地元氣混而爲一之太極，亦與孔疏合。孔穎達《正義》曰：「陽，君道者，陽是虛無爲體。陰，臣道者，陰是形器，各有質分，不能純一」（繫下疏）是皆自〈易繫下傳〉：「陽一君而二民，君子之道也；陰二君而一民，小人之道也。」推衍而來者。

－164－

　　　　欲明虛無之理，必因於有物之境。

易理合體用而言之，故包有無；易象則唯在於「有」，〈卷首・第一〉曰：「『形而上者謂之道』，道即無也。『形而下者謂之器』，器即有也。」太一即「道」、即「太虛」、即「無」，為「終極實在之存有」，氣之始也。氣漸積聚，露見萌兆謂之「象」，象即是「有」。故曰：「凡有皆從無而生。形由道而立。是先道而後形，形在器不在道」（〈繫下〉疏）「道」為諸行萬有之本性本體，猶釋氏所云「真如」為諸法之本性然，老聃曰：「天下萬物生於有，有生於無」（四十章），道體為無，萬物胥由此出，《般若經》說：「諸法一性，即是無性；諸法無性，即是一性。」是故「一」即無見相，何得有言？此孔疏理趣，以三教義諦相驗，俱得通解。蓋授受有來，相承已古，是以校之前後，了無疑昧也。張載《正蒙》曰：「知太虛即氣，則無『無』，聖人語性與天道之極，盡於參伍之神，變易而已。諸子淺妄，有有無之分，非窮理之學也」（〈太和篇〉）。船山《正蒙注》亦云：「老莊之徒，於所不能見聞，而決之曰無，陋甚矣。」夫橫渠、船山者，以太虛一氣為道體，以陰陽為此氣之動靜聚散，〔註29〕其言實與孔氏弗殊。故其所以駁棄佛、老者，是未嘗知彼之所謂「有」與「無」也。據以考史，不亦殆乎！

肆、人性論：性命情之形上關係

一、釋　性

　　《莊子・知北遊》曰：「人之生，氣之聚也。聚則為生，生則死，臭腐化為神奇，神奇化為臭腐，通天下一氣耳。」萬物之本，在乎天地前，混然一氣；其氣漸運，聚而成象，天地成焉。氣化日新，鼓盪運動者，一迎一距，名曰陰陽。陰生陽成，自然而爾，故孔穎達疏曰：「所有興動，任其自然之性」（〈坤〉六二〈象〉疏）。宇宙本性，是為自然；人為宇宙氣化所成萬物之一，其所稟生者，亦謂之性。《大戴禮記・本命篇》所謂：自宇宙言之謂之合，自人言之謂之性是已。邃古之論道德倫理者，靡不本法天道，非為此歟？《宋史・道學傳》

〔註29〕　《正蒙》：「一物而兩體，其太極之謂歟？兩不立，則一不可見，一不可見，則兩之用息。兩體者，虛實也、動靜也、聚散也、清濁也，其究一而已。」船山《周易內傳》卷四：「兩間之見為空虛者，人力窮於微芒而覺其虛耳。其實則絪縕之和氣充塞而無間。」《正蒙》注卷一：「散而歸於太虛，復其絪縕之本體。」

載：「北海李之才，攝共城令，聞（邵）雍好學，嘗造其廬，謂曰：『子亦聞物、理、性、命之學乎？』雍曰：『幸受教！』乃事之才，受《河圖》、《洛書》、宓羲八卦六十四卦圖象。」凡欲窮探物理性命者，首須觀覈於八卦，形上學與人生論原不殊本，物理與性命亦不可貳。首張斯義，然後孔穎達順氣言性之理，始可覼論。然古來言性者，繁冗不能殫述，今唯說其大略而已：

孔疏以生言性、順氣言性，已詳本章壹節，觀其恉趣，殆有三端：（1）生之謂性：《莊子・庚桑楚》：「性者生之質也」，《荀子・正名》：「生之所以然者謂之性。性之合所生，精合感應，不事而自然者謂之性」。（2）性爲可感，感物而後動，動即非性，名之曰情。《禮記・樂記》：「樂者，音之所由生也，其本在人心之感於物也。是故其哀心感者，其聲噍以殺；其樂心感者，其聲嘽以緩；其喜心感者，其聲發以散；其怒心感者，其聲粗以厲；其敬心感者，其聲直以廉；其愛心感者，其聲和以柔。六者非性也，感於物而後動」。（3）據斯而論，性者清靜自然而有，情者與物接感而生，物之感人無窮，不能反躬則天理滅矣。反躬者，性制情，使情如性也；下焉者則必待教化：〈樂記〉：「人生而靜，天之性也；感物而動，性之欲也。……不能反躬，天理滅矣。」董仲舒〈對策三〉：「質樸之謂性，性非教化不成」。孔穎達《周易正義》之言性也，其主要觀念之來大抵如此。其書雖有性善之說，然爲氣化自然之善，所謂能兼此氣性、得五行之秀氣，故爲天地之靈也，與孟軻所言性善不類，其善否之價值，即內在於氣化自然之中。以清靜自然爲善，實其哲學體系中一貫之主張，不僅論性爲然。

〈坤〉六二〈象〉疏既云：「所有興動，任自然之性」，〈繫上〉疏又云：「坤以順爲體。」順氣言性之迹，灼然可見。〈說卦〉：「將以順性命之理」疏：「此《易》卦以順從天地生成萬物性命之理也。其天地生成萬物之理，須在陰陽必備。」陰陽運轉，即氣之流行。其義漆園已有之，〈知北遊〉曰：「性命非汝有，是天地之委順也。」成玄英疏：「性者，是天地陰陽運動之氣聚結而成者也。」《淮南・原道篇》亦曰：「性與命者，與形俱出其宗。」孔穎達上衍《易傳》、莊周之緒，旁符隋唐通義，而開宋儒之端者，即此可見。疏曰：「性者，天生之質」（〈乾・文言〉上九疏），然而天者何耶？「立天之道，有二種氣，曰成物之陰，與施生之陽」（〈說卦〉疏），所謂「天地生成萬物之理，須在陰陽必備」（〈說卦〉疏）即此義也。陰陽運化而萬物生，既生而後有性，故成玄英稱性是天地陰陽運動之氣運動而成者。其義可借張載所論爲釋：《正蒙・太和篇》：「太虛無

形，氣之本體。萬物雖多，其實無一物無陰陽者，以是知天地變化，二端而已。」遊氣紛擾，合而成質者，生人物之萬殊；其陰、陽兩端，循環不已，立天地之大義（〈太和篇〉）。性者，自萬物聚散殊時，各有所得之稱（《語錄抄》）。天性在人，正猶水性之在冰。凝釋雖異，爲物一也；受光有大小，其照納不二一也（〈誠明篇〉）。聖人之道，從太極順下，至於乾道成男、坤道成女，人受天地之中以生，形而上之道與形而下之器，靡非陰陽之氣所成，是故即形可以見性（參船山《孟子大全說》，卷一）。以生言性，亦爲昔賢之所同然：

　△《左傳・昭九年》：「吾聞撫民者，節用於內而樹德於外，民樂其生」
　　　疏：「生，性也」
　△《莊子・庚桑楚》：「性者，生之質也。」
　△《荀子・正名》：「生之所以然者謂之性；性之和所生，精合感應，不
　　　事而自然謂之性。」
　△《樂記》：「人生而靜，天之性也。」
　△《大戴禮・本命篇》：「分於道謂之命，形於一謂之性。」
　△王充《論衡・初稟篇》：「性，生而然者也。」
　△《廣雅・釋詁》：「性，質也。」……。

以生言性，爲周秦古誼。漢魏以後，依沿弗悖，豈如牟宗三氏所云，有「逆氣言性」一派乎？即孟子之即心言性，亦順生性之旨而更爲闡發者，且非儒者通說，匪可案據以爲常經。董仲舒曰：「天地之生謂之性」、「性之名，非生歟？」又《列子・黃帝篇》注：「稟生之質謂之性。」此非明道所稱：「生之謂性，性即氣，氣即性，生之謂也。人生氣稟」者歟（《遺書》卷一）？

孔疏云天地萬物生成性命之理，在夫陰陽運化，所稟生者謂之性。是與周秦漢魏通說合也。不惟與周秦漢魏合，亦宋明言理學者所不能外。司馬光《潛虛》云：「萬物皆主虛，生於氣，氣以成體，體以受性。」人物生成，胥由氣化，爲橫渠、伊川諸氏所共認，明道有云：「天地之大德曰生，天地絪縕，萬物化生，生之謂性」（《遺書》卷十一），以氣稟言性，以生言性。生既以創造不息、自無出有爲義，故性亦於自然本始材樸中，有虛靈不昧、恒寂恒感之德，[註30] 感物而動，則謂之曰情（〈咸・彖〉疏）。即此自然材樸中，有虛靈不昧，恒寂恒感之德而言，即可名之爲善，《書・泰誓》疏：「萬物皆天地生之，故謂天地爲父母也，老子云：神得一以靈。……言人兼此氣性，餘

〔註30〕詳唐君毅《中國哲學原論・原性篇》自序，頁 11。

物則不能然。故《孝經》云：天地之性人為貴。」又，〈洪範〉疏：「凡人皆有善性。」此所謂善者，中道也，非與惡相對之善，〈洪範〉義疏論之甚詳。其疏又曰：「人皆有善性，善不能自成，必須人君教之乃得為善。……君有大中，民亦有大中，從君化也。……荀卿書曰：蓬生麻中，不扶自直；白沙在涅，與之俱黑。斯言信矣！」善不能自成者，以情欲汩之也；必待教化者，其書之所以言聖人垂教也（詳本章第五）。橫渠曰：「湛一氣之本，攻取氣之欲」（《正蒙·誠明》）「由太虛有『天』之名，由氣化有『道』之名，合虛與氣，有『性』之名」（〈太和〉）、「氣之性本虛而神，則神與性乃氣所固有」（〈乾稱〉），天性即是氣性，而氣之欲為氣質之性，其所分別，不猶孔疏之言性與情乎？故曰：「形而後有氣質之性，善反之，則天地之性存焉。」天本參合不偏，養其氣，則盡性而天矣，奚必於氣上逆顯一理？合於天地之性，是謂「成性」（詳張載《語錄抄》），其義即孔疏所云：

> 性者，天生之質，正而不邪。情者，性之欲也，若不能以性制情，
> 使情如性，則不能久行其正。（〈乾·文言〉疏）

以性制情，伊川亦有此說，〈顏子所好何學論〉曰：「形既生矣，外物觸其形而動於中。其中動，而七情出焉，曰喜、怒、哀、樂、愛、惡、欲。情既熾而益蕩，其性鑿矣。是故覺者約其情，使合於中；正其心，養其性，故曰性其情。愚者則不知制之，縱其情而至於邪僻，梏其性而亡之，故曰情其性。」純自《周易正義》及〈洪範〉疏中奪胎者。然伊川不解橫渠義理之性與氣質之性之所以分，遂以性為理、以質為氣，《遺書》卷十八：「性即是理，性無不善，而不善者才也」、「性出於天，才出於氣」，卷十一：「天者，理也」。降及朱熹，迺云：「人物之生，必稟此理，然後有性；必稟此氣，然後有形」（〈答黃道夫說〉），其實皆自孔疏一轉而謬者。牟宗三先生誤以其言義理之性即是逆氣顯理，非也。明道云性即氣，伊川稱性即理，夫理之一字，但顯道之秩序義，軌範義及形式義耳；弗能現其存在義與活動義。且即氣言體，道即以天之化而得名，豈離乎氣而別有所謂天耶？〔註31〕孔疏云性為天生之質，正而不邪，是就湛一氣之本處言之。太虛自然，故有中正主靜之德。氣化運而成性，理則如之。故性亦虛靈不昧，恒寂恒感。疏所謂天地生成萬物性命之理，理就其成化義言之，所謂不為而自然也，曷如伊川之倫，拘拘以道德義

〔註31〕船山論即氣即天處，頗可與孔疏互參，《讀孟子大全說》二：「氣所受成，斯謂之天。」三：「理只是象二儀之妙，氣方是二儀之實。天人之蘊，一氣而已。」

相括附哉？道德善惡之名，成於既形既事而後。自然也，何有於善惡？明道《語錄》卷十一：「人生而靜以上不容說，才說性時，便已不是性。凡人說性，只是說繼之者善，孟子言性善是也。」斯與橫渠所稱：「性未成則善惡混（明道曰：「善固性，惡亦不可謂非性」，以其氣化稟生而有，故可善可惡也），故亹亹而繼善者，斯爲善矣。殆皆爲孔疏張目。此《周易正義》論性之大凡也。

二、論　情

　　性恒寂恒感，《正義》通言感應，已如前述。其言情也，亦有感應之義，〈咸・象〉疏曰：

> 感物而動，謂之情也。天地萬物，皆以氣類相感應。

生生者，在於二氣交感，孔疏順氣言性，以生論性，故性之體質亦有感應之義。〈樂記〉曰：「人生而靜，天之性也。感物而動，性之欲也。」賈誼曰：「性者，與外物之感相應。」《淮南・原道》曰：「人生而靜，天之性也。感而後動，性之害也；物至而神應，知之動也；知與物接，而好憎生焉，好憎成形，而知誘於外，不能反己，而天理滅矣」〔註32〕是皆孔疏之所本。性正而不邪，情則有善惡良否。印度耆那（Jina）派哲學以爲人之本質（Dravya）兼含有「本質之特性」（The Essential Substance）與「附帶之特性」（The accidental Substance）。本質不變之特性爲「性」（Qualitiee）：而人附帶變易之特性如喜怒哀樂等，名之曰「式」（Modes）。式之作用，每使本質因之變化改易。此其說也，頗與孔疏相類，〈咸・象〉疏：

> 夫人之情也，感物而動，境有順逆，故情有忿欲。

又，《禮記・樂記》疏：

> 人初生未有情欲，是其靜稟自然，是天性也。感於物而動，性之欲
> 也者，其心本雖靜，感於外物而心遂動，是性之所貪欲也。自然謂
> 之性，貪欲謂之情，是情性別矣。

忿則不平，欲則有傾，皆與物類相摩相劘，感應而生者。性則能感，情是所感，張載《正蒙・太和》曰：「至靜無感，性之淵源；有識有知，物交之客感爾（按此即是情，詳後）。客交客感，與無感無形，惟盡性者一之。」是即孔

〔註32〕案：俞樾《群經平議》云：「性之害也，害乃容之誤。《禮記・樂記》作性之
　　　欲也，欲亦容字之誤。容亦動也，說文手部：搈，動搈也。容即搈之字，亦
　　　或作溶。《韓子・揚榷篇》曰：動之搈之是也。感而後動，即是性之動，故曰
　　　性之容也。」

穎達以性制情之說也：〈乾·文言〉疏曰：

> 性者，天生之質，正而不邪；情者，性之欲也。若不能以性制情，
> 使其情如性，則不能久行其正。……性情也者，所以能利於物而得
> 正者，由性制情也。〔註33〕

說與《禮記·樂記》疏同，〈樂記〉疏曰：「人感物而動，物有好惡，所感不
同，若其感惡則天理滅，為大亂之道。故下文明先王所以制禮樂而齊之」、「恣
己情欲，不能自反禁止。理，性也。是天之本性滅絕矣」、「若人既化物，逐
而遷之，恣其情欲，故滅其天生清靜之性，而窮極人所貪嗜慾也」。人生而靜，
天之性也。性本寂靜，感應外物而動，隨其所感而應之（〈樂記〉疏），氣稟
自然，故名天理，天理即是此天生清靜之性也。以性制情，使情如性，是為
盡性，〈說卦傳〉：「窮理盡性」疏曰：「窮極萬物深妙之理，究極生靈所稟之
性，物理既窮，生性又盡。」孔疏言窮理者，蓋有窮極物理與人理（性）二
義，故窮極萬物之理，即是究極生靈之性，伊川朱子所云格物致知以求盡夫
天理者，塗轍猶此。伊川曰：「性之有動者謂之情」「『情非出於外，感於物而
發於中也』問：『性之有喜怒，猶水之有波否？』曰：『然，湛然平靜如鏡者，
水之性也。及遇沙石或地勢不平，便有湍激』」亦由《孔疏》所陳述者轉出。
性是能感，故可善惡；情為所感，故有善惡，妄情則昏，盡性則明，《莊子·
德充符》曰：「聖人有人之形，無人之情。有人之形，故群於人；無人之情，
故是非不得於身。警乎大哉。獨成其天！吾所謂無情者，言人不以好惡內傷
其身（《淮南·原道》：「好憎者，心之過也；嗜欲者，性之累也」）。」非孔疏
之所謂以性制情、使情如性，獨成其天者歟！以釋氏真常家義言之，則其言
性、情者，猶佛家「真如本覺」與「無明不覺」之分也。「無明」覆「真如」，
則「性」為「情」亂；「無明」無自性，故「情」不自情，因性故情。真如雖
為無明所覆，而其妙明本覺自在；真如起用，無明自滅。此其論性，與伊川
甚似而殊。伊川水波之喻，其性與情，同體之異相耳。方其湍激陂流時，寧
有平靜如鏡之性哉？如大海風濤，未嘗止息，一潮一汐之間，必曰水性靜定，
未有不為漁父笑者。且不動者性，既動者情，情之相顯而性不可見，此猶李
翺〈復性書〉所云：「性不自性，由情以明。」性之與情，皆無自性，人與物
接，恒動不已，故亦恒情而弗性。藉如其言，則進德盡性之說為虛妄矣。既

〔註33〕按：原文作「由性制於情」，扞格不可通，與後文矛楯，當為「由性制情」之
　　　　誤。

不協於《易傳》，又勿同於《孔疏》，凡在有識，咸悉其非。

　　雖然，猶有餘義焉：張載所論，既與孔疏合矣，其自有識有知論物交客感之情者何耶？《正義》〈乾〉之〈象〉疏曰：

> 所稟生者謂之性，隨時念慮謂之情，無識無情。今據有識而言，故稱曰情也。

案：伊川語錄亦云：「才有生識，便有性，有性便有情。」據《說文》，識即知，識與知出於心，《莊子・繕性篇》：「心與心識知」（俞樾曰：識知同義，詩：不識不知）又，《文選・五君咏》李注：「識，心之別名，湛然不動謂之心；分別是非謂之識。」《禮記・哀公問》：「子識之心也」皆其檢。《正義》《禮記・樂記》疏：「外物既來，知謂每一物來則心知之，為每一物皆知，是物至知知也。物至既眾，會意者則愛好之，不會意者則嫌惡之，是好惡形焉。好惡無節於內，知誘於外（知謂欲也，外見所欲，心則從之，是知誘於外也）」知出於心，孔疏確有此意，不可誣也。然其說既云感物而動為情，又云隨時念慮謂之情，無識則無情。立義未免駁雜，蓋於性情之間，屬入一「心」之作用，故曰：「今據有識而言，故稱曰情也。」橫渠既用孔氏義，思有以彌縫之，故於性情之外，別立一「心」，〈太和篇〉曰：「合性與知覺，有心之名。」若然，則心既包性，自可據其有識有知之客感言情。孔疏以「無」為心（詳復卦疏），故不論心，且張載以「心統」性情，故以性制情，亦由心之作用而成（〈誠明篇〉：心能盡性）。孔疏分析無如此之細，故頗有混說心性處，〔註34〕不如《正蒙》嚴飭，所謂後出轉精也。推孔氏之意，蓋以天本無情，而「物之性命各有情」與「今據有識而言故稱曰情」為二層義。物之性命各有情，括有識、無識而統言之；據有識而謂之情，則似剋就人心而論，惜語意曚混，義殆難曉，靡由審正矣。

三、詮　命

　　〈繫辭上傳〉：「樂天知命故不憂」，疏曰：「順天道之常數，知性命之始終，任自然之理，故不憂。」命有指向義，曰性命者，即言性有固定之體質與指向，〈繫上〉疏：「萬物之性，皆欲安靜於土，敦厚於仁」、「道是生物開通，善是順理（自然之天理）養物；故繼道之功者，唯善行也。成之者性也者，若能成就此道是人之本性，若性仁者成就此道為仁，性智者成就此道為

〔註34〕案：《禮記・樂記》疏：「是其靜稟自然是天性也」又曰：「其心本雖靜，感於外物而心遂動，是性之所貪慾也。」心性即已混言不別。

智。」性不自善,順理養物。以性制情,始名爲善。而性仁成就此義亦爲仁云云,性在此亦有限制與指向之義,與命不殊。

今案:周秦以下,言性命者繁,義多歧互,然大抵皆就宇宙論與本體論之處言之,性命通貫不隔。其連言性命者,爲人性論提供一形上基礎也。《正義》〈乾〉之〈彖〉疏:「道體無形,自然使物開通,謂之爲道,……各能正定物之性命。性者天生之質,若剛柔遲速之別;命者人所禀受,若貴賤壽夭之屬是也。」二氣相遇,乃得化生(〈姤卦〉疏),所禀生者謂之性;命亦人所禀受,故《莊子‧知北遊》曰:「性命非汝有,是天地之委順也。」蓋皆順氣運化而生者也。然二名既立,義必有分:性者天生之質,受之於天者;命則就氣之流行運化委順於人而言之也,﹝註35﹞故〈姤‧象〉九五疏曰:「命未流行,無物發起其美。」命有流行義,故言命宜就其時空展現處取論,就此性之發展終極而言,故名之曰命。〈說卦傳〉疏:「一期所賦之命,莫不窮其短長,定其吉凶。」又「人所禀受,有其定分,從生至終,有長短之極,故曰『命者,生之極』也。」一言生之質,一言生之極,此性命之分際也。曰極者,有止極之意,爲生之限制或限定,《論語‧堯曰篇》:「不知命,無以爲君子」、《孟子‧盡心上》:「莫非命也,順受其正,是故知命者,不立乎巖牆之下。盡其道而死者,正命也,桎梏死者,非命也。」邃古以來,言命者多主此義。

然則《孔疏》以貴富壽夭言命者何?按王仲任《論衡‧氣壽篇》第四:「凡人禀命有二品:一曰所當觸值之命,二曰強弱壽夭之命。」又,〈命祿篇〉第三:「有死生壽夭之命,亦有貴賤貧富之命。」人生氣禀,生之謂性,而命在焉。非先禀性,而後受命。命總貧富壽夭而言,皆出於氣化流行之自然,故曰命未流行,無物發起其美。〈說卦〉疏曰:「此所賦命,乃自然之至理,故窮理則盡其極也。」由自然人物之命,推至所以賦命之理,窮理以盡其極。斯所謂理者,非與氣對舉之理,然其自物理、事理(物理詳〈說卦〉疏;事理見〈恒〉之九三疏)以上窮所以賦命之理,則確然爲程朱所取法者也。

繇是考之,《孔疏》取義持論,大抵總合周秦古義,兼採漢魏南北朝諸儒所說,條理散於各章,義趣繫諸經下,觀者莫能究,覽者未盡悉,是故宋明諸儒,摭取或及一端,采義或兼大體。類皆足以與孔疏相參相證,以定其曲折是非。故曰不知宋明,不能察《孔疏》之全;不論《孔疏》,亦非眞能知宋明儒者也。昔賢憚勞,又惑於朱子《易》疏最下之說,趨門不入,故於宋、

﹝註35﹞ 王船山《四書訓義》:「自天之與人者言之曰命,自人之受於天者言之則曰性。」

明學術之原委筋結，多所罣礙，徒能以《中庸》、《孟子》、紆繚比附，不知自濂溪以迄明道，於《孟子》皆淺嚐者也。〈太極圖說〉歸爐於《易》，由卦象、陰陽、論物理、性命，堯夫、橫渠以至伊川、考亭，莫不皆然，徒言思、孟，果何益耶？表彰《中庸》，由於伊川，而理學亦至伊川始與《周易正義》多違逆，剖析理氣，斷爲二本，遂於性、命、情之分疏，多所躓蹶；朱、陸分塗，益增囂闐。檢其陳迹，彌深感喟矣！

伍、治化論：作《易》垂教

一、前　言

　　天之命人物也以氣，氣者，吾身之與天下相接者也。就氣化之流行於天壤，各有其當然者曰道；就氣之成於人身，實有其當然者曰性。《孔疏》自變化生生言性，而性可與天通，可與物接，教之所以立，德之所以成者，胥在於是。故《正義・序》曰：「易者，所以斷天地，理人倫，而明王道。法象乾坤，順陰陽以正君臣、父子、夫婦之義。於是民乃治：君親以尊，臣子以順，群生和洽，各安其性。此作《易》垂教之本義也。」聖人作《易》，本以垂教，含一政治與教化之意向目標。然欲使群生各安其性，首須明性情之質與其所以生，故又須推本天道、法象乾坤、順陰陽以正人倫。故曰《易》之爲書，廣大悉備，天理人事，一以貫之，道器弗二，理包有無，〈卷首・第一〉曰：

> 易理備包有、無。以「無」言之，存乎道體；以「有」言之，存乎器用；以變化言之，存乎其「神」；以生成言之，存乎其「易」。……以氣言之，存乎陰陽；以質言之，存乎爻象。以教言之，存乎精義，以人言之，存乎景行。

吾國哲學，千言萬端，都歸實踐體驗一塗。與西方自希臘以降，愛智之學，窮搜冥探，殫究幽微，爲一思辨之發展者異。以人言之，存乎景行，著眼立足處，實在求取人群諧和之發展。考〈卷首・第一〉所稱，本天道、法乾坤、順陰陽等等，皆有一「正人倫」之努力在。故曰：「聖人作《易》，本以垂教。」欲人民治、君親尊、臣子順，而群生和洽，各安其性。其理固兼天道人事以具論，其意則在此而不在彼也。昔梁任公、章太炎諸氏嘗謂周秦學術，俱屬政治之學，不可以西方「哲學」之名相繩，甚是。《易》自法乾坤、明天道始；至正人倫、明王道終，故余論《孔疏》，敘次仿焉。此其一也。

〈卷首・第一〉所謂「正君臣、父子、夫婦之義」、「君親以尊、臣子以順」云云，《論語》「君君」、「臣臣」、「父父」、「子子」之說也，為一函數哲學（function philosophy）之觀念。張東蓀云：「人之在社會內，恰似耳目之在人身上一樣，各盡一種職司而實現其全體。君、臣、父、子、夫、婦完全是各為一個函數或職司，由其相互的關係，以實現社會的全體。其相互關係是由於一種一定的秩序的使然，並不是一因一果的相連。故君必仁、臣必忠、父必慈、子必孝。君不仁則君不君，等於目不能視便是盲，目盲便不能成為目。此種君臣父子的職司是等於〈乾〉、〈坤〉、〈巽〉、〈離〉、〈坎〉、〈兌〉、〈震〉、〈艮〉在宇宙上各有定位一樣。這便是以宇宙觀直接應用於社會與政治。大概古人所以須要宇宙觀之故，乃是目的在於確定社會秩序。換言之，即對於社會秩序做一『合理的辯護』（rational justification）。其實以人有君臣父子等於宇宙之有〈乾〉、〈坤〉、〈坎〉、〈兌〉，乃是一種比附（anology）。但比附方法在思想上功用是最大的，因為它具有暗示力（suggestive power）」（《知識與文化》，頁 99）此其二也，而宜與前述之理相參。

準茲條例，取勘斯文，《正義》之言治化者，蓋可推而明之矣。《書・康誥》曰：「往敷求於殷先哲王，用保民」又曰：「別求聞由古先哲王，用康保民」，《詩・大雅・下武》：「下武維周，世有哲王。」曰哲王者，與聖王明王同，保民而王者也，易曰聖人作《易》，以垂教者，與此同也。〔註36〕又，《通鑑》卷一九三：

> 貞觀三年十二月乙酉，上問給事中孔穎達曰：「《論語》：『以能問於不能，以多問於寡，有若無，實若虛』何謂也？」穎達具釋其義以對，且曰：「非獨匹夫如是，帝王亦然。帝王內蘊神明，外當玄默，故易稱：『以蒙養正，以明夷莅眾』，若位居尊極，炫耀聰明，以才陵人，飾非拒諫，則下情不通，取亡之道也。」上深善之。

凡茲二事，一為歷史傳統之固然，一為當代勸政之應然。觀孔穎達以《易》為諫，則知《正義》必有政治教化之義存具其中；知哲王聖人保庥庶民之理為不可廢，則《正義》應有發抒，更無可疑。今述其書所論君子聖人之義，

〔註36〕希臘柏拉圖亦有「哲王」之說，然與吾國不類。彼之所謂哲王，為一哲學家，經長期哲學訓練，使心靈從「變」之世界到達永恒之理念世界。《書・康誥》則云：「我時其惟殷先哲王德」，其所以為哲王者，不必在其哲思之深遠幽眇，而在其有德在民也。

進德垂教之誼，撮要而言，勿取支蔓：

萬物漸積，從「無」入「有」（〈乾〉初九疏），皆氣化自然之運，易以爻象狀之，故曰以氣言之，存乎陰陽；以質言之，存乎爻象。爻象狀其變化，以「有」明「無」，易象唯在於「有」，〈乾・象〉疏曰：

此一爻之象，專明天之自然之氣也。……此以人事言之，似聖人已出在世，道德恩施能普遍也。

爻象用以明天地自然之氣，又象聖人之事，則聖人蓋與天、與氣同也。雖然，有聞焉：〈乾・文言〉疏曰：「天地運化，自然而爾，因無而生有也，無為而有為。天本無心，豈造元亨利貞之德耶？天本無名，豈造元亨利貞之名耶？但聖人以人事託之，謂此自然之功，為天之四德。垂教於下，使後代聖人法天之所為，故立天之四德以設教也。」緣是言之，天則無心以成化，聖人經營以設教矣。請釋無心：

二、釋「無心」

〈復・象〉疏曰：「天地寂然，至無於其內，內是其本，言天地無心也。若其以有為心，則異類未獲具存。凡以無為心，則物我齊致，親疏一等，則不害異類，彼此獲寧。若其以有為心，則我之自我，不能普及於物；物之自物，不能普賴於我。」齊物我者，無心之效也。故《疏》又論齊物我，〈繫上〉傳：「齊小大者，存乎卦」，疏曰：「象有小大，故齊，辨物之小大者，存乎卦也。」是亦不齊之齊，與莊生齊物之旨同，故〈睽〉上九引〈齊物論〉以釋經，又曰：「恢詭譎怪互異之物，道通為一，得性則同。」按：《孔疏》自天地無心，推至無心所以齊物我，齊物我所以萬物各得其性，胥獲其寧。適與〈卷首・第一〉所謂聖人欲群生和洽，各安其性者，條理一貫，聖人亦無心也。

三、聖人無心以成化

天地無心以成化，聖人法象之，《易・繫上》疏：「君子體道以為用者，謂聖人為君子體履至道，法道而施政，則《老子》云：為而不宰，功成不居是也。聖人君子獨能悟道，常無欲以觀其妙。無欲謂無心，若能寂然無心無欲，觀其道之妙趣；不為所為，得道之妙理。」聖人無心，為而不宰，以百姓心為心也，《書・洪範》疏：「天子聖人，庶民愚賤，得為識見同者，但聖人生知，不假卜筮，垂教作訓，晦迹同凡。且庶民既眾，以眾情可否，亦得上敵於聖。故老子云：聖人無常心，以百姓心為心是也。」〈禮運〉疏亦云：

「王中心無爲也，以守至正者，既祭祀尊神及委任得人，故中心無爲以守至正之道。」凡茲數事，與《通鑑》所載穎達對太宗問，宗恉密符，云聖人無心以垂教，蓋用老聃之義也。不惟屢引老氏以詮其說，抑且與韓非〈解老〉所論者甚類，淵源具在，不難檢按。夫聖人體道以爲用，法道而施政。體道，故無心以爲本；成用，故垂教立則，猶不免於「有」，孔穎達曰：

> △聖人久於其道而天下化成者，聖人應變隨時，得其長久之道，所以能光宅天下，使萬物從此而成也。（〈恒〉之〈彖〉疏）

> △聖人雖體道以爲用，不能無憂之事。道則無心無迹，聖人則亦無心有迹。聖人能體附於道，其迹以有爲用，未能全無以爲體者，道則心迹俱無，是其全無以爲體；聖人順通天下之理，內則雖是無心，外則有經營之迹。（〈繫上〉疏）

「道」虛無爲用，無事無爲；聖人化物，不能全無以爲體者，猶有經營之憂也。蓋聖人法道、法神，故以「無」爲體，然其迹則由於「有」，因「有」以明「無」，必「有」之用極，而「無」之功顯，寖假而亦至於「全無」，故《易·繫上》疏又曰：「聖人設教，資取乎道，行無爲之化，積久而遂同於道：內外皆無也」、「聖人法此神之不測，無體無方以垂於教，久能積漸而冥合於神，不可測也。聖人初時雖法道、法神以爲無體，未能全無，但行之不已，遂至全無不測，故云資道而同於道。由神而冥於神也。」此即《正義·序》所謂伏犧之德合天地。

雖然，猶有疑焉：天道無心以成化，然成化亦是有也，何云虛無爲用？而聖人又何以須因有以明無耶？

《易·繫上傳》疏：「道是虛無之稱，以虛無能開通於物，故稱曰道也。萬物皆因之而通，由之而有。至如天覆地載、日照月臨、冬寒夏暑、春生秋殺、萬物運動皆由道而然，豈見其所營，知其所爲？」此段言道有二層義，一曰道體虛無，爲萬物之終極實在與存在之根據。二是道能開通萬物，以其開通萬物言之，故名之爲道（《易·繫上》疏：道是生物開通）。而其生物開通，胥屬無爲之化，猶〈繫上〉疏所稱：「聖人用無爲以及天下，是聖人不爲也。」疏引老子云爲而不宰、功成而不居，適足以彰明此義。故日月春夏之行，運動者皆由「道」，而「道」亦無所營爲。虛無爲用，而用以成「有」，疏曰：「必有之用極，而無之功顯，猶若風雨是有之所用，當用之時，以無爲心；風雨既極之後，萬物賴此風雨而得生育，是生育之功由風雨之無心而成。是有之用極而無之功顯

是神之發作動用以生萬物,其功成就乃在於無形應機變化。雖有功用,本其用之所以,亦在於無也。故至神無方而易無體,自然無爲之道,可顯見矣。當其有用之時,道未見也。」以用言之,所成所化者,萬物皆有;以道言之,則固以無爲用也。老氏曰:「當其無、有其用。」孔疏用其義耳。此其一。

聖人因「有」以明「無」,此「無」爲自然開通萬物之「道」,即此萬物以施其教化。故天道下衍,以生以成;聖人反溯,以教以法。道由「無」開衍以生「萬有」,聖人因此「萬有」以求乎全無之道體,故曰:「聖人能體附於道,其迹以有爲用。」迹有心無,故不能全無以爲體。蓋《易·繫上》疏嘗云欲明虛無之理,必因於有物之境,此一定之理。唯法行既久,遂亦全無不測,德合天地,用無爲以及於天下。由是觀之,道與聖人,其無也一,其所以無者異矣。道本全無,以無生物開通;聖人是有經營之憂,《易》曰:「作《易》者,其有憂患乎!」作《易》本以垂教,故有經營之憂也。經營是有爲,爲而不有、功成而不居,故曰無爲以成化。法道法神,爲其塗轍;體合天道,爲其德詣。至其垂教立則,則與天道自然之運不類,故《易》曰:「(道)鼓萬物而不與聖人同憂」。唯聖人垂教立則,不爲自然之運,出於經營之造,故雖聖人不爲,群方自遂,而功業德行,俱有可以考案者,《疏》曰:「本其虛無玄象謂之聖,據其成功事業謂之賢。」賢聖之分,非由其德,以其所行者異耳。〔註37〕

然則聖人之德業如何?疏曰:「聖人能行天地易簡之化。若能行說易簡靜,任物自生,則物得其性矣。故《列子》云:不生而物自生,不化而物自化。若不行易簡,法令滋章,則物失其性也。老子云:水至清則無魚;人至察則無徒。又莊子云:馬齕剔羈絆,所傷多矣。」其顯仁藏用,唯見生養之功,不見何以生養者,聖人之能也。疏曰:「使物長久、能養萬物,是賢人之德。」而所以行者,則在用無爲以及天下。是即用以顯德,垂教立則,無能或外也。此其三。

牟宗三先生云:「道家所看到的爲,只是私意私智之爲,而正面本德性天理之爲,則不復能知。故其所謂『無不爲』亦無參贊的作用,不是本德性天理以生化。其開始之反人文或超人文,而終不能回來維護肯定人文,原是以前斥其爲異端處」(《政道與治道》,頁 33)。聖人法天法道,則非不能本德性

〔註37〕《書·大禹謨》疏:「禹實聖人,美其賢者,其性爲聖,其功爲賢。猶《易·繫辭》云:可久則賢人之德,可大則賢人之業,亦是聖人之事。」

天理而爲也；有經營之迹、有成功事業，則非不能維護肯定人文也；天固自然，無名無心，但聖人以人事託之，謂此自然之功爲天之德業，垂教於下（〈乾·文言〉疏），此非參贊之功，價值之義耶？《書·洪範》疏：「君上有五德之教，以大中教民衆；於君取中保訓安也。」以啓以教、以保以安，非本天理以生化，肯定人文而促進人文乎？〔註38〕牟氏此說，觸處皆誤，罣礙難通矣。既論孔疏，宜破此說，庶使來哲知所採鑒。此其三也。

四、聖人與君子、大人

以上論聖人訖，請敍君子：

《易·繫上》疏曰：「君子謂聖人也。」賢人既與聖人不二。君子亦與聖人弗異乎？聖人隱迹藏用，事在無境；賢人可久可大，事在有境。其質不殊，稱名則異。《孔疏》之稱君子者，義猶是也。君子即聖人，亦體履至道，爲而不宰，功成而弗居，〈乾〉之〈象〉疏曰：

> 言「君子」者，謂君臨上位，子愛下民。通天子、諸侯、兼公卿大夫有地者。凡言「君子」，義皆然也。但位尊者象卦之義多也；位卑者象卦之義少也。但須量力而行，各法其卦也。若卦體之義，唯施於天子，不兼包在下者，則言「先王」也。若〈比卦〉稱「先王以建萬國」、〈豫卦〉稱「先王以作樂崇德」、〈復卦〉稱「先王以至日閉關」、〈無妄〉稱「先王以茂時育萬物」、〈渙卦〉稱「先王以享于帝立廟」、〈泰卦〉稱「后以財成天地之道」、〈姤卦〉稱「后以施命誥四方」。稱「后」兼諸侯也，此外卦竝稱「君子」。

《孔疏》體例甚備，立一名、出一義，輒有定義以爲界限。茲所謂君子者，總士大夫以上之有地者而言之，與聖人施教之義不悖，而稱名者廣矣。今又考之：〈乾〉九五疏曰：「夫位以德興者，位謂王位也。」君子之義，實爲通名，包有爵、有德、有地者而言之；聖人一辭，厥爲專指，唯有盛德王位者居之，如〈卷首·第一〉以伏犧等爲聖人是。然亦有無位之聖人，如孔子者，

〔註38〕《孔疏》云：「聖人法自然之理」（〈繫下〉疏）法自然之理以生養成化，非無所營爲，一任萬物隨化而往之謂。節之象疏：「天地以氣序爲節，使寒暑往來，各以其序，則四時功成之也。王者以制度爲節，使用之有道，役之有時，則不傷財不害民也。」又象疏：「君子以制度度議德行者，數度謂尊卑禮命之多少，德行謂人才堪任之優劣。君子象節以制其禮數等差，皆使有度；議人之德行，任用皆使得宜。」足爲明證。

酒別有大人之稱：

　　△〈萃卦〉疏：「大人爲王，聚道乃全。」

　　△〈萃・象〉疏：「大人有中正之德，能以正道通而化之。」

　　△〈豐卦〉疏：「豐亨（萬物）之道，非有王者之德不能至之。」又，〈豐・
　　　象〉疏：「凡物之大，其有二種：一者自然之大（如大人之德）；一者
　　　由人闡弘使大（如萬物由聖人大人闡弘使大）。」

　　△〈家人〉九五〈象〉疏：「王既明於家道，天下化之，六親和睦，交相
　　　愛樂也。」

　　△《書・多士》疏：「襄十四年左傳稱天下愛民甚矣。又曰天生民而立
　　　之君，使司牧之。是言上天欲民長得逸樂，故立君養之吏之，長逸
　　　樂也。」

　　凡此數類，皆《易・乾》九五疏所謂「居王位之大人」也。〈乾〉九二曰：
「利見大人，君德也。」《書・泰誓》：「天佑下民，作之君作之師」，王肅曰：
「大人者，聖人在位之目。」以大人爲在位之聖人，其義朔矣。《孔疏》本之，
然又有以德不以位之說，其義爲尤邃：〈乾〉九二疏：「利見大人，言龍見在
田之時，猶似聖人久潛稍出，雖非君位，而有君德。若夫子教於洙泗，利益
天下，有人君之德，故稱大人。」九五疏：「居王位之大人……文王拘在羑里，
是大人道路未亨也。」、「有聖德之人，得居王位，乃能敍其聖德。若孔子雖
有聖德而無其位，是德不能以位敍也。」大人本應在位，然有位無位，適然
之會，非有必至之應，故有位之大人，亦有無位之大人。德不能以位敍，有
其德而無其位者，漢人之所謂素王也。

　　素王爲公羊家義，《孔疏》有之；而王者改制革命之說，亦爲《孔疏》
所採：〈革卦〉疏曰：「此改制革命，故名革也。夫民情可與習常，難與適變；
可與樂成，難與慮始。故革命之初，人未信服，所以即日不孚，三日乃孚也。
元亨利貞悔亡者，爲革而民信之，然後乃得大通而利正也。悔吝之所生，生
乎變動；革之爲義，變動者也。革若不當，則悔吝交及；如能大通利貞，則
革道當矣。」又，〈象〉疏曰：「夏桀殷紂，凶狂無度，天既震怒，人亦叛主。
殷湯周武，聰明睿智，上順天命，下應人心，放桀鳴條、誅紂牧野，革其王
命，改其惡俗。」此〈象〉王弼無注，而《孔疏》言之甚盡，雖爲《易》義
所應有，亦不免有爲李唐開脫之義。王者不以位言，而以德稱；若爲非德，

則亦何足以爲王乎？改制變法之義，殆亦從聖人垂教之旨而來，綱維不失，
首尾相銜，有如是者。

陸、與佛教之關係

一、斥佛之謬

孔穎達以聖裔爲祭酒，蒙天寵以撰《疏》。而《五經正義》恢張玄旨，詮
彼典謨，本書迭有抉發，其詳在第二章。《正義・序》所言：「易理難窮，雖
復玄之又玄；至於垂範作則，便是有而教有。若論住內住外之空、就能就所
之說，斯乃義涉於釋氏，非爲教於孔門。」頗與佛徒相詰，又惡及以浮屠義
釋經者。此其原委，須就唐代講論之風氣言之，亦詳第二章。今但考其敘論
釋氏義之得失，以覘其指歸。

今案：孔穎達偏黨道士以與佛抗，而實不甚知佛，故彼論當時以佛義解經
諸家之失亦非碻論。究議其失，蓋有三端：曰不悟般若學之空義也，曰未知能
所之關係也，曰偏取住義也。凡茲三者，蓋皆針對當時以佛義解經者而發，非
自建玄義，破彼棘猴也。然未嘗不可藉之以考穎達論詮佛義之得失，分而述之：

大乘佛學之所謂空也，據玄奘所譯《大般若波羅蜜多經》所論，凡有內
空、外空、內外空、空空、大空、勝義空、有爲空、無爲空、畢竟空、無際
空、散空、無變異空、本性空、自性空、共相空、一切法空、不可得空、無
性空、無性自性空等二十種。在空之動性轉化遮撥過程中，有其不同層境之
呈顯手法及精神意態。其義溥奧難窮矣。然則佛家之所謂空者，畢竟以何爲
空耶？以空空。空何用空？以無分別空故空。空可分別耶？分別亦空也（見
《維摩詰所說經・文殊師利問疾品第五》）。空由單純之空，越向雙重否定之
空，而此空始形成無分別之空；在其無分別所分別之分解層次中，將其空亦
空之，以直顯分別、無分別之空。《大般若波羅蜜多經》卷三十六曰：「若菩
薩摩訶薩修行般若波羅蜜多時，不見內空，不待內空，而觀外空。不見外空，
而觀內外空。不見內外空，不待內外空，而觀空空。不見空空，不待空空，
而觀內外空，不待空空，而觀大空。不見大空，不待大空，而觀空空。不待
大空，而觀勝義空；不待勝義空，而觀大空，不待勝義空，而觀有爲空。不
見有爲空，不待有爲空，而觀勝義空。不待有爲空，而觀無爲空；不見無爲
空，不待無爲空，而觀畢竟空。不見畢竟空，而觀無爲空；不待畢竟空，而

觀無際空。不見無際空，不待無際空，而觀畢竟空。不待無際空，而觀散空，不見散空，而觀無際空。不待散空，而觀無變異空。不見無變異空，不待無變畢空，而觀散空。不待無變異空，而觀本性空。不見本性空，不待本性空，而觀無變異空。不待本性空，而觀自相空。不見自相空，而觀共相空。不見共相空，不待共相空，而觀自相空。不待自相空，而觀一切法空。不見一切法空，不待一切法空，而觀共相空。不待一切法空，而觀不可得空。不待不可得空，而觀一切法空。不待不可得空，而觀無性空。不見無性空，不待無性空，而觀自性空。不見自性空，不待自性空，而觀無性自性空。不見無性自性空，不待無性自性空，而觀自性空。……」據此而論，佛學之「空」，為一超昇之方法程序，故《內學年刊》頁六三七有云：「般若者，智也。智也者，用也。用也者，以空為具，非以空為事也。」空諸所有，以成動性之實相：「重觀一切法之空」。此種歷程，蓋與柏拉圖所謂「靈魂之遷昇」（Uplift of the Aoul）相似。超越一切現象世界，而證見其本來面目，是即所謂「觀空」，以諸法自性皆不可得故也。諸法皆以「無性」為性，如是「無性」亦不可得，了達諸法如響如像、如夢如幻、如陽焰、如光影，故能以寂滅心，住平等性。既以一切法平等性，於一切法無分別。是即無所住而生其心矣：「涉有未始迷虛，常處有而不染，不厭有而觀空」（僧肇語）。

　　無所住而生其心，是「不住於內，亦不住於外」也，《大般若經》卷五九九所極言之「不依止」、六百卷所論之「不可住」、《金剛般若蜜經》之「無住」等義，胥指此言。《大般若經卷》五九九：「於一切處無所依止，諸有所作，亦無所依」、「由無依止，除遣一切，證得一切依止淨法」，卷六百：「一切法不可住故」、「非一切法有可住義……以一切法皆無執藏，無執藏故，無可住者。」由於終無住義，始能「於一切法皆得自在」（同上），由「無依止」，轉而證得一切「依止淨法」。準斯而論，孔穎達《周易正義・序》所云：「住內住外之空。……斯乃義涉於釋氏」者，悖矣。釋氏義不住內外，即或強言其有所住，亦當於「於一切法無著而住」處言之。住內、住外，非大乘佛學之本衷也。此其一。

　　除此而外，孔疏所論「就能就所之說」云云，亦與佛義不契。寂滅性空，心境雙遣，能所俱空，「能」知之智照「所知」之位，境智冥會，能所無差，通而為一。蓋以「所」緣既遣，「能」緣亦空，能所泯然，不一不異。故《華嚴行願品別行疏鈔》云：「無分別智，證理法界，以為五門，一能所歷然、二

能所無二、三能所俱泯、四存亡無礙、五舉一全收。」、「第一能所歷然者，謂以無分別智證無差別理，心與境冥，智與神會，成能謳智，證所證理，如日合空，雖不可分，而日光非空，空非日光。第二能所無二者，以知一切法即心自性，以即體之智，還照心體，舉一全收。舉理收智，智非理外；舉智收理，智體即寂，如一明珠，珠自有光，還照珠矣。第三能所俱泯者，由智即理，故智非智，以全同理，無自體故；由理即智，故理非理，以全同智，無自立故，如波即水，動相便虛，水即波故，靜相亦隱，動靜兩亡，性相齊離。第四存泯無礙者，以前三門說有前後，體無二故，離相離性，則能所雙泯；不壞性相，則能所歷然；正離性相，即不壞，存亡無礙。如波與水，雖動靜兩亡，不壞波濕。第五舉一全收者，上列四門，欲彰義異，理既融攝，曾何二源？如海一滴，具百川味。」、「若以無障礙智，證無障礙境，境、智、圓融，難可言盡，總為能所相契」。據此而論，孔疏所謂：「住內住外之空、就能就所以說」云者，前者與釋氏「雖觀有而無所取相，然則法相為無相之相，聖人之心，為住無所住矣」之義相舛；後者又分剖能所，皆未究竟。孔穎達於佛理蓋淺嚐者也。

二、參用佛義

孔穎達《正義》詮疏典謨，悉有宗傳，參擷六代，權準兩漢，而歸趣所在，尤能案據老莊，通會儒玄。其釋經也，既以違背本經，多引外義為非，則未能兼曉浮屠恉趣，殆理之固然。宗黨既別，言旨攸分；且當佛學初與本土文化交融流會之期，各有誤解，亦非顯疵。今論《孔疏》斥佛之未諦訖，請別考其書參用佛義之迹，以見其融會之情：

業師黃錦鋐先生云：「中唐以前普遍的看法，認為老子和儒家經典可以合流。老、莊玄學一方面可以和道教結合，同時有力和佛教競爭。」此義嘗於第二章詳言之矣。唐初儒學，不特持老、莊與浮屠抗，抑且藉老、莊以吸收佛理。六朝以下，大乘佛學之發展，亦因羼入老、莊或正或反之影響，而逐次遠離原始教義，進而中國之，如唐初天臺、華嚴、禪宗等，可視為此一現象之具體表現。湯姆士摩登（Thomas Merton）嘗云：「唐代的禪師才是莊子思想影響下的真正繼承者。」吳經熊氏亦云：「禪宗之形成最早是受到大乘佛學的推動，但說起來似乎矛盾，由於大乘佛學的推動，使老、莊透關的見解在禪的方式上獲得復興和發展。我們不能否認禪師們都是佛家，但他們

對老、莊思想的偏愛，却影響了他們在佛學中選取了那些和老莊相似的恉趣，而作特殊的發展。禪宗五家，雖有其各自的宗風，但都來自慧能，而植根於老、莊：（1）潙仰宗強調機和作用、信位和人位，及文字和精神之間的差別，潙山在「得意忘言」這點，和莊子完全相同。（2）曹洞宗以「自忘」來完成自我的實現。（3）臨濟宗認為「無位真人」就是真實的自我。（4）雲門宗一面逍遙於無極，一面又返回人間。（5）法眼宗完全奠基於莊子的：「天地與我並生，萬物與我為一」。禪宗可以說是道家結合了佛家的悟力和救世的熱情所得的結晶。」（《禪學的黃金時代》，第一章）禪宗如此，天臺亦然，陳寅恪曰：「天臺宗乃儒家《五經正義》二疏之體，說佛經與禪宗之自成一派，與印度無關者相同。如天臺宗者，佛教宗派中道教意義最富之一宗也。」（〈與妹書〉及〈馮友蘭哲學史審查報告〉）凡此類佛學，與吾國儒學之發展，關係邃密，所謂本持莊老以與佛學抗，轉而因玄言而會佛義者，相挾俱變，固不僅儒學一端為然，若不知此，則於經學、儒學之歷史有昧焉。陳寅恪所云：「凡新儒家之學說，似無不有道教或與道教有關之佛教為之先導」者，甚可深長思也。《孔氏正義》以老莊形上學為基礎而參融佛學，豈為儒宗者，於此亦可得其端倪，陳寅恪曰：「道教對輸入之思想，如佛教、摩尼教等，無不儘量吸收；然仍不忘其本來民族之地位。既融成一家之說以後，則堅持夷夏之論，以排斥外來之教義。此種思想上之態度，自六朝時即已如此。雖似相反，而實足以相成，從來新儒家即繼承此種遺業而能大成者。」孔穎達排斥佛義，著之序文，彰晰可察，至其隱融佛義，則世猶未知也。相反相成，有如陳氏所述。故曰孔氏《正義》兼賅儒玄一也；排斥佛義，二也；隱探浮屠義諦三也。又，佛家「阿賴耶」與「如來藏」等大乘佛學思想演變過程中之嚴重疑難，隋唐僞製梁真諦譯《大乘起信論》曾以心識依「一心法開二種門」消解之，此一現象孔氏《正義》亦有若干反映，則其四也。前已言之：孔穎達於佛學但屬淺嚐，故其採擷融會，精義固多，駁亂者亦不在少。然不知其參錯佛學之實，於《正義》之理脈，終有未曉。爰取曇濟六家七宗論、僧鏡實相六家論及僧肇論以迄隋唐諸家所說，略發《正義》之覆，但為有根之語，無託傅會之辭。

　　自支婁迦讖譯出《道行般若經》後，永嘉正始之際，般若學（梵文 prajna）大昌，與老、莊思想交融密會，而宗旨所在，別有六家七宗及爰延十二等說，今案：六家七宗之說有二，一為宋曇濟〈六家七宗論〉（見《高僧傳》卷七），

分六家爲七宗，此說出自梁釋寶唱所作《續法論》。二即《續法論》中所說釋僧鏡所撰之《實相六家論》，論空之六義。與此相似者，尚有僧肇所謂三家，蓋皆當時之流派也。

般若性空，僧肇獨立「不眞空義」以拔於三家之表，勝義敻出，解空第一。然周彥倫三空論假名空宗，自謂上承肇公之學，而其言曰：「世學未出於前二宗，而第三宗假名空則爲佛之正說，非群情所及。」若然，則他家多不純，雜於老莊矣。般若學六家七宗之說，既與老莊相雜，孔穎達《正義》據老莊以調會其學，亦無可怪者。今考其書，於般若學「本無」、「心無」、「識含」諸義，並有采獲，分述如次：

（1）〈復卦〉疏曰：「天地以本爲心者，本謂靜也。靜非對動者也。寂然至無，是其本矣。」說同王弼《易》注：「凡動息則靜，靜非對動者也。語息則默，默非對語者也。然則天地雖大，富有萬物，雷動風行，運化萬變，寂然至無，是其本矣。」斯所謂本者，絕對之本體（Substance），非與「有」相對之「無」與靜也。無名無形，物皆各得此一以成。其在般若學中，亦有此義，名曰「本無」，本無者，即眞如、即本體、即法性、即眞諦；「末有」者，即因緣、即俗諦。竺法深曰：「諸法本無義，廓然無形，爲第一義諦。所生萬物，名爲世諦。」（《山門玄義》卷五中〈二諦章〉下）「本無者，未有色法，先有於無，故從無出有，即無在有先，有在無後，故稱本無。」（吉藏《中觀論疏》卷二引）「有」從「無」出，此「無」爲萬物之本源，萬有群生，不能離此而別爲實有。眞如性空，本亦虛無，此「本」，即諸法之本性也。《大乘起信論》曰：「眞如自性，非有相、非無相；非非有相、非非無相」，又曰：「一切法從本以來，離言說相，離名字相，……故眞如者，亦無有相……因言遣言，此眞如體無有可遣，亦無可立。」有無名相之語，不可以說道體，故孔穎達《周易正義》名之爲「太虛」，號之曰「無」。〈卷首·第一〉曰：「以無言之，存乎道體。」，「道」爲諸形萬有之本性本體，即釋氏所云「眞如」爲諸法之本性也。本性空寂，故曰「本無」。慧遠曰：「因緣之所有者，本無之所無。本無之所無者，謂之本無。本性之與法性，同實而異名也。」是則「本無」義者，以眞如法性爲「本無」，因緣所生爲「末有」。本無爲「眞諦」，爲「無爲法」；末有爲「俗諦」，爲「有爲法」，可道之道，非常道也（見道安〈合放光贊略解序〉）。此宗義趣，殆在揭示眞如法性之要，使人勿墮因緣果業之中不得脫悟，故吉藏《中觀論疏》卷二引道安〈本無說〉曰：

「無」在萬化之前，「空」爲眾形之始。夫人之所滯，滯在末有。若
　心託本無，則想便息。

「無」在「有」先，「有」在「無」後之形上辯證，實即心託「本無」，勿滯
「末有」之人生論之基礎依據。本無之所以名宗者，須在此處言之，始有意
義。因「眞如法性」之古譯，即爲「本無」，不僅道潛、道安以「有」從「無」
出，六家七宗，以至東晉一切佛學者之禪觀業，靡不皆然。眞如道體，爲空
中妙有（梵文 sunyasubhava），在萬化之前，爲眾形之始。由此認識爲始基，
云不滯於末有、心託本無者，本無義也。言世諦、俗諦、竝屬幻化者，「幻化」
義也。以眞如法性爲「本無」，因緣所生爲「末有」，而云因緣之所有者，本
無之所無，緣會故有。名爲世諦；緣散即無，名第一義諦者，「緣會」義也。
至若專空心神，內止其心，不滯外色者，「心無」義也。至於「即色」義，又
名即色本無說。故曰六家七宗，皆就「本無」之基礎，更爲演繹，而著重不
同，立言遂殊，湯用彤以爲緣會、幻化、識含諸家均爲「色無」，唯「心無」
空心而不空色（《魏晉玄學論稿》，頁 59），蓋不知此義也。

　　心無說及識含說與孔穎達《周易正義》之關係詳後，今略論「緣會」、「幻
化」諸說：《山門玄義》卷五引竺法汰〈神二諦論〉云：

　　一切諸法皆同幻化，同幻化故名爲「世諦」，心神猶眞，不空是第一
　　義。若神復空，教何所施？誰修道隔凡成聖？故知神不空。

吉藏《中觀論疏》卷二亦引其說曰：「世諦之法，皆如幻化。是故經云：從本
以來，未始有也。」就其以諸法世諦皆如幻化而言，斯義誠與「心無」宗言
迥殊；若就其從法有而入空，持護心神不爲俗諦諸法所亂而論，則與心無宗
何以異？所謂「心神猶眞，不空是第一義」與心無家「心神性空」之空，義
實不同，勿爲名殽實也。至於竺法汰所稱「從本以來，未始有也」云云，本
無家之宗趣、般若學之恒言，亦孔穎達《周易正義》所堅持者也。

　　「緣會」義創自于道邃，吉藏《中觀論疏》卷二引曰：「緣會故有，名爲
世諦。緣散故即無，稱第一義諦。」此說與孔穎達《正義》無關，故不具論。

　　總上言之，「本無」之說，雖出般若學，然大乘佛學「眞如性空」之旨即
在此中，故厥後吾國佛學之發展即依此性格而展開。眞空妙有，般若即無知、
眞照即無照，是以妙有故無不空，無知故無不知。而智愚、浮穢、生佛、存
滅等等，均是本性空寂平等，非一非異。天臺、華嚴與禪宗等，莫不具如是
義趣。善慧大士傅翁偈曰：「有物先天地，無形本寂寥；能爲萬象生，不逐四

時凋」(《語錄》卷三) 以「無」性為中心，說實相平等，《維摩詰所說經》上卷〈佛國品〉中所云：「欲空處造立宮室，隨意無礙」也。此為中期大乘佛學之根本要義，故首論其與《孔疏》關係如上。

（2）孔穎達《周易正義》〈乾‧文言〉疏曰：「天地運化，自然而爾，因無而生有也，無為而自為，天本無心。」〈復‧象〉疏：「凡以『無』為心，則物我齊致，親疏一等，則不害異類，彼此獲寧。若其以『有』為心，則我之自我，不能普及於物；物之自物，不能普賴於我。」〈睽〉上九疏：「道通為一，得性則同。」案：大乘佛學，言真如性空，心無、神無；與孔疏自天地運化，因「無」生「有」處指明「天本無心」何異？大乘佛學以「無性」為中心，說實相平等；又與《孔疏》所云以「無」為心故物我齊致、親疏一等者何殊？本性空寂平等，非一非異，故《孔疏》云：「道通為一，得性則同」也。此與上節所述，可以互參，亦足證余說「心無」宗根基於「本無」為不謬。由「本無」導出「心無」，故〈復‧象〉疏曰：「天地寂然，至無於其內，內是其本，言天地無心也。」寂然無心者，以無為心，而又無心於萬物。何謂無心於萬物？言其於物上不起執心也，故唐元康《肇論疏》引支愍度「心無」義曰：

　　經云言空者，但於物上不起執心，故言其空，然無是有，不曾無也。

日僧安澄《中論疏記》卷三引竺法溫〈二諦搜玄論〉心無義亦云：「經所謂色為空者，但內止其心，不可滯外色。」不獨不空形色，抑且所謂心無也者，此「無」亦為一真如實體之存在，非果然空幻不存也。但於物上不起執心故言其空，不滯外色耳。無心於萬物，而萬物未嘗無。此在孔穎達說，則為「聖人無心」之義，〈繫上〉疏云：「君子寂然無心、體道以為用，不滯於所見，為而不宰，功成而不居。任其自然之理，不以他事繫心，端然玄寂，至極空虛而善應於物，不可思量而玄遠覽照，乃目之為神。」據此言之，其與「心無」家義何殊？劉遺民致僧肇書曰：「聖心冥寂，理極同無，不疾而疾，不徐而徐。」又，《世語‧假譎篇》注論心無義曰：

　　種智之體，豁如太虛，虛而能知，無而能應，居宗至極，其為「無」
　　乎！

虛而能知，無而能應，非《孔疏》所稱「至極空虛而善應於物」歟？聖心冥寂，理極同無，非孔疏所云「聖人無心，端然玄寂」者乎？雖然，僧肇嘗評「心無義」云：「此得於神靜，失在於虛。」以其昌言心神虛豁也。心無宗誠

有此弊，而《孔疏》無之，何耶？孔論聖人無心者，從其作易垂教治化處立說，故其「心無」義中，恒有一「經營之憂」在，爲而不宰，畢竟與「無所作爲」相異者，即在於此。「心無」家邑言靜，旨在修持爲一「眞人」，不空形色，以證法性。與孔穎達所謂聖人，有根本之分歧在，其言似，而其所以言者別矣。〈繫上〉疏曰：「聖人作《易》者，本爲立教故也，非是空說易道，不關人事也。」此是無心有迹，與「心無」家之內發虛靜其心，不著於外色，以達「大寂」與「無爲之解脫身」者不同。孔氏用本無、心無之義，而終不與浮屠同者，即爲儒、道二家與釋氏義諦殊歧之所在，《周易正義》之所以不慊於空有之談者，亦即由此基礎出發。斯則考論《正義》者所宜知也。

（3）《周易正義》〈乾·象〉疏曰：「無識無情，今據有識而言，故稱曰情也。」本章第肆節論孔疏人性論時，嘗以知解識，而云孔疏於性、情之間，屬入一心之作用，立義不免駁雜。此蓋就孔疏全義理體系而立論者，其實所謂夾入一心識之作用，正爲孔穎達雜用佛義之證。此一心識之觀念，因直接採自浮屠，故在其全體系中，特覺突兀駁雜。「識」之一名，亦不僅爲「知」而已（就孔疏之義理內容而言，以「知」釋「識」，已可解「識」之名義與作用。然單獨討論孔疏此處言性情、心識之問題，則非深考其摻用佛義之迹，不能得其賾隱）。

今案：般若談空，本有「識含」之義，倡者爲于法開。法開精於《放光般若》，日僧安澄《中論疏記》卷三引其〈惑識二諦論〉云：「三界爲長夜之宅，心識爲大夢之主，若覺三界本空，惑識斷盡，位十地。今謂其以惑所覩爲俗，覺時都眞空。」吉藏《中觀論疏》亦引其說曰：「三界爲長夜之宅，心識爲大夜之主。今之所見群有，皆於夢中所見，其大於夢，既覺長夜獲曉，即倒懸惑識，三界都空。是時無所從生，而靡所不生。」心識之所以爲大夢之主者，以其含有雜染諸法故。「識含」說者，即識中含有雜染，熏生眞妄也。須菩提云識即是六情，若以 Nagarjuna 之說釋之，識是十二因緣中之第三事，是中亦有色，亦有心數法。從識生六入，是二時俱有五眾，色成故名五情，名成故名意情，六情不離五眾，故云識即六情。《孔疏》云：「今據其有識而言，故稱曰情也。」又曰：「情有忿欲」「貪欲謂之情」等等，實即此義。

無識無情，據其有識而言，故名曰情。此其基本理論在於識有雜染諸法（情有忿欲），故其說有二重點在：（1）本性清靜，而又同時爲染法所依，爲客塵煩惱所染。（2）若能捨彼外塵，知此心識非眞，則如長夜獲曉，復得其

本來清淨之性。如斯兩端，皆為孔穎達人性論中所涵，分別述之：

（1）如來藏系經典如《勝鬘經》、《不增不減經》等，均以自性清淨但又同時為染法所依為其主要觀念。部派佛教亦視「淨」為心之本質，「染污」為後起（其所謂淨與如來藏系不盡相同）。在孔穎達《周易正義》中，以「識」為情，「識」含雜染諸法。而天性清淨，又為此情識所依；情不自情，因性起用，「情」有貪欲好惡，故能滅其天生清靜之「性」。《禮記・樂記》疏曰：「人初生未有情欲，是其靜稟自然，是天性也。若人既化物，逐而遷之，恣其情欲，故滅其天生清靜之性而窮極人所貪嗜慾也。」以識中含有雜染，熏生真妄言之，真妄之關係為能依與能持，以虛妄分別識之說言之，顯識與分別識之關係為所緣與能緣（詳後），孔疏論心、論性，確認情能亂性，初生未有情欲，染污為後起，用識含義也。

（2）〈乾・文言〉疏曰：「性者天生之質，正而不邪。情者性之欲也。若不能以性制情，使情如性，則不能久行其正。」以大乘佛學言之，如來藏系所展示之「佛性」（buddhadhatu）觀念，本由「法性」（dharmata）轉出，乃繼「般若空觀」而出現者，故般若學識含義所云「捨彼外塵，知其非真為妄」之觀念，在如來藏中，即以此真（眾生之先驗結構－本性）為能破惑識之「清淨」。以性制情，使情如性，以如來藏言之，即是「以如來智察照一切煩惱皆空，外塵熏染盡去，法性呈顯」之意。此法性或佛性，為成佛之本質，故曰一切眾生皆有佛性；而成佛之條件則在於以此佛性淨化勘破情識非真，孔穎達《書・洪範》《正義》云：「凡人皆有善性」，《易・乾・文言》疏云：「若不能以性制情，使情如性，則不能久行其正」等等，胥應如是觀。《大乘莊嚴經論》云：「已說心性淨，而為客塵染，不離心真如，別有心清淨。」性能制情，非別有一能制情與久行其正之大力也。

又案：孔穎達曰：「性之與情，猶波之與水，靜時是水，動則是波；靜時是性，動則是情。……情之所用非性，亦因性而有情。」此說與程伊川水波之喻似同實異，伊川曰：「湛然平靜如鏡者，水之性也；及遇沙石或地勢不平，便有湍激。」以動、靜言性，原本《淮南》及《禮記》等書，然穎達所稱情之所用非性，亦因性而有情云云，必用佛家義也：「識」為污染法因，污染法為「識」因，八識之中，前七妄識，情有體無，起必託真，名之為「依」，《楞伽經》云：「妄之依真，如波依水；真之持妄，如水持波。」真有體用，本淨真心，說之為「體」；隨緣隱顯，說之為「用」，用必依體，名之為「依」，體

能為用，說之為「持」，能持如水、能依如波（亦見《楞伽經》）。「情」者與物相接而有，所謂感物而動，隨緣變化，其用非「性」，亦因性而有情；情者化物無極，虛妄非真，情有體無，起必託真。此慧遠《大乘義章》「依持說」也，而《孔疏》采之矣。

雖然，猶有疑也：性正而不邪，人皆有此善性，固與《法華經》、《大涅槃經》所云「一切眾生悉有佛性」同。而《尚書·洪範》疏又云：「本性既惡，必為惡行」者何耶？且性為天生之質，自然而有，既為自然之質，不當復有善惡之名。據此言之，《孔疏》存在一顯然之疑難；而此疑難，則與佛教大乘思想演變過程中「如來藏」與「阿賴耶」之諍論有關。

《解深密經》嘗以阿陀那識（adana-vijnana）及一切種子心識（或稱為心 citta）釋「阿賴耶識」，其理論亦與「法有我空」之般若系統無大差異，唯其發展之方向不同耳。阿賴耶識承繼原始佛教以「心」為「中容無記性」之說，以為唯有非善非惡之無記性，始可兼容善惡之活動而不拒斥，生命既為一統一體，善、惡皆於此發生，故本性必為無記性。且善惡為能熏，亦必有一所熏存在，此即無善無惡而可善可惡之心性也。攝藏一切善惡、有漏無漏種子，而為善惡得以產生之依據。此說與老莊自然宇宙觀之人性論，頗有契合處，《孔疏》亦近此系統。於佛教本身，綜合融會之結果，如來藏系經典，終不得不採阿賴耶識之觀念，如《佛性論》與《大乘起信論》等是也。《大乘密嚴經》卷下頌曰：「佛說如來藏，以為阿賴耶，惡慧不能知，藏即賴耶識。」阿賴耶與如來藏其實不同，然在隋、唐包括《大乘起信論》及孔穎達《正義》等一般觀念中，俱已融會為一，略無齟齬。華嚴宗即以如來藏緣起宗為其本抵，未嘗云如來藏非佛家正義也。祇如來藏者，玄奘以後所傳唯識宗始有之，然非穎達所能知也。《孔疏》義理之駁雜處，殆即大乘佛學如來藏思想與阿賴耶由諍論而融會之縮影乎！世或知其排佛，豈知其與佛教關係深密至此耶？

附錄一：大唐故國子祭酒曲阜憲公孔公之碑銘

大唐故太子右庶子，銀青光祿大夫，國子祭酒，上護軍，曲阜憲公，孔公碑銘

禮部尚書，兼太子定左庶子，上柱國，黎陽縣開國公于志寧字仲謐撰

蓋聞八卦已列。書契之迹肇興。六籍既陳。禮樂之基斯闡。是以屬鄉設教。道德垂訓於百王。涑水立言。雅頌作法于萬□。如欲化民成俗。致遠鈞深。非博物□以究其源。非□□何以弘其□。□窮先聖之幽贊。為後進之範圍。軼匡莊而驤首。超賈杜而矯翼。見之祭酒曲阜憲公矣。公諱穎達。字仲遠。冀州衡水人也。若夫順天開物。黑帝寧區夏以干戈。定樂刪詩。素王正人□□節制。霸翊王□。□令譽於鶴□。光贊萬歲。振芳聲於龍鼎。可謂長源眇眇。將德水而俱遙。曾構嚴嚴。與削成而共峻。其後公侯載德。簪紱連暉。備在縑緗。可得而略。曾祖靈龜魏國子博士。譬應元之□□。馳譽成均。□□□之通議。飛英庠序。祖授魏治書侍御史。冠錫神羊。權豪為之屏跡。任司衡象。風俗以之肅清。父安齊青州法曹參軍。輕重之典。情在公平。大小之獄。心敦寬簡。稟氣中和。量包萬□之□。駿騁千里之足。庭羅俎豆。幼習升降之儀。門列騑駰。少懷遠大之操。博韜金匱。覃思邁於西河。學富石渠。沈研冠於東閣。詞光翰苑。文麗綵虹。思極談天。才華日□。蹈忠孝以行己，踐仁信以立身。□漢皇之名珠。光映照車之璞。抱金山之美玉。價重連城之器。聞之者未面而虛□。見之者忘言而傾蓋。可謂儒宗之師鏡，學府之□□者焉。昔大業膺圖。更開橫塾。賁帛而徵轅固。□□而辟董鈞。欲使禮盛鴻都。業隆槐市。大訪時彥。廣□學徒。公優遊七經。苞括百氏。牢籠曹許。孕育毛王。足使仲遠伏膺子幹請道。所以□天資於漸陸。紀地由乎濫觴。居此高才。俯從末任。起家授河內郡博士。尋除太學助教。于時炎政委

馭。海縣分崩。實甚襄陵。禍踰楚岳。巨猾於焉鴟視。大憝所以鴟張。比王粲之寓蹟荊門。同班彪之銷聲隴坻。□□尚阻。還蜀無由。暨六合同文。八紘□軌。既免背淮之□。遂陪河曲之遊。即與司空梁國公、禮部尚書黎陽公、秘書監永興公爲秦府文學館學士。兼□學博士。東膠西序。講肆於是重興。碣館□宮文□。於茲愈盛。九年遷國子博士。膏梁冑子。舉袂成陰。章甫鴻儒。揮汗爲雨。而攝齊問惑。譬洪鍾而俟叩。負笈質疑。方衢尊而待□。聲實振於關右。芳風蓋於淹中。其年封曲阜縣開國男。食邑三百戶。□析圭助土。望重□□。建□□□。聲□扶德。貞觀二年。改授給事中。職亞□卿。位參□□。丹墀近侍。允屬時英。四年加員外散騎常侍，行太子中允。入陪玉裕。出侍金輿。榮重起居。寄深獻替。六年除國子司業檢校太子右庶子。七年授□庶子。兼國子司業。以公醇固可□行檢有聞。遂□□諭震宮。調護國本。比迹君仲。連袂子威。十年奉勅共秘書監鄭公脩隨書。良直著乎青史。微婉表於丹書。跨固超遷。含劉孕謝。特蒙恩語。賜□增班□散騎常侍，行□庶子。兼國子司業。封如故。制禮作樂。沿革不同。於是廣詔多問。委以刪定。其大戴小戴之舛錯。前鄭後鄭之危疑。往哲之所不通。前賢之所未釋。公剖茲□節。鍼此膏肓。足使儀刑□□。粉澤王化。禮成□□。□□□賞。進爵爲子。邑七百戶。賜物二百段。其年以公匡弼副主。屢進讜言。與左庶子黎陽公。特蒙恩詔。各賜黃金一斤、絹一百匹。十二年除國子祭酒，東宮侍講。封如故。昔孫卿名播齊邦。膺茲寵命。□懷道光。晉國荷此殊榮。公乃再振頹風。重弘絕業。學徒盈於家室。頌聲彰於國朝。十四年車駕幸學。親觀釋奠。公□總九流。才兼六藝。彝倫之所鑽仰。耆德之所□崇。詔公升於講筵。寔允僉望。連環暫析朱雲。謝其談鋒英辯。一摛□□。慙河瀉。下帷博學。閉戶多聞。競舉雲梯。爭迴雄戟。公金湯易固。樓雉難攻。遂使輔嗣倒戈。大春反斾。宿疑舊惑。□順冰銷。簡在神衷。特蒙天眷。悠悠百代。方見斯□。禮畢。上釋奠頌一篇。文艷雕龍。將五色而比彩。韻諧丹鳳。與八音而同節。逸思掩於子玉。麗藻超於□□。蒙降勅□□□表讚其書。省表并□上釋奠頌。殊爲□□。循題發函。清詞爛其盈目。□□□□。逸氣飄已凌雲。驪龍九重。不足方斯綺麗。威鳳五彩。無以比其鮮華。揚雄掞□高蹤□遠黃香□□□猷□□□□□。彌覺欣□。昔強秦之末。政教凌遲。搢紳以委□坑。墳典以爲灰燼。逮炎漢握圖。□敷經學。憲章斯教。文藝聿脩。及自三國。迄於晉宋。書記可略而言之。近至隋運將終。天下鼎沸。禮樂崩淪。

□□□□。鑑乎秦隋。豈不愴恨。朕少逢□季之時。長遇干戈之□。□臨茲
宸極。執□璇璣。若阪泉崇國之功□有之矣。靈臺辟雍之德。則未可庶幾。
雖然亦常有意乎雕蟲。存心乎儒史。開獻書之路。□□□之賢。束帛蒲輪。
亦以多矣。而學謝稽古。文慙往哲。□以□屬仲春言□□□國老養於東序。
庶老□於西序。聽廣論而無雙。導深義而重席。洪鍾待扣。扣無不應。幽谷
發聲。聲無不答。是知□聲□□□□□□□卿夙挺珪璋。早標令譽。網羅百
氏。苞括□經。思涌珠泉。情抽蕙圃。關西孔子。更起乎方今。濟南伏生。
重興乎茲□。庶令弘四科於縹帙。闡百遍於青衿。翰苑詞林。仰其□□□□
□□□□□□奉勅□撰五經義疏。公博極群書。遊□眾藝。削前□之紕繆。
□往哲之蕭稂。誠萬古之儀刑。寔一代之標的。蒙勅賜名五經正義。付國子
監施行。賜物三百段。公敦老氏之止足。追太史之鳴謙。□請歸□。優詔不
許。□□聞奏。始蒙矜允。祿賜防閤。一同在官。又使中書令馬周賚手□存
問。榮寵之極。曠古罕儔。□世室於國陽。佇聞公玉之制。告成功於日觀。
庶覩司馬之書。□□□□□光□□兩楹之夢。環海徙□□□千月之月。以貞
觀廿二年九月□八日。薨於萬年縣平康里第。春秋七十有五。哀感宸扆。悲
動搢紳。甚魏主之惜桓階。若晉人之傷衞玠。詔贈物一百段。陪葬昭陵。喪
事所須。率由官給。太常考行。諡曰憲公。禮也。子□遺老。陪延陵而起墳。
元凱貞臣。奉峻陽而卜兆。以今訪古。隔世同榮。惟公氣稟五常。道光六行。
得孔甫之具體。總姬旦之多才。延閣策府之奇書。探賾索隱。東館南宮之逸
□。暵陸窮源。冤氣積於□□。無勞方朔之對。大乳見於渭浦。不假張寬之
言。道合者不以賤貧而易交。行偽者無以權貴而投分。志懷耿介。性尙廣門。
有石奮之謙恭。類宋弘之方□。推賢進士。後己先人。舉事而□典暮。發言
而成準的。乃九流之魁楚。百辟之羽儀。于時將創明堂。令群儒詳審。互陳
聞見。爭起異端。公攗摭舊事。憲章故實。刪裴頠之制度。略蔡邕之節文。
酌今古之儀。得豐儉之衷。襃衣博帶。莫不□□。貞觀之始。品翬惟新。緝
文樂之遺章。修五禮之墜典。記事記言之史。俱資筆削。大雅小雅之詩。咸
佇刊定。春勅修隋史五十卷，新禮一百卷，五經正義一百七十卷。邁南董於
曩策。逾孟慶於前書。雖圖闡縣金呂覽。□斯□□。戶□置筆論衡。匹此未
奇。撰訖奏聞。帝用嘉尙，后倉制禮。名振曲臺。孫通創儀。榮光稷嗣。以
今方古。彼獨何人。豈謂食薪爲災。夢桑成□。魏舅之藥無效。齊鵲之言□
徵。遂使山陽之鄰。空□長笛之響。魯宮之壁。徒聞金石之聲。世子志玄等。

悲深陟岵。思鳥□而無期。恩極昊天。對風枝而增慟。恐鐘律易改。陵谷難常。乃木氏英猷。永傳五鼎。楊公高軌。長勒四碑。敬陳伐閱。樹之神道。□□□。

赫赫華胄。巖巖崇趾。元鳥降神。□□效祉。德表溫室。道光闕里。績著大常。芳流惇史。誕生令哲。卓犖絕群。百丈挺秀。九畹騰芬。迢□流略。囊括丘墳。凌雲縟藻。□□□□。逍遙群籍。網羅眾藝。行邁九言。思窮五際。糠粃名墨。錙銖象繫。藻是潘詞。巢高孫第。世尚典故。時敦學植。賓雁成行。翹車轉軾。金馬待詔。璧池攝職。□□欽風。青衿詠德。飛纓黃屋。□□六□。□□□宮。□之三善。獻書洛□。□□禮闈。六學規模。百寮冠冕。星隕喪寶。石折殲良。愴矣武庫。哀哉智囊。塋嘶白馬。墳瘞黃腸。九泉雖閟。千載名揚。

附錄二：北宋本《周易正義》單疏本書影

踽踽駭先儒競生別見後進爭出異端末辨三豕之疑莫究魯魚臣日久
感故祭酒上護軍曲阜縣開國子孔穎達宏士頤學在振當時弖觀
年中奉
勑修撰雖加討覈尚有未周爰降綸編更令刊定
太尉揚州都督監修國史上柱國趙國公臣无忌司空上柱國英
國公臣勣尚書左僕射兼太子少師監修國史上柱國英國公臣勣
寧尚書右僕射兼太子少傅監修國史上護軍曲阜縣開國公臣行
成光祿大夫侍中兼太子少保監修國史上護軍蕭縣開國公臣李
輸光祿大夫吏部尚書監修國史上柱國河南郡開國公臣褚遂良
銀青光祿大夫守中書令監修國史上騎都尉臨淄縣開國公臣良
弘文館學士臣谷那律朝散大夫行大學博士臣劉伯莊朝散大夫
國子博士臣王德韶朝散大夫行大學博士臣賈公彥朝散大夫行
通直郎大學博士臣弘文館直學士臣齊威宣德郎中國子助教臣弘文德郎守
大學博士臣孔志約右內率府長史弘文館直學士臣薛伯珍太學

助教臣鄭祖玄徵事郎守大學助教臣隨德素徵事郎守四門博士

臣趙君贊承務郎守大學助教臣周玄達承務郎守四門助教臣本

左植儒林郎守四門助教臣王眞儒等上束

宸旨傍摭羣書釋左氏之膏肓削杜文之煩亂探曲臺之奧趣連

山之玄言囊括百家森羅萬有比之天象與七政而長懸方之地軸

將五嶽而永久筆削已了繕寫如前臣等學謝伏恭業慙張禹

庸淺懼乘典正謹以上聞伏增戰越謹言永徽四年二月二十四日

太尉揚州都督上柱國趙國公臣无忌等上

周易正義序

夫易者象也文者效也聖人有以仰觀俯察象天地而育羣品雲行

雨施效四時以生萬物若用之以順則兩儀序而百物和若行之以

逆則六位傾而五行亂故王者動必則天地之道不使一物失其性

行必叶陰陽之宜不使一物受其害故能彌綸宇宙酬酢神明宗社

所以无窮風聲所以不朽非夫道極玄妙孰能與於此乎斯乃乾坤

之大造生靈之所益也若夫龍出於河則八卦宣其象麟傷於

十翼彰其用業資九聖時歷三古又秦主金鏡未墜斯文漢理珠囊

重興儒雅其傳易者西都則有丁孟京田東都則有荀劉馬鄭大體

更相祖述非有絕倫唯魏世王輔嗣之注獨見古今所以江左諸儒

並傳其學河北學者空能及之其江南義踈十有餘家皆辭尚虛玄

義多浮誕原夫易理難窮雖復玄之又玄至於垂範作則便是有而

教有若論住內住外之空就能就所之說斯乃義涉於釋氏非為教

於孔門也旣背其本又違於注至若復卦云至十一月建子始復歷七辰

當為七月謂陽氣從五月建午而消至來復時凡七日則是陽氣

故云七月今案輔嗣注云陽氣始剝盡至來復時凡七日則是陽氣

剝盡之後凡經七日始復但陽氣雖剝盡至建戌之月以陽氣既盡

在何得稱七月來復故鄭康成引易緯之說建戌之月以陽氣既盡

建亥之月純陰用事至建子之月陽氣始生隔此純陰一卦卦主六

日七分舉其成數言之而云七日來復仲尼之緯分明輔嗣之註若

此康成之說遺跡可尋輔嗣註之於前諸儒背之於後考其義踈若

可通正文舉其卦六先甲三日後甲三日輔嗣註云甲者剙制之令又

若漢世之時甲令乙令也輔嗣又云今洽乃誅故後之二日又巽封
云先庚三日後庚三日輔嗣注云申命令謂之庚輔嗣又云甲庚皆
申命之謂也諸儒同於鄭氏之說以為甲者宣令之日先之三日而
用辛也欲取改辛之義後之三日而用丁也取其丁寧之義王氏注
意本不如此而又不顧其注妄作異端今既奉
勅刪定考案其事必以仲尼為宗義理可詮先以輔嗣為本去其華
而取其實欲使信而有徵其文簡其理約寡而制衆變而能通仍恐
鄙才短見意未周盡謹與朝散大夫行大學博士臣馬嘉運守大學
助教臣趙乾叶等對共參議詳其可否至十六年又奉
勅與前修疏人及給事郎守四門博士上騎都尉臣蘇德融等對勅
使趙弘智覆更詳審為之正義凡十有四卷庶望上裨聖道下益將
來故序其大略附之卷首焉

參考書目

1. 《周易注》，王弼，北宋本。
2. 《繫辭傳注》，韓康伯，宋本。
3. 《說卦序卦雜卦注》，韓康伯，清武英殿仿宋本。
4. 《周易正義》，孔穎達，北宋監本。
5. 《周易注疏附校勘記》，阮元校勘，清南昌學府重刊宋本。
6. 〈周易經文注疏校正〉，馬光宇，《師大國研所集刊》第六號。
7. 〈跋宋監本周易正義〉，喬衍琯，《孔孟學報》第六期。
8. 《周易舊疏考正》，劉毓崧，《續皇清經解》本。
9. 《易緯古微》，孫瑴，《墨海金壺》本。
10. 《通鑑》，司馬光，明倫出版社。
11. 《漢書》，班固，藝文印書館。
12. 《後漢書》，范曄，藝文印書館。
13. 《三國志》，陳壽，藝文印書館。
14. 《晉書》，房玄齡，藝文印書館。
15. 《宋書》，沈約，藝文印書館。
16. 《南齊書》，蕭子顯，藝文印書館。
17. 《梁書》，姚思廉，藝文印書館。
18. 《陳書》，姚思廉，藝文印書館。
19. 《魏書》，魏收，藝文印書館。
20. 《北齊書》，李百藥，藝文印書館。
21. 《周書》，令狐德棻，藝文印書館。
22. 《隋書》，魏徵等，藝文印書館。

23. 《舊唐書》，劉昫，藝文印書館。

24. 《新唐書》，歐陽修，藝文印書館。

25. 《兩晉南北朝史》，呂思勉，開明書局。

26. 《隋唐五代史》，呂思勉，九思出版社。

27. 《國史大綱》，錢穆，臺灣商務印書館。

28. 《國史要義》，柳詒徵，中華書局。

29. 《歷史哲學》，牟宗三，學生書局。

30. 《周易考》，朱彝尊，排印本。

31. 《周易古義》，楊樹達，河洛出版社。

32. 〈周易古義補〉，屈萬里，《孔孟學報》第十九期。

33. 《先秦諸子易說通考》，胡自逢，文史哲出版社。

34. 《漢魏二十一家易注》，孫堂，映雪草堂刊本。

35. 《漢魏晉唐四十四家易注》，馬國翰，《玉函山房輯佚書》本。

36. 《費氏古文易訂文》，王樹枏，文莫室刊本。

37. 《漢魏南北朝易學書考佚》，黃師慶萱，幼獅出版事業公司。

38. 〈周易正義引書考〉，王忠林，《師大國研所集刊》第三號。

39. 《先秦漢魏易例述評》，屈萬里，學生書局。

40. 《易漢學》，惠棟，彙文軒刊本。

41. 《讀易漢學私記》，陳壽熊，《續皇清經解》本。

42. 《卦氣解》，莊存與，《續皇清經解》本。

43. 《周易爻辰圖》，惠棟，雅雨軒刊本。

44. 《周易略例》，王弼，《漢魏叢書》本。

45. 《周易集解》，李鼎祚，雅雨堂刊本。

46. 《易圖明辨》，胡渭，《守山閣叢書》本。

47. 《周子全書》，周敦頤，廣學社印書館。

48. 《橫渠先生易說》，張載，《通志堂經解》本。

49. 《溫公易說》，司馬光，《武英殿聚珍叢書》本。

50. 《周易程氏傳》，程頤，《古逸叢書》景元至正本。

51. 《周易本義》，朱熹，景宋咸淳本。

52. 《周易外傳》，王夫之，廣雅書局本。

53. 《周易稗疏》，王夫之，排印本。

54. 《經學通論》，皮錫瑞，臺灣商務印書館。

55. 《經學通志》，錢基博，文書書局。

56. 《經學歷史》，皮錫瑞，河洛書局。

57. 《中國經學史》，馬宗霍，臺灣商務印書館。

58. 《南北朝經學初探》，汪惠敏，輔大國研所碩士論文。

59. 《今存南北朝經學遺籍考》，簡博賢，黎明書局。

60. 《今存唐代經學遺籍考》，簡博賢，師大國研所碩士論文。

61. 《孔穎達周易正義序質疑》，郭文夫，臺大哲研所碩士論文。

62. 《潛研堂文集》，錢大昕，浙江書局刊本。

63. 《經學卮言》，孔廣森，《指海》本。

64. 《群經平議》，俞樾，周治刊本。

65. 《經義述聞》，王引之，《皇清經解》本。

66. 《經學抉原》，蒙文通，臺灣商務印書館。

67. 《章氏叢書》，章炳麟，世界書局。

68. 《劉申叔先生遺書》，劉師培，大師書局。

69. 《陳寅恪先生論文集》，陳寅恪，九思出版社。

70. 《談易》，戴君仁，開明書局。

71. 〈易象探原〉，高師仲華，《孔孟學報》第二期。

72. 《周易卦爻辭釋例》，李漢三，中華叢書編審委員會。

73. 《大易哲學論》，高懷民，成文出版社。

74. 《兩漢易學史》，高懷民，學術著作獎助委員會。

75. 《虞氏易述解》，徐芹庭，五州出版社。

76. 《漢儒通義》，陳澧，《東塾叢書》本。

77. 《兩漢思想史》，徐復觀，學生書局。

78. 《世說新語校箋》，楊勇，宏業書局。

79. 《魏晉思想與談風》，何啓民，學生書局。

80. 《才性與玄理》，牟宗三，學生書局。

81. 《魏晉玄學論稿》，湯用彤，廬山出版社。

82. 《魏晉思想論》，劉大杰，中華書局。

83. 〈清談考〉，朱寶樑，《幼獅學誌》四卷一期。

84. 〈漢晉之際士之新自覺與新思潮〉，余英時，《新亞學報》四卷一期。

85. 《論魏晉以來之崇尚談辯及其影響》，牟潤孫，香港中文大學出版。

86. 〈魏晉玄學與個人意識醒覺關係〉，逯耀東，《史原》第二期。

87. 〈魏晉南北朝學術文化與當時門第之關係〉，錢穆，《新亞學報》五卷二期。

88. 〈列子形上學〉，莊萬壽，《文史季刊》三卷一期。

89. 《王弼及其易學》，林麗真，《臺大文史叢刊》。

90. 〈王弼郭象注易老莊用理字條錄〉，錢穆，《新亞學報》一卷一期。

91. 《漢魏兩晉南北朝佛教史》，湯用彤，臺灣商務印書館。

92. 〈論儒釋兩家之講經與義疏〉，牟潤孫，《新亞學報》四卷二期。

93. 〈經疏的衍成〉，戴君仁，《孔孟學報》十九期。

94. 《隋代佛教史述論》，藍吉富，臺灣商務印書館。

95. 《隋代文化史》，羅香林，臺灣商務印書館。

96. 《隋唐學術論稿》，黃師錦鋐，手稿。

97. 〈唐太宗與佛教〉，湯用彤，《學衡》第七五期。

98. 《天台教學史》，釋慧嶽，中華佛教文獻編撰社。

99. 《佛性與般若》，牟宗三，學生書局。

100. 〈如來藏與阿賴耶〉，霍韜晦，《鵝湖月刊》三卷八、九期

101. 《宋元學案》，黃宗羲、全祖望，河洛出版社。

102. 《宋儒與佛教》，林科棠，臺灣商務印書館。

103. 〈荀學與宋儒〉，戴君仁，《大陸雜誌》三十九卷四期。

104. 《心體與性體》，牟宗三，學生書局。

105. 《理學纂要》，蔣伯潛，開明書局。

106. 《中國理學史》，賈豐臻，臺灣商務印書館。

107. 《宋明理學》，吳康，臺灣商務印書館。

108. 〈濂溪百源橫渠之理學〉，錢穆，《東方雜誌》四二卷十期。

109. 《張子正蒙注》，王夫之，河洛出版社。

110. 《朱子遺書》，朱熹，藝文印書館。

111. 《明儒學案》，黃宗羲，世界書局。

112. 《船山學譜》，王孝魚，廣文書局。

113. 《文化意識與道德理性》，唐君毅，學生書局。

114. 《古代中國文化與中國知識份子》，胡秋原，學術出版社。

115. 《中國學術思想大綱》，林師景伊。

116. 《中國哲學（導論篇、原道篇、原性篇）》，唐君毅，學生書局。

117. 《政道與治道》，牟宗三，學生書局。

118. 《思想與社會》，張東蓀，墾丁文物出版社。

119. 《知識與文化》，張東蓀，墾丁文物出版社。

120. 《中國哲學辭典》，韋政通，大林出版社。

121. 《西洋哲學辭典》，項退結譯，國立編譯館。

122. 《西洋哲學史》，羅素。

123. 《印度哲學史》，周祥光，國防研究院。

124. 《哲學大全》，范錡，臺灣商務印書館。

125. 《哲學概論》，唐君毅，學生書局。

126. 《存在的絕對與真實：形上學方法導論（一、二、三）》，史作檉，楓城書局。

127. 《史學方法論叢》，黃俊傑譯，學生書局。

128. 《史學與史學方法》，許冠三，萬年青書廊。

129. 《歷史與思想》，余英時，聯經出版公司。

130. 《中西哲學思想中的天道與上帝》，李杜，聯經出版公司。

131. 《中國佛教心性說之研究》，馬定波，正中書局。

132. 《寒原道論》，孫克寬，聯經出版公司。